Lektürehilfen

Christa Wolf

Kassandra

von Wolf Dieter Hellberg

Klett Lerntraining

Wolf Dieter Hellberg, Leiter eines Bonner Gymnasiums und mehrjähriger Fachleiter in der Lehrerausbildung (Deutsch).

Die Textzitate und Seitenangaben in der vorliegenden Lektürehilfe folgen der Ausgabe: Christa Wolf, *Kassandra*, München: Luchterhand Literaturverlag, 2004 (Sammlung Luchterhand 62073).

Bibliografische Information der Deutschen Bibliothek
Die Deutsche Bibliothek verzeichnet diese Publikation in der Deutschen Nationalbibliografie; detaillierte bibliografische Daten sind im Internet über http://dnb.ddb.de abrufbar

Auflage 6. 5. 4. 3. | 2012 2011 2010 2009
Die letzten Zahlen bezeichnen jeweils die Auflage und das Jahr des Druckes.

Dieses Werk folgt der neuesten Rechtschreibung und Zeichensetzung. Ausnahmen bilden Texte, bei denen künstlerische, philologische oder lizenzrechtliche Gründe einer Änderung entgegenstehen.

Internetadresse: http://www.klett.de
Umschlagfoto: ullstein bild GmbH, Berlin
Satz: DTP Andrea Eckhardt, Göppingen
Druck: Druck Partner Rübelmann, Hemsbach
Printed in Germany
ISBN 978-3-12-923043-5

9 783129 230435

Inhalt

Vorbemerkung

Anfang der 80er-Jahre geschrieben, hat sich die Erzählung *Kassandra* sehr schnell zu einem Kultbuch „sowohl in Teilen der Friedensbewegung als auch bei vielen Frauen“ (Mauser, 1985, S. 292) entwickelt. Neue Aktualität hat der Text gewonnen, wenn man Ch. Wolfs mehrfach wiederholte Aussage auf die gegenwärtige religiöse und politische Situation bezieht: „In Troia aber, das glaube ich sicher, waren die Leute nicht anders als wir es sind. Ihre Götter sind unsre Götter, die falschen. Nur sind unsre Mittel nicht ihre Mittel gewesen.“ (VE 119)
Ch. Wolf greift bewusst auf den Mythos einer „ur-weit zurückliegenden Vergangenheit“ (VE 91 f.) zurück, denn sie will eine Umbruchsituation vergegenwärtigen, in der sich ein Denken entwickelt hat, das auch für die militärische Bedrohung der 80er-Jahre verantwortlich ist. *Kassandra*, sagt Ch. Wolf, sei „ein Gegenwartsbuch“ (*Im Dialog*, 1994, S. 114). „An der Figur der Kassandra wird die weibliche Opferrolle in der Geschichte des Patriarchats bloßgelegt“ (Gerdzen, 1991, S. 10), der gottgleiche, edle Achill dagegen wird zu „Achill das Vieh“, der die Perversion männlichen Denkens vertritt.
In den 2004 neu aufgelegten *Voraussetzungen einer Erzählung: Kassandra* (vgl. Literaturhinweise, S. 158; der Band enthält erstmals im Taschenbuch die fünfte Vorlesung, eine Arbeitsfassung der Erzählung *Kassandra*) hat Ch. Wolf auf einzigartige Weise Einblick in die Entstehungsgeschichte des Textes gegeben. Die vorliegende Interpretation geht daher von einer Beschreibung dieser „Voraussetzungen“ aus. Sie soll Ihnen helfen, Kassandras zunächst unübersichtlich scheinenden Erinnerungsmonolog in seiner Handlungsfolge zu erschließen; dabei werden die Figuren der antiken Mythologie sowohl im Hinblick auf ihre ursprüngliche Bedeutung als auch aus der Perspektive Ch. Wolfs dargestellt. Die Randbemerkungen weisen auf weitere wichtige Aspekte hin.

1 Die Voraussetzungen einer Erzählung: Frankfurter Poetik-Vorlesungen

Seit 1959 gibt es eine Gastdozentur „Poetik" an der Frankfurter Universität. In den sogenannten Poetikvorlesungen erörtern bekannte Autoren Fragen zur literarischen Produktion und ihren Bedingungen.

In der Einleitung zu den „Poetik-Vorlesungen", die Ch. Wolf im Mai 1982 in Frankfurt gehalten hat, erläutert die Autorin, dass sie ihren Zuhörern keine klassische Poetik in „systematische[r] Form" (VE 9) vorzulegen gedenke. Vielmehr bittet sie ihre Zuhörer darum, ihr im wörtlichen und übertragenen Sinn „auf eine[r] Reise zu folgen" (ebd.), in deren Zentrum die Beschäftigung mit dem Mythos des Trojanischen Krieges und der Seherin Kassandra steht. Ch. Wolf fasst die Grundstruktur ihrer Erzählung so zusammen:

> „Die *erste* und die *zweite* Vorlesung, zwei Teile eines *Berichts über eine Griechenlandreise*, bezeugen, wie die Kassandra-Gestalt von mir Besitz ergreift und ihre erste vorläufige Verkörperung erfährt. Die *dritte Vorlesung* versucht in Form eines *Arbeitstagebuchs* die Verklammerung zwischen Leben und Stoff nachzuzeichnen; in der *vierten Vorlesung, einem Brief*, frage ich nach der historischen Wirklichkeit der Kassandra-Figur und nach den Bedingungen weiblichen Schreibens, früher und heute. Die *fünfte Vorlesung* ist eine *Erzählung* unter dem Titel: Kassandra." (VE 10 f.)

Poetikvorlesungen als Einblick in Ch. Wolfs Schreibwerkstatt

Subjektive Formen der Darstellung: Reisebericht, Tagebuch, Brief

Ch. Wolfs Anliegen ist es, die Zuhörer unmittelbar an einem Arbeitsprozess teilnehmen zu lassen. Mehrfach weist sie darauf hin, dass sie eine sehr subjektive Form der Darstellung des Entstehungsprozesses der Erzählung gewählt habe. Dies verlange zugleich eine subjektive Form des Verstehens vom Zuhörer. Sie wählt bewusst subjektive Formen des Schreibens, um die Entstehung der Erzählung zu zeigen. Ein Reisebericht, ein Tagebuch, ein Brief werden der Arbeitsfassung ihrer Erzählung („Fünfte Vorlesung") vorangestellt (Zur Publikationsgeschichte vgl. auch S. 54 f.). Mit dem mehrfachen Wechsel der Formen eröffnet Ch. Wolf unterschiedliche Perspektiven auf ihr Thema, zugleich aber deutet sie an, dass sie damit auch eine weibliche Form des Schreibens gewählt hat.

In den Vorlesungen wird deutlich, welche Bedeutung Kassandra für Ch. Wolf im Verlauf der Arbeit an diesem Stoff gewonnen hat: Kassandra ist für sie „eine der ersten Frauengestalten […], deren Schicksal vorformt, was dann, dreitausend Jahre lang, den Frauen geschehen soll: daß sie zum Objekt gemacht werden." (VE 108) Ch. Wolf sieht Kassandra als Opfer eines „hierarchisch-männliche[n] Realitätsprinzips" (VE 142), das auf die Situation um 1980 übertragbar ist und das inhuman und kriegerisch ist. Der Trojanische Krieg und die atomare Bedrohung der 80er-Jahre des 20. Jahrhunderts – 3000 Jahre Unterschied – entspringen dem gleichen tödlichen Denkprinzip von Männern, gegen das sich sowohl die Seherein Kassandra als auch die Schriftstellerin Ch. Wolf stellen.

Kassandra als Opfer und Objekt männlicher Gewalt

Für beide sind abendländisches und männliches Denken und Handeln verantwortlich für inhumane Vernichtungsgedanken. Ch. Wolf sucht mit ihrer Gestalt der Kassandra den Wendepunkt vom matriarchalischen Gesellschaftssystem zum Patriarchat. Für sie liegt dieser zu der Zeit der Vernichtung von Troja und dem Untergang der Minoer in Kreta.

Männliches Denken verantwortlich für inhumanes Handeln

Die beiden einleitenden Vorlesungen nehmen den Leser mit auf eine mehrfache Entdeckungsreise: Zunächst ist es eine – bewusst naive – Annäherung an Griechenland, ein Land, das DDR-Bürgern zu dieser Zeit völlig verschlossen war; parallel zu dieser Reise taucht Ch. Wolf in einen ca. 3000 Jahre zurückliegenden Mythos um den Trojanischen Krieg und um die Seherin Kassandra ein.
Zugleich aber werden Begebenheiten, Erkenntnisse und Begegnungen auf ihrer Reise mit der Figur der Kassandra verflochten. Es entsteht dabei ein „Gewebe" von Gegenwart und Vergangenheit.

Erste Vorlesung

„Ein Reisebericht über das zufällige Auftauchen und die allmähliche Verfertigung einer Gestalt"

1980 erhält Ch. Wolf die für eine DDR-Bürgerin ungewöhnliche Chance, Griechenland zu besuchen. Doch durch einen Fehler der Fluggesellschaft verpassen sie und ihr Mann das Flugzeug, das sie nach Athen bringen soll. Dieser Zufall beschert ihnen einen „geschenkten Tag" (VE 13), den Ch. Wolf dazu benutzt, sich zur Vorbereitung auf die Reise mit der *Orestie* des Aischylos zu beschäftigen. Beim Lesen ist sie augenblicklich fasziniert von der Figur Kassandras. Ihr Schicksal nimmt sie gefangen und sie sieht Kassandra als „Objekt fremder Zwecke" (ebd.).

Die Orestie als Einstimmung auf die Reise nach Griechenland

Mit großem Einfühlungsvermögen setzt sich Ch. Wolf mit den Gefühlen und dem Schicksal Kassandras auseinander. Der Prozess der Einfühlung in die Figur der Kassandra führt Ch. Wolf zu einer individuellen Annäherung. So weist sie etwa die Verse des Aischylos zurück, in denen dieser Kassandra sagen lässt: „Auch drinnen kann ich / Agamemnons Los beweinen." (VE 19) Nie würde Kassandra, so glaubt Ch. Wolf, Agamemnon beweint haben, denn er sei der Letzte gewesen „in der Reihe der Männer, die ihr Gewalt antaten (der erste war Apoll, der Gott)." (Ebd.)

Individuelle Annäherung an Kassandra

Das Bild der Vergangenheit verknüpft sich für Ch. Wolf immer wieder mit der Gegenwart. Als sie schließlich im Flugzeug nach Athen Platz genommen hat, fällt ihr Blick auf die „verblühten, tiefschwarz gekleideten Frauen der Syrer, die den Winken ihrer Männer bedingungslos gehorchen" (VE 20). Sie vergleicht diese Frauen mit dem Stolz und dem Selbstbewusstsein Kassandras und stellt resignierend fest, wie „eine von diesen, eine der jüngeren, hätte Kassandra aussehen können; keine von ihnen aber könnte heute, nach so vielen Jahrhunderten, sprechen wie sie (was haben sie ihnen inzwischen angetan?)" (VE 20).

Kassandras „Schwestern" in der Gegenwart

Intensiv setzt sich Ch. Wolf im Verlauf ihrer weiteren Lektüre der *Orestie* mit Kassandras Sehergabe auseinander. Aischylos lässt Kassandra sagen, dass sie mit ihrem Tod eine Schuld abzahle (vgl. VE 21). Diese Schuld habe darin

Kassandras „Schuld" gegenüber Apoll

bestanden, dass Kassandra dem Gott Apoll, der sie wollüstig begehrt habe, zunächst versprochen habe, sich mit ihm zu vereinen. Als Gegenleistung habe sie die Sehergabe erhalten, sich dann jedoch Apoll verweigert. Apoll habe ihr die Sehergabe zwar nicht mehr nehmen können, jedoch habe er den Fluch ausgesprochen, dass niemand ihren Prophezeiungen Glauben schenken werde.

Apolls Fluch

Ch. Wolf stellt die Aussage infrage, dass Kassandra Schuld empfunden habe. Sie reflektiert vielmehr die Frage, warum Kassandra sich zur Seherin hat ausbilden lassen und damit einen Männerberuf gewählt hat (vgl. VE 23). Zugleich aber überdenkt sie, ob ‚Seher' tatsächlich schon immer ein männlicher Beruf gewesen sei.

Eingeschaltet in die Überlegungen zum Mythos der Kassandra werden immer wieder Reisebeobachtungen und Gedanken zum Verhalten von Kindern, Frauen und Männern auf dem Flughafen und dem Flug. Es sind vor allem Beobachtungen von männlicher Überheblichkeit und von verächtlichem Verhalten der Männer Frauen gegenüber.

Beobachtungen männlicher Überheblichkeit gegenüber Frauen

Nachdem Ch. Wolf nachts in Athen gelandet ist, wird sie herzlich von ihrem Freund Dionysos empfangen und zu einem nächtlichen Gastmahl in dessen Wohnung eingeladen. Dabei erfasst sie die besondere Bedeutung der Gastfreundschaft und des Gastmahls und stellt einen Bezug zum Ausbruch des Trojanischen Krieges her. Für die alten Griechen habe „die Entführung der Helena durch Paris […] gerade deshalb ein Grund zum Kriege sein [müssen], weil es sein Gastfreund Menelaos war, dem Paris die Gattin raubte." (VE 25)

Verstoß gegen das Prinzip der Gastfreundschaft als Auslöser des Trojanischen Krieges?

So einsichtig dieser Grund auf den ersten Blick sei, so falsch sei die Begründung, korrigiert Ch. Wolf diese Begründung. Sie stellt sich vielmehr die Frage, ob möglicherweise schon Homer dieser Rechtfertigung des Kriegsausbruchs zum Opfer gefallen sei. In Wirklichkeit sei der Krieg ausgebrochen, weil die Griechen den Zugang zum Bosporus erringen wollten. Diesen überaus wichtigen Seehandelswege zum Schwarzen Meer kontrollierte jedoch Troja. Die Literatur des Abendlandes beginne also „mit der Verherrlichung eines Raubkrieges." (Ebd.)

Der wahre Kriegsgrund: Wirtschaftsinteressen

Die Besichtigung Athens enttäuscht Ch. Wolf zunächst, denn Besichtigungen erzeugten in ihr Gefühllosigkeit (vgl. VE 27). Bei dem Besuch der Akropolis denkt sie nach

Koren: Mädchenstatuen als Ersatz für Säulen am Tempel Erechtheion

über die rituellen Opfer, die hier auf den Tempelaltären stattgefunden haben. Und sie stellt sich vor, wie über die Jahrhunderte hinweg die Opfer einander abgelöst haben. Zunächst waren es Menschenopfer, Jünglinge oder Gefangene, später Lämmer und Hühner. Trotzdem bleibt Ch. Wolf emotional distanziert, bis sie im Museum der Akropolis die Koren vom Erechtheion sieht. Man hat die Originale als Schutz vor zerstörenden Umwelteinflüssen im Museum ausgestellt. Diese weiblichen Figuren, die ursprünglich den Fries des Tempels hielten, bewegen sie tief. Die Spuren des sauren Regens auf ihren Gesichtern wirken auf die Autorin wie die Spuren von Tränen. Plötzlich gelingt es Ch. Wolf, sich einzulassen auf die Stadt Athen, auf ihren Mythos und auf die Widerspiegelung der Vergangenheit in der Gegenwart. Sie erkennt in den Bewohnern Athens die „Nachfahren" der Antike, sie sieht in einer jungen Frau die „Nachfahrerin jener Achaierinnen, die zehn Jahre ihres Lebens verwartet hatten, als die Helden aus Troia zurückkamen, und die, schwacher Trost, für die Koren Modell gestanden haben mögen." (VE 30)

Bewohner Athens als Nachfahren der antiken Welt

Eine Deutsche, die seit 40 Jahren mit einem Griechen verheiratet ist, begleitet Ch. Wolf zu einem antiken Kurort und Sanatorium, dem Amphiareion von Oropos. Auf der Fahrt gibt sie einen kurzen Einblick in die Mentalität griechischer Männer: „Mit einem Griechen kann man nicht viel über Menschen reden [...]. Ein Mensch ist für ihn ‚gut' oder ‚schlecht', und damit basta" (VE 39). Außerdem sei der griechische Mann bereit, alles dem zu opfern, was er seine Ehre nenne. (Vgl. ebd.) Damit aber verliert die Sprache ihre prophetische Macht, sie ordnet sich einer männlich autoritären Einstellung unter.

Kritik an der Mentalität griechischer Männer

In Oropos vergegenwärtigt sich Ch. Wolf den Sanatoriumsaufenthalt in antiker Zeit. Das Heiligtum Amphiareion war eine Kuranlage, in der Kranke ganzheitlich behandelt wurden. Ch. Wolf entwirft hier die Idee, dass nur der Mensch, der sich im seelischen Gleichgewicht befindet, danach trachtet, die eigene Zukunft zu erfahren (vgl. VE 40) Damit deutet sie an, dass Kassandras Prophezeiungen nicht verstanden werden, weil weder die Griechen noch die Troer sich in einem harmonischen seelischen Gleichgewicht befinden.

Oropos (das Hauptheiligtum des Apoll) und die Orakelstätte (Amphiaraos) umfassen einen Tempel, ein Theater, ein Stadion und Verwaltungsgebäude sowie Liegehallen.

Den Griechen war der „Zusammenhang zwischen seelischen und körperlichen Leiden, auch [der] zwischen dem Befinden eines Menschen und seinen Zukunftsaussichten" (ebd.) bekannt. Daher wurde der „Patient" sowohl kulturell als auch medizinisch betreut: Er nimmt an Theateraufführungen, religiösen Zeremonien teil, besucht das Stadion und trinkt schließlich die zusammengebrauten Heilgetränke, die ihnen von den Priestern eingeflößt werden (vgl. ebd.). In Tücher gewickelt liegt der kranke Patient dann auf einer Liege, schläft und träumt. Diese Träume sind das Wesentliche der Behandlung. Ch. Wolf vergleicht die Priester mit modernen Wissenschaftlern, die die „Traumphasen an der Heftigkeit der Augenbewegung unter den geschlossenen Lidern [...] erkennen" (VE 40 f.).

Antike Vorstellungen vom Befinden des Menschen und seinen Zukunftsaussichten

Gesundheit als Harmonie von Geist und Körper

Die Priester werden den Patienten „wecken und fragen, was er geträumt habe." (VE 41) Diese Träume, so glaubte man, verwiesen auf die Zukunft. Die Priester werden diese Träume deuten, denn aus den Träumen können sie entnehmen, „was dies für ein Mensch ist und wohin er neigt" (ebd.).

Funktion der Träume im Heilungsprozess

Und die Priester sind sich darüber im Klaren, dass das Schicksal des Menschen und die Vorbestimmung dieses Geschicks durch die Götter nicht unabänderlich sind. Vielmehr hängt die Zukunft des Patienten einmal davon ab, wie er seine eigene Zukunft in die Hand nehmen und gestalten wird; von gleicher Bedeutung ist aber auch, in welche Richtung die Priester den Patienten beeinflussen, ob sie ihn „stärken oder schwächen" (ebd.). Mit diesen Priestern ist Kassandra vergleichbar, auch sie liest die Zukunft weder aus dem Flug von Vögeln noch aus den Eingeweiden der Opfertiere, sondern aus den Träumen, damit aber hat sie die Möglichkeit zur Manipulation.

Schicksal des Menschen und äußere sowie innere Einflüsse

Kassandras Fähigkeit der Traumdeutung

Zweite Vorlesung

„Fortgesetzter Reisebericht über die Verfolgung einer Spur"

Die Reise führt Ch. Wolf weiter nach Kreta. Hier forscht sie zunächst nach den zeitlichen Vergleichsmöglichkeiten „zwischen dem Kampf um Troia und dem Untergang der minoischen Kultur auf Kreta, die nämlich beide [...]

Begegnung mit der minoischen Kultur

im 12. Jahrhundert vor unserer Zeitrechnung sich ereignet hätten." (VE 57f.) Dabei stößt sie bei der Lektüre über die Datierung der Ereignisse um Troja auf die Gestalt des Aineias, der aus dem brennenden Troja entkommen konnte. Sofort entsteht diese Figur vor ihrem geistigen Auge. Sie fragt sich, ob Kassandra ihn gekannt habe, ob sie ihn gemocht habe, welche Eigenschaften sie möglicherweise an ihm besonders geschätzt habe.

Subjektive Ausgestaltung einer Figur

Ch. Wolf gibt selbst zu, dass sie hier ein Wunschbild auf die mythologische Figur des Aineas übertragen hat, dass dieser nicht so gewesen sein könne. (Vgl. VE 58)

Aineas, der Verlierer

Nach der Lektüre eines Romans aus der Partisanenzeit in Griechenland verschwimmt das Gesicht eines jungen Partisanen mit dem des Aineias. Ch. Wolf erkennt in beiden Männern über dreitausend Jahre hinweg „den Ausdruck der nicht aufgebenden Verlierer, die wissen: sie werden immer wieder verlieren, immer wieder nicht aufgeben" (VE 60).

Konfrontation mit aggressiver männlicher Überheblichkeit in der Gegenwart

Ganz im Gegensatz zu ihrem Wunschbild des Aineias wird Ch. Wolf in der Innenstadt von Heraklion konfrontiert mit aggressiver Männlichkeit. „Angst, Abwehr, ja Abscheu" (VE 68) stellen sich bei ihr ein.

Überrascht ist Ch. Wolf, als sie beim Besuch von Knossos an vielen Palastbauen Doppelhörner wahrnimmt. Zum ersten Mal erfährt sie von der Bedeutung des Stiers im Raum des Mittelmeeres, der verknüpft ist mit dem Mondkult (vgl. VE 69).

Stierspringer-Fresko und die Sage vom Minotauros

Wenig später betrachtet sie das „berühmte Stierspringer-Fresko" (VE 70), das sie interpretiert als eine „Opferhandlung, die tödlich enden konnte und die griechische Angst-Sage von dem wilden Minotauros, der ihre Jünglinge verschlingt, erklären würde" (ebd.). Als weiteres charakteristisches minoisches Symbol beschäftigt sich Ch. Wolf mit der Heiligkeit der Doppelaxt. Die Doppelaxt sieht sie als Zeichen dafür, dass zunächst in Kreta das Mutterrecht geherrscht habe. „Die Axt sei neben der Säule – dem stilisierten heiligen Baum – und dem Stiergehörn eines der charakteristischen minoischen Symbole; ihre Heiligkeit verdanke sie wohl ihrem ursprünglichen Zweck, dem Holzfällen – in primitiven Gesellschaften eine Arbeit der Frauen." (VE 71) Im Verlauf der Entwicklung sei sowohl die kretische Muttergöttin Eileithya von Zeus im „olympischen, männlich regierten Götterhimmel" (ebd.) abgelöst worden, gleichzeitig sei die Doppelaxt „in die Hand des Zeus" (ebd.) gelangt.

Eileithyia: Göttin der Geburt; Tochter von Zeus und Hera; Beschützerin gebärender Frauen; wurde besonders auf Kreta in der Eileithyia-Höhle verehrt

Dass in Griechenland „Mutterrecht“ durch „Vaterrecht“ ersetzt worden sei, könne man auch daran erkennen, dass bei archäologischen Funden in den tiefsten Schichten immer Hinweise auf weibliche Erd- und Fruchtbarkeitsgötter als oberste Gottheiten gefunden wurden. Resigniert stellt sich Ch. Wolf allerdings die Frage, was es eigentlich helfe, dies zu wissen: Was „beweist die anscheinend verbürgte Tatsache, daß den frühen, Ackerbau treibenden Clans Frauen vorgestanden haben; daß die Kinder, die sie zur Welt brachten, ihnen gehörten, daß sie auch in späteren hochorganisierten Königreichen noch die Erbfolge bestimmten, daß aller ursprüngliche Kult, daß Tabu und Fetisch, Tanz, Gesang und viele frühe Handwerke von ihnen ausgingen?“ (VE 72) Der „Rückgriff in unwiederbringliche Früh-Zeiten“ (ebd.) zeige allerdings „mehr als alles andre die verzweifelte Lage, in der Frauen sich heute sehen.“ (Ebd.)

Hinweise auf das frühe Mutterrecht in Griechenland

Resignation im Hinblick auf die Situation der Frauen heute

Angesichts archäologischer Funde von möglichen Menschenopfern südlich von Knossos (vgl. VE 77), mit Blick auf ein feudales Klassen- und Schichtensystem auf Kreta sowie angesichts der Ausbeutung und Sklaverei zur mino-ischen Zeit stellt sich die Frage, ob die Sicht von Feministinnen zutrifft, die „ganz allgemein Kreta zum Gelobten Land rückwärtsgewandter Sehnsüchte“ (ebd.) macht.

Vor dem noch nicht entzifferten Diskos von Phaistos im Museum von Heraklion bedauert Ch. Wolf, dass es keine greifbaren Mitteilungen über die minoische Kultur gibt. Die „wirklichen Mitteilungen über menschliches Zusammenleben bringt die Sprache, bringt Literatur“ (VE 82), damit stellt sie auch die Bedeutung ihres eigenen Schreibens noch einmal heraus.

Diskos von Phaistos: ca. 3500 Jahre alte Tonscheibe mit spiralförmig angeordneten Menschen-, Tier- und Pflanzenmotiven

Immer stärker wird Ch. Wolf von den Rätseln des Altertums gefangen genommen. Sie fragt sich, wer die Frauen „mit den entblößten Brüsten auf den Wandbildern von Knossos [sind]: Sind sie edle Damen, den Sportspielen zuschauend? Priesterinnen beim Vollzug einer Kulthandlung? Klageweiber bei Festspielen für Tote? ‚Die Pariserin‘ des Artur Evans [Ausgräber von Knossos]: Eine einzige Zeile eines Liedes, gar die Schilderung in einem Epos könnte ihr Geheimnis entschlüsseln. Diese Zeile liegt uns nicht vor.“ (Ebd.)

Fragen angesichts der Frauendarstellung auf den Fresken in Knossos

Ch. Wolf erlebt in einem kleinen griechischen Dorf die

Osterbräuche und archaische Opferhandlungen

Wandel der Opfer: vom Menschenopfer zum Lamm

Überdauernde Rituale

Vorbereitungen zum Osterfest und sieht überall unzählige geschlachtete Lämmer (vgl. VE 85). Schon vor dreitausend bis viertausend Jahren war das geopferte Lamm „Mittelpunkt der Frühlingsfeiern, der Demeter- und Fruchtbarkeitskulte, der Dionysosmysterien an den verschiedenen Kultstätten, Heiligtümern und Tempeln der Völker dieser Region" (VE 86). Und augenblicklich erkennt sie, „daß man die Kulturschichten nicht voneinander abheben kann, daß sie einander durchdringen, daß durch den heutigen Kult der frühere durchscheint, durch diesen der noch frühere. Daß es kaum Dauerhafteres gibt als die Rituale" (VE 86). War früher das Schlachtopfer zunächst ein Mensch, so wurde es im Laufe der Zeit durch das Lamm, durch den „Sündenbock" ersetzt. Am Anfang des Christentums nun wird dieses Opfertier ein letztes Mal durch einen Menschen ersetzt.

Während Ch. Wolf auf der einen Seite in die antike Wirklichkeit einzutauchen sucht, erkennt sie sehr deutlich das Schicksal der weiblichen Bevölkerung um sie herum. Sie sieht deren geringe Bedeutung im öffentlichen Leben, ihre übermäßige Arbeit und das rücksichtslose Verhalten schon der kleinen Jungen Frauen gegenüber.

Das Löwentor von Mykene und die Erinnerung an Klytaimnestras Mord

Beim Besuch der Burgruine von Mykene sieht sie vor ihrem geistigen Auge Kassandra, die vor dem Löwentor ein tiefer Schauer durchfährt vor dem, was hinter der Mauer liegt, das „Mannesschlachthaus und der Boden blutbespritzt" (VE 97). Sie folgt dem Prozessionsweg zur Burg hinauf und kommt zu den Mauerresten des Palastes. Hier malt sie sich aus, wie Klytaimnestra aus dem Palast tritt, um Kassandra zu bitten, einzutreten und am Opfer teilzunehmen, doch Kassandra sieht den Mord an Agamemnon und ihren eigenen voraus und ruft in Panik den Gott Apoll an.

Asklepios: Gott der Heilkunst (Sohn des Apoll und einer Königstochter). Dargestellt wird A. mit einem Stab, um den sich eine Schlange (Natter) schlingt; dieser wurde zum Symbol der Heilkunst.

Den Abschluss der Reise bildet der Besuch der bedeutendsten Kultstätte für den Heilgott Asklepios, Epidauros. Auch hier glaubt Ch. Wolf den Übergang von Matriarchat zum Patriarchat entdecken zu können. Unter einem Rundbau, dem berühmten Tholos, der sich neben den Traum- und Schlafhallen des Heiligtums des Asklepios befindet, sollen die heiligen Schlangen des Gottes gelebt haben und verehrt worden sein. Gerade diese Schlangen sind es, die Ch. Wolf darin bestätigen, dass Asklepios, „der männliche Gott, abstammend von Apoll,

[…] die Heilkunst von den Frauen ‚übernahm', um es neutral auszudrücken." (VE 101)
Auch die Form des Rundbaus führt Ch. Wolf zurück auf frühe Frauengesellschaften, deren „Tempel und Häuser […] Formen der Körper der großen Göttin abbildeten ‚stattlich, gerundet, üppig'" (VE 80). So sei auch das Gefängnis Kassandras, in das ihr Vater Priamos sie nach der Prophezeiung des Untergangs von Troja habe sperren lassen, möglicherweise ein Bienenkorb gewesen, zumal neben der runden Form auch die Biene als „hochheiliges Symboltier" (ebd.) in frühen Frauengesellschaften gegolten habe.

Schlangen galten in der Antike als heilig, unsterblich und prophetisch. Sie wurden der Erdgöttin Gaia zugeordnet. Im Orakel von Delphi gab es Schlangenpriesterinnen.

Schließlich vergegenwärtigt sich Ch. Wolf in dem berühmten Theater von Epidauros eine Theateraufführung der Tragödie *Orest* von Aischylos. Orest, der seinen Vater Agamemnon rächt, indem er seine eigene Mutter, Klytaimnestra, ermordet, stellt sich ihr ebenfalls als eine Figur des Übergangs der mütterlich geprägten Gesellschaft zum Patriarchat dar. „Nie durfte der Sohn sich an der Mutter vergreifen. Die Frau war tabu. Aischylos scheint damit zu rechnen, daß Nachklänge der heiligen Scheu vor der Frau auch sein männliches Publikum, welches inzwischen die absolute Herrschaft ausübt, noch beunruhigen. […] [Jedoch entgegen] den jahrtausendelangen Anstrengungen des Patriarchats gilt Muttermord im Bewußtsein der Menschen noch immer als über jedes andre Verbrechen grauenhaft." (VE 103)

Theateraufführung in Epidauros

Dritte Vorlesung

„Ein Arbeitstagebuch über den Stoff, aus dem das Leben und die Träume sind"

Die dritte Vorlesung ist ein Arbeitstagebuch, das Ch. Wolf vom 16. Mai 1980 bis zum 23. August 1981 geführt hat. Es zeigt, wie die Autorin aktuelle gesellschaftliche und militärische Ereignisse der 80er-Jahre mit dem Mythos des Trojanischen Krieges und Kassandra verknüpft.

Verknüpfung von mythologischer Überlieferung und Zeitgeschehen der 80er-Jahre

In der ländlichen Umgebung von Meteln beginnt Ch. Wolf ihr Arbeitstagebuch. An den Anfang stellt sie ein Gedicht von Sarah Kirsch, das jene Widersprüch-

Alltägliches Leben und Bedrohung

lichkeit zwischen Alltagsleben und atomarer Bedrohung thematisiert, in der sich auch Ch. Wolf in der scheinbar unbedrohten mecklenburgischen Idylle von Meteln befindet: „Das Kind geht zur Schule wir pflanzen Bäume / Hören den Probealarm die ABC-Waffen-Warnung / Kennen die Rede der Militärs dieser Länder" (VE 106). In der ländlichen Stille, mit Blick auf eine Frühlingslandschaft arbeitet Ch. Wolf intensiv an den historischen Hintergründen ihrer Erzählung. Der mörderische Krieg um Troja, in den sie sich immer stärker vertieft, korrespondiert mit den weltpolitischen Ereignissen, die auch ihre ländliche Idylle in einem trügerischen Bild erscheinen lassen: „Nie sei die Gefahr eines Atomkrieges so groß gewesen wie heute, erklärt das schwedische Institut für Friedensforschung. […] 60 000 Atomsprengköpfe seien auf der Welt gelagert. In den letzten Jahren, der Zeit der Entspannung, hätten die beiden Großmächte ihre Rüstung ungeheuer aneinander hochgeschaukelt." (VE 110)

Ländliche Idylle und atomare Bedrohung

Ch. Wolf sucht nach den Anfängen dieses Wahnsinns, der das Ende einer hochzivilisierten Entwicklung sein könnte, und sie glaubt den Beginn in der historischen Umbruchzeit zu erkennen, in der Kassandra gelebt hat. Damit ergeben sich für sie Verknüpfungen zwischen der antiken und der gegenwärtigen Welt.

Männliches Denken und atomare Aufrüstung

Zunehmend sieht sie sich konfrontiert mit „patriarchalischen Strukturen des Denkens und Regierens" (VE 112) und mit einer inhumanen Welt, in der ein „hierarchisch-männliche[s] Realitätsprinzip" (VE 142) vorherrscht. Dieser männliche ‚Realitätssinn' ist für Ch. Wolf die Ursache für exzessive Rüstungsanstrengungen auf allen Seiten.

Suche nach dem Wendepunkt von der matriarchalischen Welt zum Patriarchat

Ch. Wolfs Interesse an dem Stoff Kassandra ist geleitet von der Frage, wann sich diese ‚patriarchalische Struktur' durchgesetzt hat. Sie glaubt, dass Kassandra genau jenen Wendepunkt markiert, an dem nach kriegerischen Auseinandersetzungen das Patriarchat über die matriarchalische Gesellschaft gesiegt hat. Zwar gebe es keine wissenschaftlichen Fakten, die diesen Übergang bezeugten, doch Mythen und literarische Figuren wie Orest legten eine solche Deutung nahe.
Auch falle auf, dass Kassandra die Gabe des Sehens von einem der männlichen, jungen Götter, Apoll, verliehen

bekommen habe, jedoch die Wirksamkeit dieser Gabe ihr sofort wieder entzogen worden sei.
In einem etwa zehn Jahre später geschriebenen Text kommt Ch. Wolf noch einmal auf diesen Aspekt zurück:

> „Nun kann man und frau zu fragen beginnen. Wieso gibt ein männlicher Gott die Sehergabe an eine Frau, wo doch in den frühesten Zeiten nur Frauen Göttinnen, nur Frauen Priesterinnen und Seherinnen waren? Eine tiefgreifende Umwälzung der Produktions-, Lebens-, Verwandtschaftsverhältnisse hatte stattgefunden, über Hunderte, vielleicht Tausende von Jahren, die Frauen einst gleichgestellt, waren in eine untergeordnete Stellung geraten, ihre Sexualität war verdinglicht worden, was alles es erst möglich machte, daß ein Mann versucht, eine Frau zu vergewaltigen – und sei es ein männlicher Gott. Und daß die Frau die Sehergabe mit dem entscheidenden Vorbehalt bekommt: Niemand wird ihr glauben. Mich berührte, als ich sie verstand, diese tiefe Metapher über das Schicksal von Frauen in den letzten Jahrtausenden." (Wolf, „Von Kassandra zu Medea", S. 162)

Anzeichen eines Wandels der Lebens- und Produktionverhältnisse zur Zeit des Trojanischen Krieges

Kassandras Seherlos als Metapher für das Schicksal der Frauen über Jahrtausende

Weiterhin zeige der Ausdruck „Kassandra-Ruf", dass die Schande von Unglücksbotschaften mit dem Namen einer Frau verknüpft werde. Dabei habe zur gleichen Zeit und aus demselben Anlass auch ein Mann den Untergang Trojas prophezeit, der Seher Laokoon. Warum also spreche man nicht vom „Laokoon-Ruf?" (VE 109)

Kassandra und Laokoon als Propheten des Unglücks

Symbolisch für die Zurücksetzung von Frauen ist für Ch. Wolf weiterhin, dass die Geschichte Europas durch einen Gewaltakt gegenüber einer Frau eingeleitet wird, die Entführung Europas durch Zeus (vgl. VE 114). Auch Homers *Ilias* ist gekennzeichnet durch eine extreme männliche Sichtweise. Im Vordergrund der Darstellung stehen Schlachtbeschreibungen, Zweikämpfe und männliche Aggressivität, dagegen bleiben Frauen und ihr Alltagsleben weitgehend unberücksichtigt. (Vgl. ebd.)

Zeus entführte in der Gestalt eines Stieres Europa, die Tochter des phönikischen Königs, von Phönikien nach Kreta. Homers Darstellung konzentriert sich auf männliches Handeln.

Ch. Wolfs Alltagsleben spiegelt sich in Unterhaltungen mit Freunden. In diese Gespräche fließt die bedrohliche Weltlage mit ein und man hält mit Kritik am eigenen Staat nicht zurück. Eine Schriftstellerin äußert dabei, dass sie „erkannt habe, daß Zensur und Selbstzensur kriegsfördernd seien; […] sie habe aufgehört mit dem Reden und Schreiben mit gespaltener Zunge." (VE 137 f.)

Zensur und Selbstzensur als kriegsfördernde Maßnahmen

Am 1. Mai, der in der DDR als „Internationaler Kampf- und Feiertag der Werktätigen für Frieden und Sozialismus" gefeiert wurde, notiert Ch. Wolf in ihrem Arbeitstagebuch: „Um Kriege zu verhindern, müssen auch Menschen in ihrem jeweils eignen Land Kritik an den Mißständen ihres eigenen Landes üben." (VE 143 f.)

Vom Mythos zum Alltag: Entmythologisierung Kassandras

Überaus deutlich wird damit auch Ch. Wolfs Entfremdung von dem politischen System der DDR deutlich. Im Gegensatz zu diesem Entfremdungsprozess wird ihr Kassandra immer vertrauter. Das Heroische, das Überhöhte der Figur verschwindet, und Ch. Wolf sieht Kassandra nüchterner, realistischer. Sie stellt sich Kassandra als „eine lebhafte, sozial und politisch interessierte Person" (VE 121) vor, die es ablehnt, wie ihre Mutter und Schwestern zu heiraten und das Haus zu hüten. Kassandra will ihre Selbstständigkeit bewahren und etwas lernen. Der einzige Beruf, den sie als Königstocher ergreifen kann, ist das Priesteramt.

Kassandras Lebensentwurf

Kassandras Entfremdung von den „Ihren"

Es beginnt ein schmerzhafter Prozess der Trennung von ihrer Familie, als sie erkennen muss, dass „‚die Ihren' nicht die Ihren sind" (ebd.). Wegen ihrer prophetischen Äußerungen wird Kassandra zunächst für wahnsinnig erklärt, schließlich lässt ihr geliebter Vater, Priamos, sie sogar wegen ihrer Warnungen in den Turm werfen.

Ihre Prophezeiungen, so sieht es Ch. Wolf, haben nichts mit „rituellen Orakelsprüchen zu tun: Sie ‚sieht' die Zukunft, weil sie den Mut hat, die wirklichen Verhältnisse der Gegenwart zu sehen." (Ebd.) Kassandra sucht „Anschluß an Minderheiten. Dadurch begibt sie sich bewußt ins Abseits, entledigt sich aller Privilegien, setzt sich Verdächtigungen, Verhöhnungen, Verfolgungen aus: der Preis für ihre Unabhängigkeit. […] Am Ende ist sie allein, Beute der Eroberer ihrer Stadt." (VE 121 f.)

Apollo Lykeios war Beschützer der Schäfer und Schafherden vor Überfällen durch Wölfe

Bei ihren Recherchen zum Mythos des Lichtgotts Apoll stößt Ch. Wolf auf die Spur eines möglicherweise älteren Gottes, des Apollon Lykeios (vgl. *Kassandra*, S. 20). Sollte dieser Beiname sich herleiten von *Lykos* ‚Wolf', so stehe dahinter das „totemistische Zeichen eines Clans" (VE 125), meint Ch. Wolf. Damit würde auf viel frühere Strukturen verwiesen, denn der Totemzauber sei typisch für eine matrilineare Struktur und sei herzuleiten aus der Zeit, in der die Ablösung des Menschen aus dem Tierreich stattgefunden habe. Diese matrilineare Kultur

Anzeichen einer matrilinearen Kultur in der Gestalt des wölfischen Apoll

„stelle ‚die Urmutter aller menschlichen Kultur' dar." (VE 126)

Ch. Wolf entdeckt bei ihrer Beschäftigung mit der Entfaltung von Mythen und mit der Entwicklung von mythologischen Figuren, dass offensichtlich die unterschiedlichen Varianten mythologischer Figuren aus unterschiedlichen Zeiten und Regionen stammen, etwa minoische und hethitische Kultur. Sie entwickelt diesen Gedanken mit Blick auf Varianten des Helena-Mythos. Die Variante, die sie skizziert und die im Kontrast steht zu dem bekannten Bild Helenas, legt sie auch ihrer Erzählung zugrunde: So sei Helena niemals mit Paris nach Troja gekommen. Vielmehr sei sie Paris in einem Tempel der Aphrodite auf Zypern begegnet, wo sie eine Tempelprostituierte der Aphrodite gewesen sein könnte. Möglicherweise habe Paris Helena nach Ägypten entführt. Hier wurde Paris vom König Proteus gefangen gesetzt und schließlich nach Troja zurückgeschickt. Die schöne Helena dagegen blieb bei dem ägyptischen König Proteus. Damit sei der Kampf um Troja um ein Phantasiegebilde geführt worden.

Variationen von mythologischen Figuren

Varianten des Helena-Mythos: Helena war nie in Troja

Ch. Wolfs Auseinandersetzung mit Kassandra ist geprägt von ihrem eigentlichen Anliegen. Sie versucht die mythologische Figur der Helena in einen historischen und sozialen Zusammenhang zu stellen (vgl. VE 140). Zugleich verknüpft sie ihre eigene soziale und politische Wirklichkeit mit der Kassandras. So wie Kassandra die Bedrohung durch die griechische Invasion vor Augen hatte, sieht Ch. Wolf die atomare Bedrohung und die Aussicht, dass „Europa […], wenn es nicht damit beginne, eine vollkommen andere Politik zu betreiben, noch eine Gnadenfrist von drei, vier Jahren" (VE 133) hat.

Analogie von mythischer Vergangenheit und historischer Gegenwart

Sie fragt sich in diesem Zusammenhang, ob es im Verlauf der Geschichte Möglichkeiten gegeben hätte, Entscheidungen zu treffen, die nicht auf diese Selbstzerstörung hinausgelaufen wären. Offensichtlich aber sei der Übergang von matriarchalisch strukturierten Gruppen zu patriarchalischen Gruppen zwangsläufig gewesen, da die patriarchalisch strukturierten Gruppen ökonomisch effektiver gewesen seien. (Vgl. VE 135 f.)

Gründe für die Entwicklung zu einer patriarchalisch orientierten Gesellschaft

Im Verlauf der Annäherung an die Figur der Kassandra verliert diese für Ch. Wolf immer deutlicher ihren ‚mythischen' Charakter und wird verstehbarer. Ch. Wolf

Versuch der Rekonstruktion der historischen Kassandra

will zeigen, wie sowohl Kassandra, die sie als tatsächliche geschichtliche Figur sieht, als auch ihre „historische Umgebung durch Ritual, Kult, Glauben und Mythos gelenkt werden“ (VE 149 f.).

Konkretisierung der Hauptfigur

Zunächst hatte Ch. Wolf *Kassandra* als ein Lehrstück im Sinne Brechts geplant, doch ihre intensiven Recherchen haben dazu geführt, dass immer „mehr Abstraktionen sich mit Fleisch und Blut, mit Gesichtern, Gesten“ (VE 150) füllen. Im Zuge dieser Veränderung wird auch Kassandras „innere Geschichte“ verändert, und für Ch. Wolf wird deutlich, dass Kassandra vor allem um ihr Recht auf Selbstbestimmung gerungen habe. (Vgl. VE 149.)

Vierte Vorlesung

„Ein Brief über Eindeutigkeit und Mehrdeutigkeit, Bestimmtheit und Unbestimmtheit; über sehr alte Zustände und neue Seh-Raster; über Objektivität“

Die vierte Vorlesung ist in Briefform gehalten und wendet sich an eine befreundete Schriftstellerin. Ch. Wolf reflektiert in diesem Brief, wie Kassandra gewesen sein müsse, bevor sie literarisch festgehalten und damit festgelegt wurde. Sie untersucht dabei das Fortschreiten patriarchalischer Prinzipien, die zur Unterdrückung der Frauen geführt habe. In einem Kapitel über Ingeborg Bachmann reflektiert sie die Besonderheiten weiblichen Schreibens.

Die Entwicklung einer veränderten Perspektive auf die Wirklichkeit

Das Geflecht von Gegenwart und Antike, von Griechenland und mecklenburgischer Idylle, von Mythos und historischer Wirklichkeit wird in diesem Brief weiter verknüpft. Hinzu kommt allerdings ein weiterer Faden: die Suche nach einer angemessenen Darstellungsweise der weiblichen Perspektive. Ch. Wolfs Beschäftigung mit der Gestalt der Kassandra hat ihr eine neuen Blickwinkel eröffnet. Dabei hat sich das „Seh-Raster“ (VE 164), mit dem sie ihre Umgebung, ihre Freunde, ihre Zeit und sich selbst beobachtet, deutlich verändert. Zugleich habe eine Erweiterung dessen stattgefunden, was für sie Wirklichkeit sei. Noch einmal entwickelt Ch. Wolf in ih-

Veränderung des Bezugs zur eigenen Wirklichkeit durch die Beschäftigung mit Kassandra

rem Brief den Grundgedanken von der Vernichtung einer Kultur, die von Frauen getragen worden sei zugunsten einer männlich dominierten Kultur.
In einem längeren Exkurs entwickelt Ch. Wolf die Wandlung der Göttinnen (z. B. Artemis, Aphrodite, Hera, Athene) aus einer matriarchalischen Vorgeschichte. Bedeutsam ist für sie die „Dreigestaltigkeit der alten Muttergöttinnen (der ersten Dreifaltigkeit überhaupt)“ (VE 166).
Das „kaum zu ordnende und zu zählende Frauen-, Mütter- und Göttinnengewimmel“ (VE 169) habe man auf der Seite der Männer schließlich in den Griff bekommen. Parallel hierzu habe sich, als deutlicher Ausdruck patriarchalischer Vorstellungen, das männliche Erbrecht und das Privateigentum entwickelt.

Erbrecht und Privateigentum als Zeichen des Patriarchats

Ch. Wolf nimmt an, dass im Zuge dieser Entwicklung der Gott Apoll sich allmählich „aus dem matriarchalischen Artemiskult Kleinasiens herausentwickelt habe und um 1000 v. Chr. auf dem griechischen Boden angekommen, zum „höchsten, ‚klarsehendsten‘ Orakelgott“ (VE 178) geworden sei. Im 7. Jahrhundert v. Chr. habe es dann im rein männlichen Orakelkult als einzige Frau nur noch die Pythia als Weissagerin in Delphi gegeben. (Vgl. VE 180.) So wie Frauen von Bildung, öffentlichen Tätigkeiten, politischer Betätigung ausgeschlossen wurden, sei auch die Seherin Pythia in die „Hände der mächtigen Priester“ (ebd.) geraten. Die Orakelworte der Pythia wurden letztlich von Männern ausgedeutet. Im Zuge dieser Entwicklung habe eine junge Frau zwar Seherin, nicht aber „Orakelsprecherin“ (VE 178) werden können, dies blieb Männern (Kalchas, Helenos, Laokoon) vorbehalten.

Entwicklung des Gottes Apoll aus dem Artemiskult

Verdrängung der Frauen aus dem Priesteramt

Pythia ist die Bezeichnung für jene Priesterinnen, die in Delphi als Medium des Gottes Apoll gesehen wurden.

Ch. Wolf deutet den Ausschluss der Frauen aus dem öffentlichen Leben im klassischen Griechenland und die Übernahme der Frauenrollen im Theater durch Männer als Indiz dafür, dass Männer sich (bewusst oder unbewusst) vor den Frauen ängstigten. „Was man ausschließt und verbannt, hat man zu fürchten.“ (VE 169) „Die Frau, einst Ausführende, ist entweder ausgeschlossen oder zum Objekt geworden“ (VE 180).
Magie, die zunächst von den Stammesältesten, dann von den Priesterinnen ausgeübt wurde, hätten die ersten männlichen Priester nur allmählich übernehmen

können. Anfangs mussten sie sich noch in die „magischen Frauengewänder“ (VE 135) hineinquetschen (vgl. *Kassandra*, S. 36).

Beispiele für die Ehrfurcht und Furcht vor Frauen in der Literatur

Der „Schauder […]. zusammengesetzt aus Ehrfurcht und Furcht“ (VE 174) vor Frauen spiegle sich in vielfacher Weise wider, beispielsweise in dem Erschaudern von Goethes Faust, als er vernimmt, dass er Helena, nach der er sich sehnt, bei den Müttern trifft. Ebenso zeigten sich diese Gefühle in der „Medea-, der Amazonen-Überlieferung […] und der […] ‚Penthesilea‘ des Kleist“ (ebd.), aber auch in Zeremonien und Göttersagen.

Ihre Erzählung leitet Ch. Wolf mit zwei Versen von Sappho ein. S. gilt als eine der größten Dichterinnen der Antike. Sie wurde um 600 v. Chr. auf der Insel Lesbos geboren. Von ihrem Werk sind nur einige Gedichte erhalten geblieben, es sind vor allem Liebesgedichte, an Frauen gerichtet.

Kassandra scheint für Ch. Wolf an jener „Nahtstelle“ (VE 180) zu stehen, an der die patrilineare Erbfolge gefestigt war, aber durchaus Erinnerung an die vorhergehende matriarchalische Kultur bestand. Vielleicht wurde diese Erinnerung in den niedrigen Schichten der ländlichen Bevölkerung noch gepflegt. Im Zuge dieser Gedanken fragt sich Ch. Wolf, ob Kassandra nicht möglicherweise Priesterin „[e]ines älteren Apoll [gewesen sei], dem der Beiname ‚Loxias‘, der Dunkle zukam; dessen wölfische Herkunft […] den Leuten noch gegenwärtig war.“ (VE 181)

Mit der Entwicklung einer weitgehenden Männerwelt verstummten auch die Dichterinnen „jahrtausendelang“ (VE 184), wie Ch. Wolf am Beispiel der Lyrikerin Sappho zeigt. Ironisch schildert sie dann, wie es nun den Männern oblag, „den Mond, die Liebe“ zu besingen und „die fortschreitende Kälte der Welt“ (ebd.) zu beklagen. Andererseits habe es durch die Kämpfe um das Patriarchat neue Stoffe gegeben: Nicht länger ist Literatur der „Chorgesang der Priesterinnen, ganz und gar eingebettet in den Jahresablauf“ (ebd.), sondern „Erzählung von der Heroen Kampf und Sieg oder Untergang“ (ebd.).

2 Der inhaltliche Aufbau der Erzählung – Handlung und Grundstruktur

Während Kassandra vor dem mykenischen Löwentor auf ihren Tod wartet, ziehen vor ihrem geistigen Auge noch einmal Szenen ihres Lebens und Personen, die sie besonders geprägt haben, vorbei. Ihre Gedanken kreisen um die eigene Entwicklung, die Wahrheit über ihre Sehergabe und ihr Verhältnis zu ihrer Umwelt. Assoziativ und zunächst ohne Chronologie blitzen ihre Erinnerungen auf, immer wieder durchsetzt mit Bruchstücken von Beobachtungen ihrer unmittelbaren Umgebung.
Assoziativ ist ihre „Vergangenheitssprache", ihr Erinnerungsmonolog; dagegen ist die „Gegenwartssprache […] auf Wörter für […] die düstere Festung eingeschrumpft" und die „Zukunftssprache" kennt nur einen Satz: „Ich werde heute noch erschlagen werden." (18)

Der dreifache Einstieg (5)

Dreifach – als wolle Ch. Wolf hiermit ihre Vorstellung der weiblichen Trinität umsetzen – beginnt die Erzählung *Kassandra*: Zwei Verszeilen aus einem Liebesgedicht der Lyrikerin Sappho beschwören Eros, der hier weniger als Gott der Liebe verstanden wird, sondern als eine innere Gewalt, die ambivalent zugleich „bittersüß" und „dunkel" mythisch ist. Die Verse „wieder schüttelt mich der gliederlösende Eros, / […] ein dunkles Tier" (5) erinnern zudem an die Feste des Dionysos, bei denen völlig entfesselte Bacchantinnen in den Frühzeiten sogar junge Männer opferten. (Dies ist auf Lesbos nachgewiesen.)
Der erste Absatz versetzt den Leser dann an den Ort des heutigen Mykene mit seiner Zyklopenmauer, dem Burgberg und dem berühmten Löwentor. Ein reflektierender, betrachtender und unbekannter Erzähler blickt auf die beiden Löwen über dem Eingang zu der Burg von Myke-

Der Dionysoskult war für einfache Ackerbaugesellschaften ein typischer Kult der Fruchtbarkeit; ursprünglich stammte dieser Kult aus Kleinasien und war zunächst in Griechenland verboten.

ne. Vor seinem geistigen Auge sieht er Kassandra, die vor diesem Tor steht. Beim Gedanken daran, wie Kassandra allein das Tor durchschreitet, teilt der zunächst eher distanzierte Erzähler die Vision Kassandras, wenn er davon spricht: sie schreite ins „Schlachthaus." (5)

Mit einer widersprüchlichen Aussage klingt sozusagen der dritte Akkord an: Nach lyrischen Versen und einer eher dem Reisebericht zuzuordnenden Betrachtung des Löwentores beginnt die eigentlich Ich-Erzählung. „Mit der Erzählung geh ich in den Tod." (Ebd.) Anders als in den Märchen von *Tausend und eine Nacht* wird das Erzählen nicht vor dem Tod retten. Kassandra, die Ich-Erzählerin, wird ihre Erzählung in den Tod mitnehmen. Zugleich ist damit ein Weg zu Ende beschritten, der nie „an ein anderes Ziel geführt" (ebd.) hätte. Es ist ein Weg, der von Anfang an ihr Schicksal war. Zudem wird das, was sie noch bis zum Abend begreifen wird, mit ihr zugrunde gehen (8). Ch. Wolf wird es sozusagen überlassen sein, diese innere Erzählung wieder in das Leben zurückzuführen.

Aussichtsloses Erzählen bis in den Tod

Ch. Wolf als Sprachrohr Kassandras

Vor den Toren von Mykene (5–14)

Die Zwillinge entstammen bei Aischylos der Liebesbeziehung zwischen Kassandra und Agamemnon. Durch Ch. Wolfs Umdeutung von Agamemnon als Schwächling wird die Vaterschaft nun der erzwungenen Beziehung zu Eurypylos zugeordnet.

Vor dem Tor von Mykene werden Kassandra, ihre Zwillinge und ihre Dienerin Marpessa von Bewohnern Mykenes umringt: „frech und scheu zugleich" umstehen diese den Wagen. „[N]aiv, […] sie haben den Krieg nicht erlebt – […] betasten [sie] den Wagen; die fremden Gegenstände; […] auch die Pferde" (14). Sie machen ihre Bemerkungen über die Gefangenen, ahnen aber nicht, dass Kassandra ihre Sprache versteht. Mit „Schauder" (ebd.) wird Kassandra betrachtet, nachdem der Wagenlenker ihren Namen genannt hat. Er scheint sich der Zudringlichkeit der Leute zu schämen und äußert abschätzig, die „Besten […] seien es allemal nicht, die zu Hause blieben." (Ebd.). Während Kassandra die kommenden Ereignisse vorhersieht – auch ohne Sehergabe –, bleiben die „Greise, Frauen, Kinder" (11), die den Wagen umstreichen, auf dem Kassandra sitzt, blind für ihre Zukunft.

Neugier der Daheimgebliebenen auf die Kriegsgefangene

Marpessa, die schon auf der Seefahrt versucht hat, sich und Kassandras Kinder umzubringen, trägt einen versteckten Dolch bei sich. Diesen bietet sie Kassandra wortlos an, nachdem Klytaimnestra Kassandra angesehen hat. Kassandra und Marpessa haben den hasserfüllten Blick Klytaimnestras auf Agamemnon gesehen und wissen, dass die „Königin [sie] nicht schonen" (12) wird. Dennoch weist Kassandra mit einem Blick Marpessas Angebot zurück, diese letzten Stunden sind für sie eine besondere Prüfung. Schon früh war sie sich sicher, dass sie getötet würde (vgl. 9), ihr Schicksal ist also nicht überraschend für sie.

Klytaimnestras Hass auf Agamemnon

Marpessa gewinnt in dieser Todesstunde eine besondere Bedeutung für Kassandra. Zwar ist Kassandra Marpessas Herrin, doch gibt es offenkundig vielfältige Gründe für ein besonderes Vertrauensverhältnis. Kassandras Aussage „Dein Hochmut, Marpessa, stellt noch den meinen in den Schatten" (16) beweist diese besondere Beziehung.

Der Himmel über Troja und Mykene scheint Kassandra gleich zu sein: „Himmelsleere" (6) hier wie dort, die mit Kassandras innerer Leere übereinstimmt. Resigniert gesteht sie sich ihre selbst verschuldete Verlassenheit ein, sie hat sich nie anderen voll Vertrauen hingeben können: „Da von jedem etwas in mir ist, habe ich zu keinem ganz gehört." (7)

Erkenntnis der selbst verursachten Einsamkeit

Um ihre Fähigkeit zu prüfen, ob sie noch inneren Schmerz empfinden kann, vergegenwärtigt sich Kassandra Abschiede von geliebten Menschen. Es ist ihre „Schmerzprobe" (8), mit der sie sich zu erinnern sucht an ihre Liebe zu Myrine, an ihr zwiespältiges Gefühl gegenüber Penthesilea oder an die tiefe Liebe zu Aineas.

Erinnerungen an Abschiede als „Schmerzprobe"

In dem Augenblick, in dem Kassandra feststellt, dass ihre Überheblichkeit und Eitelkeiten wie völlig erloschen, wie „ausgebrannt" (10) sind, verstummt sie. Sie muss sich nicht mehr als Seherin beweisen, die Wirklichkeit entlarvt sich selbst: „Das Lachen dieser Königin, als Agamemnon auf den roten Teppich trat, ging über jeden Beweis." (11)

Kassandras Schweigen als Ausdruck der Selbstfindung

Die existenzielle Angst, die Kassandra in dem Moment überfällt, in dem der Wagen vor dem Löwentor anhält, versucht sie nun durch „Denken [zu] besiegen" (ebd.), so wie sie früher ihre Liebe durch Denken unterdrückt hat.

Paradoxerweise sieht Kassandra als Kennzeichen ihrer Gefangenschaft, dass sie „gänzlich frei" (ebd.) geworden ist. Erst jetzt kann sie sich völlig auf sich selbst konzentrieren. Als Gefangene Agamemnons hat sie alles hin-

Kassandras neues Bewusstsein von Freiheit

Athene sendet einen Sturm, da Aias versucht hat, Kassandra vor dem Standbild der Athene zu vergewaltigen.

Agamemnon, der Schwächling

ter sich gelassen, was sie früher ihrer herausgehobenen Position schuldig zu sein glaubte. So war es ihr früher nie möglich, in die Menge der Troerinnen einzutauchen, „denn immer wußten alle, wer ich bin" (ebd.).
Das neue Selbstvertrauen überkommt Kassandra in dem Moment, in dem Agamemnon, der während eines fürchterlichen Sturmes „besinnungslos vor Angst" (12) ist, seine ganze Hoffnung auf sie setzt, auf sie, die „Zauberin" (ebd.). Spöttisch und wissend, dass Männer Spott in „den Augen einer Frau" (ebd.) nicht ertragen können, betrachtet Kassandra die Todesangst Agamemnons und sieht in ihm nur noch den ‚armen Wicht', den ‚Schwächling' (ebd.). Als der Sturm sich gelegt hat, glauben Agamemnon, die Mitgefangenen, sogar die „rohen gierigen Ruderknechte" (13) an Kassandras magische Kräfte. Diese Kräfte würden ihr entzogen, erklärt Kassandra Agamemnon, sobald er sie „in sein Bett zwänge" (ebd.). Doch Kassandra weiß durch eine Vertraute, dass Agamemnons „Kraft [...] lange schon dahin" (ebd.) ist. Schlagartig begreift sie den Grund für Agamemnons „ausgesuchte Grausamkeit im Kampf" (ebd.): Seine Männlichkeit muss er, ebenso wie Achill, im Kampf beweisen. Kassandra durchschaut auch Agamemnons allmähliches Verstummen auf dem Weg vom Hafen Nauplios nach Mykene: Er weiß, dass er seiner Frau, „nie Grund gegeben [hat], mit ihm Erbarmen zu haben, falls er Schwäche zeigte." (13 f.)

Kassandra erkennt den Zusammenhang von Impotenz und Brutalität Agamemnons.

Kassandras Weg zur Seherin (15–36)

Wahrheitsverkündung als Rache für erlittene persönliche Verletzungen

Kritisch reflektiert Kassandra ihre Sehergabe und erkennt, dass sie diese ‚Gabe' genutzt hat, um ihr „Selbstgefühl zu retten" (15). Sie fragt sich außerdem, ob die Beharrlichkeit, mit der sie die Wahrheit über die Zukunft verkündet habe, als Rache für Verletzungen durch die „Ihren" verstanden werden kann. Schon früh hatte der griechische Priester Panthoos Kassandra unterstellt, dass sie lüge, wenn sie den Untergang Trojas prophezeie. Denn hieraus spreche Eigennutz. Sie wisse genau, dass sie aus ihrer Prophezeiung einen unsterblichen Ruhm erwerbe, ihr Name werde weiterleben (vgl. 14). Und Panthoos unterstellt Kassandra, dass ihr dies wichtiger sei als „das bißchen Nestglück" (ebd.) in ihrer Familie.
Nun aber vor ihrem Tod weiß Kassandra, dass es ihr letzt-

Kassandras Prophezeiungen als Ausdruck von Ichbezogenheit

lich doch gelungen ist, sie „selbst zu werden" (16). Aus diesem neuen Selbst-Bewusstsein heraus erkennt sie, dass auch sie früher Wahrheiten nicht ertragen konnte und mit Überheblichkeit reagiert hat. Sie erinnert sich an die Hinweise von Panthoos am Tag ihrer Priesterweihe, dass eigentlich ihre Schwester Polyxena eher für dieses Amt vorbereitet sei: Kassandra verlasse sich auf den Unterstützung ihres Vaters und sie instrumentalisiere ihre Träume, um ihren Willen zu bekommen.

Apoll, Sohn des Zeus und der Leto, tötet schon wenige Tage nach seiner Geburt die Schlange Python, die das Orakel in Delphi bewachte, und machte sich zum Herren des Orakels.

Tatsächlich war es der Traum von Apoll, der sie kurz vor ihrer Priesterweihe erschreckt hatte: Apoll erschien ihr, strahlend mit seiner Leier, bronzefarbener Haut und mit blauen Augen, die sie allerdings als „grausam" (19) empfand. Mit einer beiläufigen Geste verlieh er ihr die heiß ersehnte Sehergabe. Dann jedoch nähert er sich ihr als Mann mit eindeutigen Absichten. Als er ihr Entsetzen sieht, verwandelt er sich in einen Wolf, umgeben von Mäusen. Weil es ihm nicht gelingt, sie zu vergewaltigen, spuckt er ihr in den Mund. Kassandra weiß, dass dies Apollon Lykeios, der „Gott der Wölfe und der Mäuse" (20) gewesen ist, von dem sie insgeheim von ihrer Amme, Parthena, gehört hatte.

Angeblich hatte Apoll Kassandra im Traum die Gabe der Vorhersage gegen Beischlaf versprochen.
Als Kassandra nur einen Kuss gewährte, spie ihr der Gott in den Mund und bewirkte damit, dass niemand Kassandras Prophezeiungen glauben würde. (Vgl. Ranke-Graves, 1984, S. 584)

Hekabe, Kassandras Mutter, ist beunruhigt und versteht Kassandra nicht, dass sie sich dem Gott in „Wolfsgestalt" (ebd.) verweigert hat, sei „es nicht ehrenvoll für eine Sterbliche" (ebd.), wenn ein Gott sich zu ihr legen wollte? In diesem Zusammenhang erinnert sich Kassandra an jenen Tag, an dem sie im Tempelbezirk mit vielen anderen Mädchen auf ihre Entjungferung gewartet hatte. Voller Ekel denkt sie an die vielen Männer, deren Beine sie durch den Spalt ihrer halbgeschlossenen Augen wahrnahm: An diesem Tag ‚kriegte' sie für ihr „Leben genug von Männerbeinen." (21) Schließlich bleibt sie, die Königstochter, allein zurück, in diesem Augenblick beschließt sie, „um jeden Preis" Priesterin zu werden in der Hoffnung, auf diese Weise von niemandem beherrscht zu werden.

Der Wunsch nach dem Priesteramt

Als Aineias zu Kassandra tritt, folgt sie ihm in unausgesprochenem Einvernehmen. Die gegenseitige Liebe verhindert, dass Aineias Kassandra entjungfert, sie sind „beide nicht imstande […], den Erwartungen" (22) der Amme, der Mutter, der Priesterin zu „entsprechen" (ebd.). Neben Aineias schläft Kassandra ein und wird

Der Tag der Entjungferung

von einem fürchterlichen Traum so in Schrecken versetzt, dass sie schreiend erwacht. Ihr Angsttraum ist die Vision der Flucht des Aineias: Ein Schiff ‚führt' Aineias weg und zwischen Küste und seinem Schiff legt sich ungeheures Feuer. Als Aineias Kassandra zu ihrer Mutter bringt, fragt diese ihn nur, „ob alles in Ordnung sei" (23) und bedankt sich bei ihm.

Kybele, kleinasiatische Muttergöttin, Göttin der Fruchtbarkeit, Gesundheit und des Wohlstands, wird meist in Form eines heiligen Steins verehrt, weil sie aus einem Stein gewachsen sein soll. Sie wurde als höhlenbewohnende Göttin am Berg Ida verehrt.

Auch die Amme, Parthena, glaubt, dass Aineias ‚seine Pflicht erfüllt hat' und übergibt Kassandra, da diese nun erwachsen sei, ihrer Tochter Marpessa. Ihrer Amme vertraut Kassandra zuvor noch ihren Traum des wölfischen Apoll an. Angstbleich vermag Parthena nur Kybele anzurufen. Sogleich erfährt sie aber auch durch Parthenas Verhalten, dass es dieser offensichtlich untersagt war, Kybeles Namen zu erwähnen. Marpessa nimmt Kassandra mit zu dem „Heiligtum der unbekannten Göttin", das sich versteckt in einer Höhle am Berg Ida befindet. Überrascht trifft Kassandra hier ihre Amme Parthena, die vor dem Eingang der Höhle hockt. Mit „den Bewegungen ihres massigen Körpers" (25) scheint sie den Tanz „braunhäutiger, meist schmalgliedriger Frauen" (ebd.), Sklavinnen und Frauen „aus den Ansiedlungen jenseits der Mauern der Zitadelle" (ebd.) zu dirigieren. Auch Marpessa taucht in diese Gruppe ein.

Erste Erfahrung mit der Gegenwelt am Berg Ida

Kassandra macht in dieser Situation eine völlig neue und zunächst überraschende Erfahrung: Man nimmt von ihr, der doch allen bekannten Königstochter, keinerlei Notiz. Entsetzt sieht sie zudem, wie der Tanz zur Raserei entartet. Verstört flieht sie. Im Palast erwartet sie dann zu ihrer Überraschung eine völlig unbeteiligte und sich normal verhaltende Marpessa.

Kollektive Entfesselung im Tanz als Teil des Kultes um Kybele. Kybele wurde mit wilder Musik, Trinkgelagen und orgiastischen Tänzen gehuldigt.

Am Ende ihres Lebens muss Kassandra sich eingestehen, dass sie nie – wie sie fälschlicherweise geglaubt hat – wirklich frei gewesen ist, sondern wie eine Marionette geführt, „gefesselt, [g]elenkt, geleitet und zum Ziel gestoßen" (29) worden ist.

Hatte sie geglaubt, dass ihr Traum von Apoll sie zur Priesterin bestimmt habe, so weiß sie nun, dass es in Wirklichkeit Hekabes Plan gewesen ist, sie zur Priesterin zu weihen. Von diesem Plan wussten offensichtlich alle, sogar Panthoos, der diese Priesterweihe vollzog. Um die Vorausbestimmung Kassandras zur Priesterin zu unterstreichen, erzählte die Amme Parthena eine

Panthoos – griechischer Priester des Apoll

eindrucksvolle Geschichte: Kassandra und ihr Zwillingsbruder Helenos seien als Kinder im „Hain des thymbraischen Apollon eingeschlafen" (30), da habe sich die Tempelschlangen den Zwillingen genähert und beide am Ohr geleckt. Damit sei beiden „von der Gottheit die Gabe der Prophezeiung" verliehen worden. „[K]eine andre der zwölf Töchter des Priamos und der Hekabe" sei „von Gott selbst zur Seherin bestimmt" (ebd.).

Familiäre Deutung der "Vorherbestimmung" Kassandras zur Priesterin

Zurückgesetzt wird bei dieser Wahl Kassandras Schwester Polyxena. Irrtümlich hatte Kassandra zum Zeitpunkt ihrer Wahl geglaubt, Polyxena brauche dieses Amt gar nicht, habe sie doch genug Bewunderer, Freunde, Liebhaber, während sie selbst immer einsam gewesen sei. Im Nachhinein nun erkennt Kassandra, dass Polyxena das Amt einerseits angestrebt hat als „Schutz vor [sich] selbst; vor der Überzahl der Liebhaber" (32), andererseits vor der „Liebeswut und Raserei, die manchen packte, wie Achill das Vieh" (ebd.).

Polyxena – Schwester Kassandras

Allerdings gesteht Panthoos Kassandra durchaus zu, dass sie Wesenszüge habe, die sie zu einer Priesterschaft befähigten: „den Wunsch, auf Menschen Einfluß auszuüben", ihr „inbrünstiges Verlangen, [sich] mit der Gottheit auf vertrauten Fuß zu stellen", und ihre „Abneigung gegen die Annäherung irdischer Männer" (33). Zynisch klingt dies aus dem Mund des Mannes, der Kassandra entjungfert hat.

Bald muss Kassandra erkennen, dass die neue Aufgabe sie „überfordert" (34), und fühlt sich von dem Amt „erdrückt" (ebd.). Sie beginnt, die Priesterin zu spielen, und erlaubt sich formal „nicht den mindesten Fehler" (ebd.), etwa bei feierlichen Prozessionen: Innerlich aber gibt sie sich in seltsamer Lust der Erscheinung eines Wolfes oder „gar einer Schar Mäuse" (ebd.) hin, anstelle der Lichtgestalt Apollons.

Überforderung mit dem Priesteramt

Mit tiefem Neid betrachtet Kassandra die Stellung ihres Bruders Helenos. Als Frau, die nur Seherin sein darf, neidet sie ihrem Bruder die Berufung zum ‚Augur', der „am Opferstein des Tieres Eingeweide zu beschaun" (36) hat. Begierig sieht sie ihrem Bruder zu, wenn er „sich die Frauenkleider anzog" (ebd.).

Helenos – Zwillingsbruder Kassandras

Wie anders, so glaubt sie, hätte sie die Aufgabe des Augurs übernommen. „Lahme konventionelle Verlautbarungen [...] über Sonne und Regen, Gedeihen und Mißlingen der

Ernte, Vieh- und Kinderaufzucht“ (ebd.) gab ihr Bruder Helenos ab. Doch als Panthoos einwendet, dass die Menschen genau diese Dinge interessierten, wendet Kassandra ein, dies komme daher, dass „man ihnen nur diese Art Fragen lässt.“ (Ebd.)

ERSTES und ZWEITES SCHIFF (34–53)

Der Auftrag des 1. Schiffs – Befragung des Orakels von Delphi

Delphi – bedeutendste Orakelstätte des antiken Griechenland am Rande des Parnass und Heiligtum des Apoll

Die Ausfahrt des zunächst vom Volk ganz individuell nach seiner Bestimmung benannten „Schiff[s] nach Delphi“ (39), erlebt Kassandra als kleines Kind auf dem Arm ihrer Amme. Aus ihrer kindlichen Erinnerung heraus ist dieses Schiff, das später das „ERSTE SCHIFF“ genannt wird, „ein mächtiges Schiff“ (ebd.) gewesen. Doch Anchises, der Kassandra später die Geschichte Trojas vermittelt, rückt ihre Erinnerung zurecht. Wäre man damals wirklich in der Lage gewesen, „ein mächtiges Schiff auszurüsten“ (ebd.), hätte man es nicht nach Griechenland gesandt, nicht zum delphischen Orakel, schon gar nicht mit dem Auftrag, über „angestammtes Recht, den Zugang zum Hellespont“ (39 f.), zu verhandeln. Dann hätte man es nämlich nicht nötig gehabt, den Griechen gegenüber ehrerbietig zu sein.

Lampos, Vetter des Königshauses, wird mit dem Auftrag betraut, das Orakel zu befragen, ob „auf dem Hügel, auf dem Troia stand, noch immer ein Fluch“ (39 f.) liege. Er erhält so reiche Opfergaben für das Orakel von Delphi, dass das Vermögen von Troja „beinah überschritten“ (ebd.) wird. Doch Lampos versagt bei dieser Mission: Anstatt das delphische Orakel zu befragen, verliebt er sich in den Apollpriester Panthoos. Dieser folgt Lampos nach Troja, angeblich als Gefangener: Doch rasch verdichten sich die Gerüchte um den tatsächlichen Hintergrund für Panthoos Anwesenheit in Troja. Priamos macht Panthoos zum Apollon-Priester in Troja. Damit erkennt Troja unausgesprochen die „Oberhoheit Delphis in Fragen der Religion“ (41) an.

Panthoos beendet das Knabenopfer in Troja

Man glaubt, dass Priamos aus persönlicher Schwäche Panthoos das Amt übergeben hat, doch stellt sich für Kassandra rasch der wahre Grund heraus: Um die üblichen Knabenopfer am Skäischen Tor durch Tieropfer zu ersetzen, hat Panthoos dieses Amt erhalten. Schon bald verkündet Panthoos nämlich, der Gott Apollon, „der die

Stadt beschützt, wolle hinfort kein Knabenopfer mehr". (42)

Ein weiteres Schiff, das ZWEITE SCHIFF (43), wird ausgesandt und festlich beim Auslaufen mit „Fähnchen, Winken, Jubel" (44) verabschiedet. Es soll die – angeblich – vom Spartanerkönig Telamon geraubte Schwester des Priamos, Hesione, befreien und zurückbringen. Brüsk formuliert Priamos im Rat die Begründung für diesen Auftrag: „Ein König, der seine entführte Schwester nicht zurückzugewinnen suche, verliere sein Gesicht." (Ebd.) Hekabe wendet ein, dass Hesione keineswegs eine Gefangene sei, dass Telamon sie vielmehr geheiratet und zur Königin gemacht habe. Danach äußert sich Hekabe nie wieder öffentlich. Die Machtverhältnisse haben sich zugunsten der Männergesellschaft und ihrer aggressiven Haltung verändert.

Der Auftrag des 2. Schiffs – Befreiung von Hesione, Schwester des Königs

Hekabes Einwand gegen die Befreiung Hesiones

Dem Auftrag wird große Bedeutung beigemessen und Anchises, der Vater von Aineias, wird zusammen mit dem Priester und Seher Kalchas mit der Leitung des Unternehmens betraut. Mit zwiespältigen Gefühlen zwischen Bewunderung und Grauen hört Kassandra, wie Aineias seinen Vater bei der Ausfahrt des Schiffes anfeuert: „Hesione oder den Tod!" (Ebd.)

Einerseits ist Aineias Aufforderung durchaus im Sinne des Königshauses, auf der anderen Seite verlangt er von seinem Vater im Falle des Scheiterns den Tod „um einer fremden Frau willen." (Ebd.) Aus diesem unbewältigten Zwiespalt heraus entwickeln sich Angstträume Kassandras, und ihr Wunsch, Priesterin zu werden, verstärkt sich.

Die Mission scheitert kläglich, Hesione bleibt in Sparta; zudem fehlt der Priester und Seher Kalchas, den man als Geisel in Griechenland zurückgehalten haben soll. Doch Marpessa klärt Kassandra darüber auf, dass Kalchas, der in alle „innersten Staatsgeheimnisse eingeweiht war" (47), zu den Griechen übergelaufen ist. Empört wendet sich Kassandra an ihre Mutter, um Marpessas Aussage als Lüge zu entlarven. Sie will die „Propagandalüge" nicht glauben, obgleich sie tief in ihrem Innern weiß, dass Marpessas Darstellung zutrifft. Die Königstochter erfährt von diesem Moment an, dass man ihr Wichtiges verschweigt: „Ein Ring des Schweigens legte sich um mich. Der Palast, der heimatlichste

Scheitern der Mission des 2. Schiffs

Der Überläufer Kalchas

Kassandras Vereinsamung

Ort, zog sich vor mir zurück, die geliebten Innenhöfe verstummten“ (47).

Marpessa wird vom Königshaus stillschweigend dafür bestraft, dass sie Kassandra die Wahrheit mitgeteilt hat. Sie wird in die Pferdeställe geschickt, zu den Pferdeknechten aus „einem Dutzend Völkerschaften“ (49); jeder am Hof weiß, wie brutal und sittenlos es in diesen Ställen zugeht. Als Kassandra diese Strafe für Marpessa auf ihrer letzten Fahrt nach Mykene erfährt, weiß sie auch, warum Marpessa seither Männer verabscheut.

Von Aineias erfährt Kassandra schließlich, dass Marpessa die Wahrheit gesagt hat, Kalchas sei in Griechenland geblieben, um der Bestrafung für seine falsche Prophezeiung im Hinblick auf das ZWEITE SCHIFF, zu entgehen. Zum ersten Mal überfällt Kassandra „diese fremde Stimme“ (47 f.), die sie schon oft wahrgenommen hat, die nun aber „zum erstenmal aus [ihr] spricht“ (48). Zugleich erleidet sie – an Aineias geklammert – zum ersten Mal einen schweren Anfall, der in eine lang anhaltende tiefe Ohnmacht mündet.

Kassandras erster Anfall und erste Ohnmacht

Marpessa, die man auf Wunsch Kassandras aus den Ställen zurückgebracht hat, holt Kassandra schließlich ins Bewusstsein zurück.

Die glanzvolle Wiederkehr des Paris (54 – 62)

Bevor das DRITTE SCHIFF ausgesandt wird, taucht ein bislang unbekannter Bruder Kassandras auf: Paris.

Überraschender Auftritt von Paris

Während der Festspiele für einen verstorbenen Bruder, nimmt ein fremder junger Mann an den Wettkämpfen teil, dessen Schönheit Kassandra tief anrührt. Dieser junge Mann gewinnt alle Wettbewerbe, ohne zu begreifen, dass er einen Fehler begeht, weil die Reihenfolge der Sieger längst feststeht. Als Hektor und Deiphobos, die beiden ältesten Brüder, denen die Siege zugestanden hätten, den fremden Jüngling mit ihren Schwertern angreifen, lüftet Hekabe das Geheimnis und gibt öffentlich bekannt, dass dies Paris, der Sohn von Priamos sei. Der Hirte, der Paris in einer Tasche ins Gebirge getragen hat, kann dessen wahre Identität durch ein „Windelband“ (55) beweisen. Im Triumphzug wird Paris zum Palast geführt. Kassandra versucht das Geheimnis um Paris zu lösen, muss jedoch feststellen, dass man ihr keinerlei

Auskunft über ihren Bruder gibt. Nicht einmal die drei Hebammen Hekabes, „uralte, zottelige Weiber“ (56), die in Wohnhöhlen am Fluss Skamander leben und zu denen Marpessa Kassandra führt, lüften das Geheimnis.

Versuche, das Rätsel um Paris zu lösen

Erst als Kassandra durch die Vermittlung von Briseis, der Tochter des Kalchas, Arisbe aufsucht, erfährt sie das Schicksal von Paris. Erneut taucht Kassandra in die Gegenwelt am Skamander ein, als sie Arisbe ihren Besuch abstattet. Sie empfindet es als beschämend, dass sie hier die Auskunft erhalten soll, die man ihr im Palast verweigert.

Arisbe, ehemals eine Nebenfrau von Priamos, ist die Mutter von Aisakos, Kassandras Lieblingsbruder, dessen Selbstmord sie nur schwer verwunden hat. Aisakos, „der gottbegnadete Seher“ (59), hat noch vor der Geburt von Paris vorhergesagt, dass auf dem Kind ein Fluch liege. Ausschlaggebend für das Schicksal des Knaben sei jedoch der Traum seiner Mutter Hekabe gewesen. Sie hatte vor der Geburt geträumt, ein Holzscheit zu gebären, „aus dem unzählige brennende Schlangen hervorkrochen.“ (60) Kalchas deutet den Traum dahingehend, dass das „Kind, das Hekabe gebären sollte, […] ganz Troia in Brand stecken“ (ebd.) werde.

Hekabes Schlangentraum

Der offiziellen Deutung setzt Arisbe auf Nachfrage von Hekabe eine andere Deutung entgegen: Dieses Kind könnte „dazu bestimmt sein […], die Schlangengöttin als Hüterin des Feuers in jedem Hause wieder in ihre Rechte einzusetzen.“ (Ebd.) Damit also würde der alte Kult zu Ehren der Muttergöttin Gaia wiederbelebt.

Als Kassandra schließlich ihren Vater nach Paris befragt, erfährt sie, dass seinerzeit die unterschiedlichen Auslegungen des Traumes zu einer Spaltung innerhalb der Familie und des Palastes geführt hat. Auf der einen Seite der „Weiberintrige“ habe die Gruppe – unter ihnen Hekabe – gestanden, die Paris habe retten wollen, da er zu Höherem bestimmt sei; also zum „Anwärter auf den Thron des Vaters“ (61), wie Priamos misstrauisch glaubt. Die andere Gruppe, die sich schließlich durchsetzt, sei dafür gewesen, „das gefährliche Kind beiseite zu schaffen“ (ebd.). Doch der Hirte, der von Priamos den Befehl erhält, den Knaben zu töten und seine Zunge als Beweis zu bringen, bringt den Mord nicht übers Herz. Für Priamos ist dabei klar, dass die Frauen den Hirten

Konflikt innerhalb des Palastes um das Schicksal von Paris

Paris soll einer Prophezeiung willen getötet werden – vergleichbar mit der Opferung Iphigenies durch Agamemnon bestochen haben. Nun aber erklärt er, da Paris lebend zurückgekehrt sei, solle lieber Troja untergehen, als dass man diesen „wunderbare[n] Sohn“ (ebd.) sterben lassen wolle.

Das DRITTE SCHIFF und das Phantom Helena (62–80)

Menelaos – vom Gastfreund zum künftigen Feind durch die Sprachregelung des Eumelos

Die Mission dieses DRITTEN SCHIFFS hängt einerseits zusammen mit dem Auftauchen von Paris und andererseits mit dem Besuch von Menelaos, dem König der Spartaner. Menelaos Besuch gilt einer ‚religiösen‘ Mission, er will an den Gräbern zweier Heroen opfern, um die grassierende Pest in Sparta „zum Stillstand zu bringen“ (62). Während des Besuchs wandelt sich die Stimmung gegenüber Menelaos. Eine neue Sprachregelung, die von Eumelos, einem rasch aufsteigenden Offizier der Palastwache, getroffen wird, macht aus dem „Gast“ Menelaos den „künftigen Feind“ (67).

Neue Gruppierungen innerhalb des Palastes

Beim abschließenden „Gastmahl“ erkennt Kassandra zum ersten Mal die neuen Gruppierungen; unbemerkt von ihr hat Troja sich verändert. Während Eumelos offensichtlich Paris schon auf seine Seite gezogen hat, führt die Gegenpartei, zu der auch Hekabe gehört, der Vater von Aineias, Anchises, an. Dieser bemüht sich „[f]reundschaftlich und offen“ (68) um den sichtlich verunsicherten Menelaos.

Gerüchte um die Abstammung von Paris

Die Gerüchte um die Herkunft von Paris werden von Eumelos scharf zum Schweigen gebracht, indem er darauf verweist, Paris sei der Sohn Hekabes und Apollons. Kassandra bemerkt, dass Paris diese Herkunft schmeichelt. Noch macht Kassandra sich lustig über diese Deutung der Herkunft, weiß sie doch, dass die „göttliche Abkunft eines Menschen als Gleichnis zu verstehen“ (ebd.) sei, denn „jene Kinder, die nach der zeremoniellen Entjungferung der Frauen in Tempel zur Welt kamen, [waren] alle göttlicher Abkunft“ (ebd.).

Beim Gastmahl gilt zunächst die besondere Aufmerksamkeit dem Liebespaar Briseis und Troilos, das als ideales Paar gesehen werden. Kassandra fällt während des Gastmahles auf, dass Oinone, die Paris aus den Bergen mitgebracht hat, bedrückt ist. Auf ihre Nachfrage hin erzählt Oinone, dass Paris von einer Krankheit befallen sei, die sie, obgleich sie heilkundig sei, nicht heilen könne. Selbst in ihren Armen rufe Paris den Namen einer Frau, Helena. Sie sei ihm von Aphrodite versprochen, sie müsse er besitzen. Helena sei die schönste Frau, „durch ihren Besitz [werde er] der erste aller Männer.“ (70)

Die „Krankheit“ des Paris

Kassandra erfasst sofort, dass hinter dieser Idee Eumelos stecken muss. Tatsächlich sind die Anhänger des Eumelos, als Kassandra wieder den Festsaal betritt, „lauter und dreister“ (71) geworden. Zum Eklat kommt es, als Paris seinem Tischnachbarn König Menelaos unangemessene Fragen zu seiner Frau Helena stellt und sich, als er von Hekabe zurechtgewiesen wird, schreiend ihre Zurechtweisung verbittet. Er werde sich nicht wieder klein machen oder verschwinden, er sei nicht zurückgekommen, um zu schweigen, er werde Hesione, Schwester seines Vaters, von den Feinden wiederholen. Wenn sie ihm aber verweigert werde, „findet sich eine andre, schöner als sie. Jünger, Edler, Reicher. Es ist mir versprochen worden.“ (Ebd.)

Eklat beim Gastmahl

Kassandra sieht in diesem Moment den Untergang der Stadt und in einem neuerlichen Anfall schreit sie ihre Vision heraus: „Laßt das Schiff nicht fort.“ (72) Ohnmächtig bricht sie zusammen und wird von den Männern des Eumelos aus dem Saal geschleift.

Kassandras Vision vom Untergang Trojas

Vom Jubel des Volkes bei der Ausfahrt des DRITTEN SCHIFFS erfährt sie nur aus Berichten. In tiefer Ohmacht kämpft sie mit Wahnvorstellungen. Es ist schließlich Arisbe, der es gelingt, Kassandra von ihrem Wahnsinn zu befreien. Doch zunehmend stellt sich bei Kassandra Fremdheit ein gegenüber dem „Alltag des Palastes und Tempels mit ihren Bräuchen“ (76).

Die Zahl der Anhänger von Eumelos hat zwischenzeitlich deutlich zugenommen. Diese Gruppe bestimmt nun die Stimmung und die Sprache in Troja, denn man müsse auch „geistig […] gerüstet sein, wenn der Grieche […] angreife.“ (76) Sogar Kassandras Bruder Troilos wird angefeindet, weil er Briseis liebt, deren Vater Kalchas in Griechenland geblieben ist.

Sprachliche Aufrüstung

Die nächtliche Rückkehr des DRITTEN SCHIFFS wird von den Leuten des Eumelos bewacht, die Landungsstelle wird von seinen Leuten abgeriegelt. Nur gerüchteweise erfährt man, dass Paris nicht mitgekommen sei, er habe aber, da man ihm seine Schwester nicht herausge-

Rückkehr des 3. Schiffs ohne Paris und Helena

geben habe, die schönste Frau Griechenlands, die Frau des Königs Menelaos, Helena, entführt und sei mit ihr auf dem Rückweg. Nervös und hastig wird eine offizielle Erklärung des Palastes und der Tempelpriester zusammengestellt, in der der Triumph von Paris bekannt gegeben wird: „Paris der Troerheld habe auf Geheiß unsrer lieben Göttin Aphrodite Helena, die schönste Frau Griechenlands, den großmäuligen Griechen entführt und so die Demütigung gelöscht, die unserm mächtigen König Priamos einst durch den Raub seiner Schwester angetan worden war." (78) Diese Erklärung löst im Volk Jubel aus und Priamos wird mit einem neuen Titel angesprochen „Unser mächtiger König" (ebd.).

Erklärung zur Entführung Helenas

Monate später kommt Paris dann, „merkwürdigerweise auf einem ägyptischen Schiff" (80), und bringt eine „tief verschleierte Person von Bord" (ebd.). Die „Sicherheitskette von Eumelos-Leuten" (ebd.) drängt das Volk zurück, das sich in seiner Phantasie das strahlende Bild der schönsten Frau Griechenlands vorstellt. Zunächst atemlos vor Aufregung bricht das Volk schließlich in begeisterte Sprechchöre nach „He-le-na" (ebd.) aus. Zwar erscheint Helena bei der Festtafel nicht, da sie zu erschöpft sei, doch Paris bestreitet den Abend als brillanter Erzähler, hat „viele Lacher, er [ist] ein Mann geworden" (ebd.).

Die „Ankunft" Helenas

Schon bald verbreitet sich das Gerücht, dass die schöne Helena eine Legende sei. Schließlich ist Kassandra die Einzige, die an die Existenz von Helena glaubt und auch glauben will. Die Delegation des Menelaos, die Helena zurückfordert, ist für Kassandra Beweis genug, dass Helena in Troja weilt.

Kriegsvorbereitung (80 – 85)

Als Paris nach einer langen nächtlichen Ratssitzung „grünbleich, [...] wie ein Verlierer" (82) öffentlich mitteilt, dass man Helena nicht ausliefern werde, kündigt sich der Krieg an. Es wird deutlich, dass gerade Helenas Schönheit als Kriegsanlass herhalten muss. „Ruhm und Reichtum hätte auch ein Mannsbild hergegeben. Aber Schönheit? Ein Volk, das um die Schönheit kämpft!" (Ebd.)

Helenas Schönheit als vorgeschobener Kriegsanlass

Schließlich klärt Paris Kassandra selbst darüber auf, dass es Helena nicht gibt. In diesem Moment erkennt

Kassandra, das Troja verloren ist. In einem neuerlichen Anfall von Wahnsinn schreit sie: „Wir sind verloren." Noch verbietet es ihr aber ihre Treue zum Königshaus, herauszuschreien, dass es „keine Helena" (83) gibt. Es ist die innere Zensur, der „Eumelos in [ihr]" (ebd.), der ihr dies verbietet. Noch ist ihr der Palast näher als das Volk. Wie zuvor wird sie wie eine Gefangene in die Zitadelle gebracht. Als sie wieder bei Bewusstsein ist, warnt sie ihr Vater, wenn sie so weitermache, müsse er sie einsperren.

Kassandras innere Zensur

Priamos ist überrascht, als Kassandra die Wahrheit über Helena hören will, dass sie offensichtlich als Einzige „die vertrackte Helena-Geschichte" (84) nicht kennt: Der König von Ägypten habe, und das wisse doch jeder, Paris die schöne Helena abgenommen. Auf Kassandras Hinweis, dass es dann doch keinen Krieg geben dürfe, erwidert Priamos, dass für die Griechen Helena nur ein Vorwand sei. Die Griechen wollten „Gold. Und freien Zugang zu den Dardanellen." (Ebd.) Kassandras Bitte, man müsse den Griechen wenigstens den Vorwand zum Krieg, nämlich Helena, nehmen und die Gesandten des Menelaos ehrenvoll abziehen lassen, stößt bei Priamos auf Unverständnis, es gehe doch schließlich „um die Ehre [ihres] Hauses" (85).

Die Wahrheit über Helena

Der eigentliche Grund für den Krieg: Habgier

Warnend fordert er Kassandras Solidarität mit dem Königshaus ein: „Wer jetzt nicht zu uns hält, arbeitet gegen uns." (Ebd.) Kassandra verspricht, von ihrem Wissen keinen Gebrauch zu machen.

Die Landung der Griechen und der Tod des Troilos (86–95)

Im Frühjahr beginnt der Krieg, der zunächst als „Überfall" bezeichnet wird.

Obgleich mit diesem „Überfall" zu rechnen war, ist Troja völlig unvorbereitet. Es gibt keinen „Verteidigungsring" oder „Gräben. Nichts von alledem" (86). Die jungen Männer sind nur unzureichend mit einem „Lederschild geschützt" (ebd.) und werden am Uferrand niedergemetzelt. Einer der ersten Gefallenen ist Kassandras Bruder Troilos. Zwar sieht Kassandra, die vor den Toren der Stadt im Tempel des Apollon zurückgeblieben ist, wie die erste Landungswelle der schwer bewaffneten Grie-

Mangelnde Vorbereitung Trojas auf den Ernstfall

chen zunächst von den Troern vernichtet wird, doch dann erscheint der „Griechenheld Achill" (87).
Hilflos muss Kassandra mit ansehen, wie ihr Bruder „wie das Wild dem Jäger" (ebd.) dem Achill zugetrieben wird. Troilos stellt sich in traditioneller ritterlicher Manier dem Kampf, so wie er es gelernt hat, doch Achill lässt jegliche Ritterlichkeit außer Acht und trifft mit einem gewaltigen Hieb den jungen Troilos. Als Achill, den Kassandra fortan nur noch verächtlich „das Vieh" nennt, sich auf Troilos stürzt und ihn würgt, weiß Kassandra blitzartig, dass Troja dieser Brutalität der Griechen nichts entgegenzusetzen hat, dass sie „diesen Krieg verlieren" (88).

Der ungleiche Kampf zwischen Achill und Troilos

Troilos gelingt es, sich aus dem Griff Achills zu befreien; er läuft auf Kassandras Rufen hin zum Apolltempel, und Kassandra zieht den röchelnden verletzten Bruder in den Tempel. Sie ist im Glauben, dass Achill die Unantastbarkeit der Würde des Tempels achten wird. Doch zu ihrem Entsetzen muss sie mit ansehen, wie Achill in den Tempel stürzt und sich mit Mordlust und gleichzeitiger sexueller Lust ihrem Bruder lachend nähert, ihn zunächst streichelt, um ihn dann zu würgen und ihm schließlich den Kopf abzuschlagen, so dass das Blut wie das Blut eines Opfertieres auf den Altar des Gottes Apollon spritzt.

Der Tod von Troilos im Apoll-Tempel

Troilos als Schlachtopfer

Nach diesem brutalen Abschlachten ihres Bruder setzt Kassandra sich vor dem Rat Trojas dafür ein, den Krieg auf alle Fälle zu beenden, indem man die Wahrheit über Helena enthülle und durch Gold und Waren Wiedergutmachung anbiete. Kassandras Forderung stößt auf radikale Ablehnung, Priamos brüllt, wie „ihn nie einer brüllen hörte" (91). Er beschuldigt seine Tochter des Verrats an Troja und verstößt sie als seine Tochter.
Noch gibt es allerdings Grenzen, die Priamos nicht zu überschreiten gedenkt. Aufgrund eines Orakels, das besagt, dass Troja nur dann gewinnen könne, wenn „Troilos zwanzig würde" (ebd.), sollte das tatsächliche Alter von Troilos gefälscht werden, da dieser schon mit 17 gefallen war. Doch Priamos weist dieses Ansinnen von Panthoos und Eumelos empört zurück, da es dagegen verstoße, dass die Toten heilig seien. (Vgl. ebd.)

Fälschungsversuch

Als Ahndung ihres Ungehorsams zwingt Priamos Kassandra zur Ehe mit Eurypylos. Damit aber überschreitet er eine letzte Schwelle der Tradition: „Nie war in Troia eine Tochter eines freien Mannes zur Ehe gezwungen worden. Dies war das Letzte." (94)

Zwangsverheiratung von Kassandra

Kassandra im Lager der Griechen (95 – 102)

Das Lager der Griechen und Kassandras Rückkehr in die Stadt

Nach dem brutalen Totschlag des Troilos bricht Briseis vollständig zusammen. Sie willigt in die Bitte ihres Vaters ein, zu ihm in das Griechenlager vor den Toren Trojas gebracht zu werden. Sofort stimmt Priamos zu, offensichtlich ist er froh, Briseis loszuwerden, denn „ihre Trauer [zersetzt] die Moral" (96) im Palast.

Kassandra bringt Briseis persönlich zusammen mit zwei Brüdern und fünf Kriegern, „alle unbewaffnet" (ebd.), ins Lager der Griechen. Verblüfft werden sie hier von den griechischen Soldaten empfangen. Nur die „Macht des Zaubers, der in einem waffenlosen Krieger [...] steckt, besonders wenn er eine Frau begleitet" (ebd.), so erklärt Kalchas Kassandra und ihren Begleitern, habe sie davor bewahrt, sofort „umgelegt" (ebd.) zu werden. „Niemals würde auch nur einer [der Griechen] waffenlos ins feindliche Lager gehn." (Ebd.)

Kalchas im Lager der Griechen

Voller Schrecken sieht Kassandra die Waffenüberlegenheit der Griechen und erkennt, dass der Krieg nicht zu gewinnen ist. Zugleich stellt sie fest, dass den Griechen die Wahrheit über Helena bekannt ist.

Die griechischen Männer, die Kassandra im Lager beobachtet, erfüllen sie mit Abscheu, und sie fragt Kalchas, warum er seine Tochter unter diesen Umständen zu sich hole. Kalchas verfolgt ein einziges Ziel, seine Tochter soll den Krieg überleben, das heißt, auch er weiß, dass Troja untergehen wird.

Kassandra vermisst im Griechenlager das Objekt ihres ganzen Hasses und ihres Abscheus, Achill, das Vieh. Kalchas weiht Kassandra in „ein inneres Geheimnis" (98) über Achill ein, das ihn, sollte es bekannt werden, durchaus das Leben kosten könne: Als Odysseus und Menelaos vor Beginn des Krieges die Verbündeten sammelten, ließ sich Achill zunächst verleugnen. Er sei verreist. Doch Odysseus schöpfte rasch Verdacht, durchsuchte das Haus und fand Achill „in einer abgelegnen Kammer mit einem andern Jüngling auf dem Bett" (99). Voller Vergeltungsdrang, da er sich selbst durch vorgetäuschten

Achills Geheimnis: Versuch der Kriegsverweigerung

Wahnsinn habe vor dem Krieg drücken wollen, habe er Achill „buchstäblich am Schlafittchen in den Krieg geschleppt“ (ebd.).
Kalchas charakterisiert Achill als Wüstling, der „Jünglingen [...] und Mädchen [nachstellt], als Beweis, dass er wie alle“ (ebd.) sei. Diesem „Unhold“ (ebd.) überlässt Kalchas später seine Tochter Briseis, weil Kalchas wohl glaubt, „nur der Wüsteste könne unter Wüstlingen eine Frau beschützen.“ (Ebd.)
Bei der Rückkehr in die Stadt Troja schwört sich Kassandra, dass „niemals [...] einer wie Achill durch unsre Straßen gehen“ (100) sollte. Bestürzt muss sie erleben, dass man sie und ihre Brüder bei der Rückkehr in die Stadt am Skäischen Tor wie Feinde kontrolliert, befragt, durchsucht und unter Bewachung zum Palast führt. Zwar weist Eumelos seine Leute zurecht, dass nicht jeder ein Staatsfeind sei, der mit Briseis bekannt oder befreundet gewesen sei, doch Priamos macht Kassandra deutlich, dass im Krieg „alles, was im Frieden gelten würde, außer Kraft gesetzt“ (101) sei, und wirft Kassandra zum zweiten Mal hinaus.

Verschärfte Grenzkontrollen durch Eumelos

Noch sind Kassandras Zweifel am Königshaus nicht so übermächtig, dass sie sich ihrer Dienerin und ihrer Amme anvertraut.

Anchises – Mittelpunkt eines freien Lebens (103–113)

Nachdem Achill mit seinen Männern die Umgebung des Ida-Bergs überfallen und geplündert, die Bewohner umgebracht, Frauen vergewaltigt und das Vieh abgestochen hat, flüchtet sich Aineias mit seinen Truppen in die Festung. Er wird überschwänglich von den Bewohner empfangen und als „Troias Seele“ (103) bezeichnet. Für seine Rettung werden Opfer dargebracht.

Die Rückkehr des Aineas

Am glücklichsten allerdings ist Kassandra, deren Liebe zu Aineias sich in einer romantischen Naturzuwendung zeigt. Insgeheim wartet sie darauf, dass Aineias sie besucht. Tatsächlich besucht Aineias Kassandra heimlich in einer Neumondnacht. Nach einer gemeinsamen Liebesnacht fährt Aineias am nächsten Morgen mit einem Schiff aus, das für lange Zeit zum letzten Mal Waren zur Schwarzmeerküste bringt. Beim Abschied legt er

Kassandra ans Herz, sich an Anchises, seinen Vater, zu halten.
Kassandra hält sich allerdings wochenlang von Anchises fern, bis ein Ereignis ihr beweist, dass im Palast die alte Ordnung zusammengebrochen ist: Man verwehrt Hekabe die „Teilnahme an den Sitzungen des Rates“ (110). Von diesem Augenblick wendet sich Hekabe mit ihren Problemen an Anchises, der sie „verehrt“ (ebd.).

Zusammenbruch der alten Ordnung

Inmitten des Krieges und der „immer noch anwachsenden Schar bis über den Kopf Bewaffneter“ (112) bildet sich um Anchises ein Kreis von Anhängern, die „unter dem wechselnden Laub des mächtigen Feigenbaumes“ (ebd.) ein ungezwungenes Leben führen.

Gegensätzliche Lebensweisen in der Zitadelle und am Skamander

Auf der anderen Seite steht die deutlich größere Gruppe der „Partei des Königs“ (ebd.), es sind junge Männer, die sich laut und auffällig benehmen. Innerlich fühlt Kassandra sich stärker der Gemeinschaft um Anchises verbunden, doch noch ist sie zu diesem Zeitpunkt „königstreu, gehorsam, übereinstimmungsbesessen“ (113), wenngleich ihre Übereinstimmung mit dem Palast stetig abnimmt. Ihre Akzeptanz als „Prophetin und Traumdeuterin“ (ebd.) bleibt bei den Frauen des Palastes unbestritten.

Die innere Zerrissenheit von Polyxena (113–119)

Hatte Kassandra schon zuvor ihr problematisches Verhältnis zu Polyxena im Hinblick auf ihre Wahl zur Priesterin angesprochen, so gesteht sie nun ihre Schuld gegenüber ihrer Schwester ein. Angesichts des Todes will sie nicht mehr „[a]usweichen, ablenken, so wie immer, wenn ihr Name ansteht“ (114).

Kassandras Schuldgefühle gegenüber Polyxena

Polyxena hat alles, was Kassandra fehlt. Sie ist bei allen beliebt, hat unzählige Freunde aus allen Schichten, zugleich aber ist ihr Wesen von Extremen gekennzeichnet: Auf der einen Seite steht ihr „Liebreiz“ (ebd.), auf der anderen Seite zeigt Polyxena „Härte“ (ebd.).
Sie begegnet Kassandra nach ihrem Schweigen lange Zeit nur noch förmlich, bis sie ihre Schwester aufsucht, um ihr ihre Träume zu erzählen und diese deuten zu lassen. Es sind Träume sexueller Phantasien, in denen sie sich erniedrigend mit einem Offizier des Eumelos, Andron, einlässt. Nachdem sie heimlich mit Andron ein Verhältnis eingegangen ist, träumt sie, dass ihr Vater Priamos

Polyxenas sexuelle Traumphantasien

ihr Gewalt antue. Hatten die Träume von Andron Kassandra schon abgestoßen, so ist sie nun empört, dass ihre Schwester ihre Träume von Priamos nicht verschweigt. Als Kassandra dies ihrer Schwester zu verstehen gibt, bricht Polyxena zusammen und wird von Kassandra gepflegt.

Erst jetzt – kurz vor ihrem eigenen Tod – versteht Kassandra, dass Polyxenas innere Zerrissenheit, die sich auch in ihren Träumen widerspiegelt, ihre Ursache darin hat, dass „nicht sie des Königs Lieblingstochter war, sondern" (116) Kassandra. Und sie erkennt, dass sie ihrer Schwester nicht geholfen hat, nicht hat helfen können, weil sie überfordert war.

Nach dem Zusammenbruch von Polyxena stürzt sich Kassandra in ihre Aufgaben als Priesterin, genießt die „weihevolle Atmosphäre an den großen Feiertagen [...] und die Überlegenheit" (117) ihres Amtes, ohne jedoch weiterhin an die Götter zu glauben.

Kassandras Glaubensverlust

Mit dem Verlust ihres Glaubens geht einher, dass sie immer weniger an den Sieg Trojas glaubt. Zugleich wird ihr der Palast, werden ihr die Menschen in der Zitadelle immer fremder. Und im Nachhinein erkennt Kassandra, dass sie, ohne es wahrzunehmen, „eine Gefangene" (119) geworden ist, eine Gefangene, die wie „gezwungen" (ebd.) arbeitet.

Der Machtzuwachs des Eumelos (120–127)

Zunehmende Schwäche des Vaters

Priamos verliert für Kassandra zusehends im Verlauf des Krieges an Eigenständigkeit. Es scheint ihr, als ob ihr Vater „brüchig" (120) werde. Starr sitzt er bei großen Feiern in der Halle. Hatte er früher gleichauf neben seiner Frau gesessen, so sitzt er nun erhöht und lässt sich in „ruhmredig[en], [...] speichelleckerisch[en]" (ebd.) Gesängen von Sängern preisen.

Nachdem Lykaon, Kassandras Bruder, von Achill gefangen genommen und für ein Bronzegefäß verkauft worden ist, zieht Eumelos „die Schrauben an" (121). Immer gravierender werden die Sicherheitsüberwachungen in Troja. Er sperrt die Zitadelle bei Dunkelheit, führt strenge Kontrollen durch, zugleich gibt es „Sonderbefugnisse für die Kontrollorgane" (122).

Verstärkung der Sicherheitskontrollen durch Emelos

Kassandra stellt Eumelos zur Rede und versucht ihm

klarzumachen, dass sie sich damit selbst mehr schadeten als den Griechen. Kalt fordert Eumelos die Königstochter auf, dies zu wiederholen. Voller Angst lässt sie sich zu einer Antwort hinreißen, für die sie sich schämt: „Aber glaub mir doch! Ich will doch das gleiche wie ihr." (Ebd.) Kassandra ist über ihre unbedachte Äußerung so erregt, dass sie tagelang einen inneren Monolog mit Eumelos führt, um ihn zu überzeugen, dass nicht das reine Überleben das Wichtigste sei, sondern nach der eigenen Art, nach eigenen Grundsätzen zu leben.

Kassandras Angst vor Eumelos

Auf dem Herbstmarkt, der vor den Toren Trojas stattfindet, wird erkennbar, wie weit der Dienst der Staatssicherheit unter Eumelos sein Netz gespannt hat. Auf dem Markt wimmelt es von Leuten des Eumelos, die sich als Verkäufer und Käufer verkleidet haben. Hier trifft Kassandra zufällig auf Agamemnon, der ihr ein Schmuckstück kauft, weil sie seiner Tochter Iphigenie ähnlich sieht, die er auf Rat des Kalchas geopfert hat.

Iphigenie – älteste Tochter von Klytaimnestra und Agamemnon. Um Artemis zu besänftigen, die die Flotte der Griechen durch ein Windstille an der Weiterfahrt hinderte, weissagte Kalchas, dass Agamemnon seine Tochter der Göttin opfern müsse.

Aber auch innerhalb der Zitadelle hat sich die Stimmung vollständig verändert, fremde Truppen lagern in der Stadt, und deren Verhalten unterscheidet sich nicht von dem rohen und frauenverachtenden Verhalten der Griechen. Kassandra scheint es, als seien „die Männer beider Seiten [...] gegen unsre Frauen" (124) verbündet.

Verrohung der Männer

Als Priesterin fällt ihr auf, dass die Frauen offensichtlich die Verehrung Apolls im Tempel als „Ersatz [...] für gestohlenes Leben" (ebd.) nehmen – Religion als Ersatz für Freiheit und Lebensfreude.

Religion als Ersatz für das Leben

Erschreckt durch diese Entwicklung sucht Kassandra wieder Anchises auf, der dabei ist, Weidenkörbe zu flechten. Mit einem Weidenkorb wird Aineas später seinen Vater Anchises aus dem brennenden Troja retten. Als Kassandra ihm ihre Beobachtungen und die Unterhaltung mit Eumelos schildert, klärt Anchises sie auf, dass Eumelos aus sich heraus nie diese Macht hätte gewinnen können. Dazu habe er den Krieg, die Hoffnung auf den Sieg und ein Feindbild wie das des Achills benötigt. „Der Eumelos braucht den Achilles wie ein alter Schuh den andern." (125) Nur ein frühzeitiges Eingreifen durch den König Priamos hätte den Aufstieg dieses Mannes verhindern können. Man hätte „früh dem Übel wehren müssen, als es noch nicht ‚Krieg' hieß, hätte Eumelos nicht aufkommen lassen dürfen." (Ebd.)

Achill als notwendiges Feindbild für Eumelos

Immer stärker wird Kassandra von Angst besetzt. Angst wird zu einem bestimmenden Zustand. In diese Angst mischt sich die Erkenntnis, dass die Feinde, die Griechen, ein vordergründig dualistisches, den Troern entgegengesetztes Verständnis der Wirklichkeit, der Wahrheit, wie Kassandra sie empfindet, haben. Für die Griechen gibt es nur „Wahrheit oder Lüge, richtig und falsch, Sieg oder Niederlage, Freund oder Feind, Leben oder Tod“ (127). Ihnen fehlt die „Gabe der Einfühlung“ (ebd.), die Fähigkeit „das Dritte, […] das lächelnde Lebendige, […] das Ungetrennte, Geist im Leben, Leben im Geist“ (ebd.) zu erfassen.

Das einfache Weltbild der Griechen

Achills Gier nach Polyxena (113 – 115)

Erstaunt nimmt Kassandra eines Tages zur Kenntnis, dass ihre Schwester Polyxena mit Hekabe den Tempel des Apoll betritt, um zu opfern. Erst später erfährt sie, dass Polyxena Apoll darum gebeten hat, eine mögliche Schwangerschaft aus der Verbindung mit Andron zu verhindern.

Zur gleichen Zeit betritt „Achill das Vieh“ (128) den Tempel, denn der Tempel steht sowohl den Griechen als auch den Troern „zur Verehrung ihres Gottes offen“ (ebd.). Polyxenas innerer Konflikt – zwischen der Liebe zu Andron und der Ablehnung einer Schwangerschaft – zeichnet sich auf ihrem Gesicht ab, als Achill den Tempel betritt. Achill, der offensichtlich die Ähnlichkeit von Polyxena mit Troilos wahrnimmt, verschlingt diese „mit seinen entsetzlichen Blicken“ (ebd.). Polyxena scheint – trotz Kassandras Warnung – in Achill den Vollender ihrer masochistischen Selbstzerstörung zu sehen.

Achills Zusammentreffen mit Polyxena im Tempel

In der Folgezeit wird der Tempel des Apoll „ein begehrter Ort. Zweitrangige Unterhändler begegneten sich hier, um das Treffen vorzubereiten, auf das es ankam“ (129): das Treffen von Hektor und Achill im Tempel. Entsetzt belauscht Kassandra dieses Treffen, in dem es um Achills Verlangen geht, Polyxena zu bekommen. Hektor stimmt zu, seine Schwester Achill zu überlassen, wenn dieser „den Plan des Griechenlagers […] weitergebe.“ (Ebd.) Den Wunsch Achills, Polyxena noch einmal zu sehen, lehnt Hektor zwar ab, doch Andron, Polyxenas Geliebter, stimmt zu. Und so zeigt sich Polyxena „ihrem künftigen Besitzer“ (ebd.) auf der Stadtmauer und entblößt ihre

Verhandlungen über Polyxenas Zukunft

Achills Gier nach Polyxena

Brust, um Achill noch stärker aufzureizen. Mit diesem Auftritt wird Polyxena „die bewundertste Frau in Troia" (130). Kassandra erkennt, dass Polyxena sich selbst erniedrigt, um ihre Familie dafür zu bestrafen, dass diese Kassandra bevorzugt hat.

Hektors Tod (128 – 136)

Die Pest, die inzwischen im Griechenlager ausgebrochen ist, sei, so behauptet der Seher Kalchas, eine Strafe Apolls. Dieser sei darüber empört, dass Agamemnon die Sklavin, die er als sein Eigentum ansehe, nicht ihrem Vater, einem Seher, zurückgebe. Agamemnon beugt sich dem Votum von Kalchas, fordert aber nun seinerseits Briseis von Achill. Als dieser sich danach weigert, weiterzukämpfen, bringt Agamemnon Briseis eigenhändig wieder zurück.

Briseis als Tauschobjekt

Als Aineias mit seinem Schiff wieder heimkehrt, macht er den Troern Hoffnung auf Verstärkung. Um die Griechen hinzuhalten werden vor der Mauer Kampfspiele mit vereinbarten Regeln durchgeführt. Besonders der Kampf Hektors gegen Groß Aias erregt besonderes Aufsehen. Aus dem früher eher behäbigen Hektor ist durch intensives Training ein Kämpfer geworden, „der sich mit jedem messen konnte" (131). Ihr Waffentausch nach dem Kampfspiel birgt schon kommendes Unglück, Aias wird mit dem Schwert von Hektor Selbstmord begehen, Hektor wird mit dem Gehenk des Aias um die Stadt geschleift werden.

Schaukampf Hektor gegen Groß Aias

Für Hektor werden nun nicht „nur die besten, auch die schönsten Waffen" (132) hergestellt. Als Kassandra und Hektor sich vor der Waffenschmiede treffen, wissen beide, dass es das letzte Treffen sein wird. Kassandra fühlt sich in tiefem Einverständnis mit ihrem Bruder, sie liebt ihn, zugleich weiß sie, dass er fallen wird.

Das letzte Treffen von Hektor und Kassandra

Obgleich Kassandra den Tod ihres Bruders nicht miterleben muss, darüber auch nicht gesprochen werden darf, weiß sie in ihrem Innersten, wie Hektor fiel. Ihre tiefe innere Verbundenheit mit Hektor drückt sich darin aus, dass sie sich nach seinem Tod gleichfalls „erstochen, verstümmelt, am Gehenk des Aias viele Male um die Burg geschleift" (133 f.) fühlt. Innerlich stirbt ihr jedes Gefühl ab. Priamos ringt sich dazu durch, Achill um die Leiche Hektors zu bitten, und Kassandra muss – auf der

Hektors Tod

Der Tausch des Leichnams gegen Gold

Stadtmauer stehend – mitansehen, wie Achill die Leiche Hektors, „eine rohe Masse Fleisch“ (ebd.), gegen Gold aufwiegen lässt. Als Achill höhnisch einen Tausch des Goldes gegen Polyxena anbietet, erhält er zum Entsetzen von Kassandra die Antwort, er bekomme Polyxena, wenn Priamos auf Helena verzichte. Von diesem Augenblick an träumt Kassandra nicht mehr – „ein schlimmes Zeichen“ (ebd.).

Opferung von zwölf gefangenen Troern auf dem Scheiterhaufen des Patroklos

Zu welcher Brutalität Achill und die Griechen fähig sind, zeigt sich in der Nacht, in der Achill die Leiche von Patroklos, seinem Geliebten, verbrennen lässt. Als Opfer werden gleichzeitig zwölf gefangene Troer abgeschlachtet und auf Scheiterhaufen verbrannt. „Zwölfmal der Schrei, der eines Tieres“ (135). In dieser Nacht haben, so glaubt Kassandra, die Götter Troja verlassen. Der Untergang ist besiegelt.

Kassandra verhindert die Rache des Paris an griechischen Gefangenen

Doch lässt Kassandra es nicht zu, dass Paris blutige Vergeltung übt. Unter Führung von Paris ist ein Trupp Troer in die Kellerräume der Zitadelle eingedrungen, um die gefangenen Griechen zu töten – unter ihnen auch der Priester Panthoos. Allein durch ihre Anwesenheit verhindert Kassandra das Morden und ist stolz auf ihre Troer, dass sie durch das Auftreten einer Frau zur Besinnung kommen. Nur Paris bleibt verständnislos, dass er nicht „Gleiches mit Gleichem“ (136) vergelten kann.

Penthesileas Rachefeldzug gegen die Männer (137–146)

Ankunft Penthesileas

Aineias hat Penthesilea mit ihren Frauen auf sicheren Wegen nach Troja geführt. Als Kassandra ihn fragt, ob man nun so weit sei, dass man jeden, der kämpfen könne und wolle – auch Frauen –, brauche, bejaht er dies. Die Lage in Troja hat sich zugespitzt. Weder Kassandra noch Aineias gelingt es nach den blutigen Ereignissen, ihre Liebe zu erfüllen. Niedergeschlagen gehen sie nach einer für beide enttäuschenden Nacht auseinander.

Penthesilea erfüllt die Führung und das gemeine Volk in Troja mit Furcht und Schauder. Kassandra jedoch erkennt in der „Unbedingtheit“ (139) ihres Denkens und Handelns, dass die Amazonen das „hinter sich [hatten], was wir noch vor uns hatten. Lieber kämpfend sterben, als versklavt sein, sagten ihre Frauen.“ (Ebd.).

Gerüchte kommen auf, dass diese Frauen ihre eigenen Männer umgebracht und zudem sich selbst verstümmelt hätten und nur eine Brust besäßen. Penthesilea tritt diesen Gerüchten im Tempel der Athene entgegen, indem sie ihre Unverletztheit zeigt, zugleich verlangt sie mit Waffen in den Tempel kommen zu können. Man überlässt den Amazonen den Tempel „für ihre wilden Rituale" (140).

Gerüchte über die Amazonen

Zu ihrer Überraschung trifft Kassandra Penthesilea und ihre Begleiterin Myrine bei Anchises und allen anderen Frauen, die Kassandra kannte. Man wolle einander kennenlernen, wurde gesagt. In einem Gespräch Arisbes mit Penthesilea werden die Beweggründe für das fanatische Verhalten der Amazonen deutlich. Sie stellen sich gegen eine Männerwelt, die sich immer „grausamer, immer schneller gegen […] Frauen" (ebd.) gekehrt hat. Während Männer als Schlächter auf ihre Kosten kommen und tun, was ihnen Spaß macht (vgl. ebd.), werden die Amazonen zu Schlächterinnen, weil sie das tun, „was [sie] müssen. Doch es macht […] keinen Spaß." (Ebd.) Da man in dieser brutalisierten Männerwelt nicht leben könne, müsse man töten und sterben.

Gründe für den Fanatismus der Amazonen

Eine junge griechische Sklavin fleht Penthesilea an, in die Höhlen am Skamander, ins Gebirge zu kommen, denn zwischen „[z]wischen Töten und Sterben ist ein Drittes: Leben" (141), doch Penthesilea weist dies Ansinnen zurück. Aufbrausend wendet Kassandras ein, dass Penthesilea in ihrer Todessehnsucht ihre Frauen zwinge, sie in den Tod zu begleiten. Wütend herrscht Penthesilea Kassandra an, sie sei doch „nicht Fisch, nicht Fleisch" (ebd.).

Das Leben als Alternative zum Töten und Sterben

In ihrem letzten Kampf trifft Penthesilea auf Achill, der zunächst glaubt, in ihr ein leichtes Opfer gefunden zu haben. Doch Achill muss – und dies ist ihr letzter Triumph – Penthesilea ernst nehmen. Als es ihm schließlich gelingt, sie niederzuwerfen, verteidigt sie sich noch mit einem Messer und Achill tötet sie.

Penthesileas Kampf gegen Achill

Nur mit der Kraft von fünf Männern kann Myrine gehindert werden, ihrer Herrin zu Hilfe zu kommen, schwer verletzt rettet sie sich dann in der Nacht in eine Hütte, in der sie auch versteckt wird.

Voller Entsetzen müssen Troer und Griechen nach Penthesileas Tod mit ansehen, wie Achill die Tote schändet.

Achill schändet die Leiche Penthesileas

Selbst die Griechen sind voller Abscheu und entreißen Achill, der nun um die Tote weint, den Leichnam und werfen ihn in den Fluss. „Die Frau schinden, um den Mann zu treffen" (143), stellt Kassandra resignierend fest.

Die Opferklage der Frauen

Nachdem Penthesilea aus dem Fluss gezogen worden ist, strömen immer mehr Frauen zusammen, die die Leiche in Raserei und einem wilden Geheul zum Tempel begleiten. Kassandra wird aufgefordert, die Totenklage zu beginnen, ihre Klage wird von einem anschwellenden orgiastischen Gesang und Tanz begleitet, in dem sich Schmerz und Lust vereinen. Als Kassandra selbst in diesen Zustand zu verfallen beginnt, tritt Panthoos hinzu. Gesang und Tanz brechen ab und Totenstille herrscht beim Anblick des griechischen Priesters Panthoos. Als Panthoos sich zur Flucht wendet, bricht ein „Mord- und Verzweiflungsschrei" (145) aus den Frauen heraus, sie verfolgen den Priester und erschlagen ihn.

Der Tod des Panthoos

Kassandra aber bricht neben der toten Penthesilea zusammen. Von Aineias wird sie zu den Höhlen am Skamander getragen und von Arisbe und Oinone gepflegt. Es ist kein Anfall, wie sie ihn früher erlitten hat, sondern das Bedürfnis nach innerer Ruhe.

Kassandras Kerkerhaft (147–164)

Götterbilder als Gleichnis

Im flackernden Schein der Höhle, in der Arisbe und Anchises leben, entdeckt Kassandra Steinfiguren, die Frauen darstellen, und vor ihnen Opfergaben. Arisbe klärt Kassandra darüber auf, dass man den Figuren unterschiedliche Namen geben könne: „Artemis, Kybele, Athene, wie auch immer." (147) Die Namen seien austauschbar, die Figuren müssten als Gleichnis genommen werden, für das, „was wir in uns nicht zu erkennen wagen" (ebd.), der Mensch ertrage es nicht, sich selbst zu sehen, „[e]r braucht das fremde Abbild." (Ebd.) Hier am Skamander, so glaubt Arisbe, befänden sie sich in einem „Zeitenloch", dies dürfe man „nicht ungenutzt vergehen lassen." (Ebd.)

Hekabes Verzweiflung über den Ausschluss aus dem Rat

Und endlich kann Kassandra wieder träumen. Doch in dieses Zeitloch am Skamander bricht wieder die alte Palastwelt ein. Hekabe bittet ihre Tochter eindringlich, ihr beizustehen, denn sie finde im Rat kein Gehör. Zunächst soll auch Kassandra nicht gehört werden, doch auf ihre Drohungen hin werden beide im Rat vorgelassen. Erschreckt sieht Kassandra, dass ihr Vater greisenhaft wirkt, als dämmere er dahin.

Planung des Hinterhalts für Achill

Im Rat wird das Schicksal Achills verhandelt. Man plant, ihn mit Hilfe Polyxenas in den Tempel des Apoll zu locken. Hier soll, sobald Achill durch Polyxena abgelenkt ist, Paris aus dem Hinterhalt kommen, die verletzliche Ferse Achills treffen und ihn töten. Auf Kassandras Frage, ob Polyxena einverstanden sei, wird ihr mitgeteilt, dass Polyxena „gierig drauf [sei]. Eine wahre Troerin." (149) Ihre Abwesenheit habe damit zu tun, dass es hier nur um Planung gehe, die sie „als Frau nur durcheinanderbrächte." (Ebd.)

Polyxena als Lockvogel

Kassandras Verhaftung wegen Feindbegünstigung

Von ihrem Vater wird Kassandra abfällig charakterisiert als verwöhnt, überspannt, hochnäsig. Er stellt seine Tochter vor die Alternative, dem Plan zuzustimmen, ja ihn offensiv zu verteidigen, oder wegen Feindbegünstigung verhaftet zu werden.

Kassandras Abkehr vom Vater

Dreimal lehnt Kassandra dieses Ansinnen ihres Vaters ab, der sie noch im Ratssaal verhaften und in ein Verließ bringen lässt. Sie wird eingesperrt in einem Weidengeflecht, das mit Lehm beworfen und völlig dunkel ist. Zunächst glaubt sie sich dem Hungertod preisgegeben, doch dann wird ihr Wasser und Nahrung durch eine Klappe zugeführt. Ein tiefer Schmerz bemächtigt sich ihrer, „um den Verlust all dessen, was [sie] ‚Vater' (153) genannt hat.

Kassandras Kerkerhaft

Aus dem Weidengeflecht versucht sie Gerten herauszuziehen und sich mit Gesprächen, mit Mäusen, Schlangen und Sonnenstrahlen abzulenken. Aus dem „Auswurf Troias" (154) hat man zwei Frauen abgestellt, die das Essen bringen, sich aber zugleich höhnisch und bösartig über Kassandra äußern und in ihr Wasser speien.

Eines Tages wird ihr von Andron das Schwertgehänge Achills in ihren Käfig gelegt, der mörderische Plan ist also verwirklicht und Achill getötet.

Myrines Gruß an Kassandra

Einige Zeit später wird ihr eine jener Holzschnitzereien des Anchises, mit denen die Frauen am Skamander einander wiedererkannten, in ihr Gefängnis geschoben, ein Gruß von Myrine. Es ist für sie ein Zeichen, dass man weiß, wo sie ist.

Leben am Skamander und der Untergang Trojas (156–164)

Rückkehr in die Freiheit der Gemeinschaft am Skamander

Schließlich wird Kassandra freigelassen und kehrt in die Gemeinschaft am Skamander zurück. Hier wird sie gesund gepflegt. Diese Gemeinschaft lebt in einfacher Ursprünglichkeit und völliger Ungebundenheit. Zwei Sommer und zwei Winter dauert dieses Leben in ländlicher Freiheit.

Polyxenas Wahnsinn

Hekabe gesellt sich gelegentlich in ihren Kreis und schickt schließlich ihre Tochter Polyxena in die Gemeinschaft. Polyxena hat ihren Verstand verloren, als sie mitbekam, dass der sterbende Achill Odysseus des Versprechen abgenommen hat, Polyxena nach dem Fall Trojas „auf seinem Grab zu opfern" (157), weil sie ihn verraten hat.

Zwangsheirat mit Eurypilos

Vor Ende des Krieges heiratet Kassandra den Führer einer neuen, frischen Truppe von Verbündeten, Eurypilos, der nach der ersten Nacht mit Kassandra fällt. Sie erwartet in den letzten Tagen des Krieges Zwillinge, deren Vater jedoch nicht Eurypilos, sondern Aineias ist.

Myrines Verzweiflungstat

Der Fall Trojas wird durch einen „schmähliche[n] Betrug" (160) herbeigeführt. Nachdem die Griechen anscheinend abgezogen sind, bringen die Troer das zurückgelassene Monstrum, das als Pferd bezeichnet wird, in die Stadt. In der Nacht werden die Bewohner Trojas niedergemetzelt, allen voran Myrine. Sie hatte „bei dem Untier" (10) die Nacht über gewacht, um sich „auf den ersten Griechen [zu] stürzen, der dem hölzernen Roß gegen Mitternacht entstieg" (ebd.).

Polyxena, die man versteckt hat, wird von ihrem Freund Andron verraten und zum Grab Achills zur Opferung geschleift. Zugleich wird Kassandra von Klein Ajas am Grab Achills vergewaltigt.

Abschied von Aineas

Kurz vor ihrem Tod erinnert Kassandra sich noch einmal an den Abschied von Aineias. Er hatte sie beschworen mit ihm und einigen Anhängern zu fliehen. Doch sie hatte sich geweigert, nicht um ihretwillen, sondern um Aineias willen. In ihm sieht sie einen zukünftigen Helden, aber „[e]inen Helden kann [sie] nicht lieben. [Die] Verwandlung in ein Standbild will [sie] nicht erleben." (163)

3 Thematische Aspekte

Christa Wolfs biographische Daten und literarisches Schaffen in der DDR bis 1983

Ch. Wolf gehört zu den bekanntesten Autoren Deutschlands. Schon ihr erster Roman *Der geteilte Himmel* wurde in der DDR sehr unterschiedlich aufgenommen. Er schildert eine Liebesbeziehung, die scheitert, weil beide Partner entgegengesetzte Perspektiven auf die DDR haben. Während Rita, die weibliche Hauptperson, allmählich ein gesellschaftspolitisches Bewusstsein entwickelt und die DDR akzeptiert, lehnt Manfred, ihr Geliebter, den Staat ab und geht kurz vor dem Bau der Mauer in den Westen.

Der geteilte Himmel – 1963 erschienen – hat als einer der ersten Romane den Bau der Mauer im August 1961 als politischen Hintergrund einer Liebesbeziehung.

Von offizieller Seite wurde der Roman scharf und polemisch kritisiert. „Christa Wolf habe die nationale Frage falsch dargestellt, nämlich nicht als Frage des Klassenkampfes. Nicht erkennbar sei die führende Rolle der Partei im Prozeß des Aufbaus des Sozialismus. Es fehle der positive Held, der den Romanfiguren Richtung und dem Leser Orientierung geben könne. Es fehle der Erzählung ein objektiver Erzähler, statt seiner begünstigten modernistische Erzählmittel Verunklärung und Verunsicherung des Lesers." (Mohr, 1985, S. 29)

Die Kritik ist nachvollziehbar, wenn man die Funktion der Literatur zu dieser Zeit in der DDR einbezieht. Seit 1961 kam der Literatur in der DDR nämlich zunehmend die Aufgabe zu, den Werdeprozess der sozialistischen Nation und seine positive Entwicklung in der Zukunft darzustellen. Ch. Wolf jedoch geht in ihrem Roman unmissverständlich auf die Teilung Deutschlands und den Bau der Mauer 1961 ein. Zudem entwirft sie mit dem „Republikflüchtling" Manfred eine Person, deren Motive nachvollziehbar sind.

Funktion der Literatur in der DDR um 1961

Dass Ch. Wolfs Roman in der DDR schließlich doch anerkannt wurde, war nicht zuletzt begründet in einer vehementen Verteidigung des Romans von sehr unterschiedlichen Seiten und einer intensiven öffentlichen Diskussion in der DDR über Literaturkritik.

Schon 1962 wurde Wolf Biermann nach einer öffentlichen Lesung als Abweichler vom offiziellen Literaturschaffen bezeichnet. 1965 erhielt er, nach einer Tournee in die Bundesrepublik, Auftrittsverbot für die DDR.

1963–67 war Ch. Wolf Kandidatin des Zentralkomitees der SED, 1964 erhielt sie den Nationalpreis für Kunst und Literatur, eine sehr hohe staatliche Auszeichnung. 1965 verhärtete sich unter Ulbrich, dem Vorgänger von Honecker, das kulturpolitische Klima. Jegliches künstlerische Schaffen, das nicht den staatlich geforderten Grundsätzen folgte, wurde als westlich dekadent verworfen. Vor allem Biermann wurde scharf kritisiert und erhielt im Dezember 1965 absolutes Auftritts- und Publikationsverbot. Ch. Wolf stellte sich auf die Seite der Kritisierten und wurde – fast konsequenterweise – 1967 von der Kandidatenliste des ZK gestrichen, wenngleich der äußere Anlass eine Auseinandersetzung mit einem Schriftstellerkollegen vor dem Plenum des ZK war.

Auseinandersetzungen um den Roman *Nachdenken über Christa T.* (1968)

Ch. Wolfs Roman *Nachdenken über Christa T.*, der 1968 im Westen erschien, wurde von offizieller Seite in der DDR überaus negativ aufgenommen und als staatsgefährdend eingestuft. In anderen sozialistischen Ländern und im Westen dagegen wurde der Roman begeistert gefeiert. *Nachdenken über Christa T.* ist ein zorniges und doch hoffnungsvolles Plädoyer für einen politisch gesellschaftlichen Wandel, der das „Subjektwerden des Menschen möglich machen soll. […] Christa Wolf versteckt sich nicht hinter dem ‚erfundenen Text'; sie tut sich selbst dazu; ‚subjektive Authentizität' nennt sie das später." (Mohr, 1985, S. 31 f.)

Probleme bei der Veröffentlichung des Romans in der DDR

In der DDR wurde zwar 1968 nach mehreren Gutachten eine Druckerlaubnis gegeben, die man jedoch rasch wieder zurückzog. Dies hatten allerdings nicht alle Rezensenten mitbekommen, so dass in der DDR ein Buch rezensiert wurde, das bis dahin nur im Westen erschienen war. Erst 1969 wurde das Buch in der DDR in einer so geringen Auflage gedruckt, dass es sofort vergriffen war, während es im Westen ein Verkaufserfolg wurde.

Der Roman *Nachdenken über Christa T.* machte Ch. Wolf zu einer der bekanntesten Autorinnen sowohl in der DDR als auch in der Bundesrepublik. Nur wenige Bücher haben in der DDR eine „vergleichbare Wirkung gehabt. *Nachdenken über Christa T.* hat die literarische Szene und die Art des Lesens sowie die Leseerwartung in der DDR verändert und dies schon zu einer Zeit, in der das Buch nur als halbe oder ganze Schmuggelware in seiner Heimat kursierte. Christa Wolf aber wuchs eine Rolle zu, die sie so nie erstrebt hatte. Sie wurde nicht nur zu einer literarischen, sondern auch zugleich zu einer geistig moralischen Autorität, nicht gegen, aber doch entschieden neben Staat und Partei." (Mohr, 1985, S. 42)

1971 wurde W. Ulbricht auf dem VIII. Parteitag der SED durch Erich Honecker abgelöst, und es begann zunächst eine liberale Phase der Kulturpolitik, die Honecker 1971 so charakterisiert: „Wenn man von den festen Positionen des Sozialismus ausgeht, kann es meines Erachtens auf dem Gebiet der Kunst und Literatur keine Tabus geben. Das betrifft sowohl die Fragen der inhaltlichen Gestaltung als auch des Stils." (Zit. nach: Wolfgang Emmerich, *Kleine Literaturgeschichte der DDR*, 1981, S. 318)

Liberalisierung der Kulturpolitk unter E. Honecker nach 1971

Doch diese Phase des „Tauwetters" wurde durch die Ausbürgerung von Wolf Biermann im November 1976 beendet. Biermanns nahezu gesamtes Werk war seit 1961 verboten, wurde allerdings im Westen veröffentlicht. Nach seinem ersten Konzert am 13. November, das der WDR *live* übertrug, wurde Biermann am 16. November die Staatsbürgerschaft der DDR „wegen seines feindseligen Auftretens" aberkannt. Zahlreiche Schriftsteller protestierten gegen diese Ausweisung, auch Ch. Wolf war unter den Autoren eines Protestbriefes, allerdings distanzierten sich nach und nach einige der Autoren wieder von dem Schreiben. In der Folge des Protestes kam es zu Ausschlüssen aus der Partei und dem Schriftstellerverband, was einem Publikationsverbot gleichkam. Man warf denjenigen, die sich solidarisch erklärten, vor, der antikommunistischen Hetze des Gegners, also des Westens, gedient zu haben. Auch Ch. Wolfs Ehemann wurde aus der SED ausgeschlossen. Zugleich begann der Exodus vieler prominenter Künstler, etwa 100 bekannte Schriftsteller verließen die DDR.

1976 Ende des „Tauwetters" – Ausbürgerung von W. Biermann

Proteste gegen die Ausbürgerung und die Folgen

Ihr Bekanntheitsgrad, möglicherweise auch ihre Parteizugehörigkeit – Ch. Wolf trat erst 5 Monate vor dem Mauerfall aus der SED aus –, ermöglichten es Ch. Wolf, trotz ihrer kritischen Haltung seit 1978, zahlreiche Lesereisen, u. a. auch in die USA, zu unternehmen. Sie gehörte damit in der DDR zum sogenannten Reisekader. Die Bedeutung von „Reisefreiheit" kann kaum hoch genug geschätzt werden. Sie wurde nur loyalen Funktionären

Privilegien für Ch. Wolf

Überwachung Ch. Wolfs durch die Staatssicherheit

Aufrüstung als Ausdruck eines Entfremdungsprozesses

„Büchner-Preis" für Ch. Wolf

gewährt, von denen man von Seiten der SED sicher sein konnte, dass sie die DDR im Ausland ausschließlich positiv vertreten würden. Daher wurde Ch. Wolf von manchen DDR-Schriftstellern kritisch gesehen.

Das Misstrauen des Staates wiederum zeigte sich in einer intensiven Überwachung durch die Staatssicherheit, die zugleich die Telefongespräche im Hause der Wolfs aufzeichneten. 1980 nahm Ch. Wolf in Ost-Berlin an einem Treffen von Schriftstellern und Wissenschaftlern aus beiden deutschen Staaten teil. Hier entwickelte sie Gedanken, die sie in ähnlicher Form auch in ihren Vorlesungen formuliert hatte. Die Aufrüstung mit Raketen und Bomben sei kein Zufallsprodukt, sondern ein typisches Merkmal eines Entfremdungsprozesses in Industriegesellschaften. Es sei kennzeichnend für sie, dass sie ihren Untergang detailgenau planten und mit großen Opfern die Instrumente für ihren eigenen Untergang beschafften. Eine solche Gesellschaft jedoch sei wahrscheinlich nicht nur krank, sondern geistesgestört.

Überrascht nahm Ch. Wolf in der Bundesrepublik zur Kenntnis, dass bis zu 1000 Zuhörer zu ihren Lesungen und Diskussionen kamen. 1980 erhielt sie den bedeutendsten Literaturpreis der Bundesrepublik, den Georg-Büchner-Preis, allerdings war auch diese Preisannahme mit der Staatsführung der DDR abgestimmt. In ihrer Rede nennt sie die zentrale Zielsetzung von Literatur: „Literatur heute muß Friedensforschung sein." (Dimension II, 167) Sie meint damit, dass nur der Literatur noch eine Sprache geblieben ist, die frei ist von jeglicher Sprachregelung durch Politik oder Wissenschaft: „Die Naturwissenschaftler haben ihre Erfindungen mit Hilfe einer Spezialsprache vor ihren eigenen Gefühlen in Sicherheit gebracht; scheinlogische Sprachkonstruktionen stützen die fixe Idee von Politikern, die Rettung der Menschheit liege in der Möglichkeit, sie mehrfach zu vernichten" (ebd.).

Kassandra begegnet Ch. Wolf durch einen „Zufall" (vgl. VE 12). Und sie vertieft sich in den antiken Mythos. Zunächst hatte sie geplant, eine Erzählung *Kassandra* zu schreiben, die in der Gegenwart spielt. 1981 liegt die Erzählung in einer „Sie"-Form vor, wird dann aber rasch zu einem Monolog in der „Ich"-Form.

Die Frankfurter Poetik-Vorlesungen, die im Zusammenspiel mit der Erzählung entstanden sind und den Entstehungsprozess der Erzählung widerspiegeln, „wurden zu einem Massenereignis von überwältigendem Ausmaßen. Christa Wolf tauchte in den vier Frankfurter Wochen im Mai 1982 in einen ‚Strudel von Menschenmassen' ab, wie sie Franz Fühmann schrieb. Das tausend Zuhörer fassende Auditorium war jeweils schon einen Stunde vor Beginn dicht besetzt. [...] Die gespannte Aufmerksamkeit und die innige Anbetungsbereitschaft trugen durchaus religiöse Züge. Dieser Kassandra glaubte das akademische Volk jedes Wort." (Magenau, 2002, S. 335)

Wolfs Frankfurter Vorlesungen

Die 1983 erschienene Erzählung *Kassandra* machte Ch. Wolf endgültig zu einer international anerkannten Autorin. Aus verkaufsstrategischen Gründen wurden Erzählung und die vier Vorlesungen – entgegen den Wünschen von Ch. Wolf – getrennt veröffentlicht und wurden schon in den ersten Wochen ein Verkaufserfolg. In der DDR verzögerte sich die Publikation, weil die Zensur 66 Zeilen in der dritten Vorlesung beanstandete. Hier hatte Ch. Wolf den Westen und Osten in ihrem Rüstungswahn gleichgesetzt. Sie stimmte der Kürzung zu, allerdings unter der Voraussetzung, dass die entfernten Textstellen als Auslassungen gekennzeichnet wurden.

Eingriffe der Zensur – Streichung von 66 Zeilen

> „Von westlichen Lesern wurde sie oft gefragt, wieso sie sich auf die Kürzungen eingelassen habe. Sie fand das lachhaft und verwies auf die Erzählung: Da steckt der ganze Sprengstoff drin. Dass die Zensurbehörde dagegen keine Einwände erhob, erklärte Christa Wolf im Rückblick mit der höheren Form der Klugheit, sie darin besteht sich dumm zu stellen. [...] Die Zensoren beschlossen, die Erzählung nicht zu verstehen. Sie wollten nicht zugeben, dass sie verstanden, und also stürzten sie sich ersatzweise auf die Vorlesungen und auf die aktuellen politischen Forderungen." (Magenau, 2002, S. 338 f.)

Chr. Wolfs Einschätzung der Zensurmaßnahme

1987 erhielt Ch. Wolf den Nationalpreis 1. Klasse der DDR, 1989, fünf Monate vor dem Fall der Mauer, trat sie aus der SED aus.

Aufsehen erregte sie dann 1993 mit dem Geständnis, in den Jahren 1959 bis 1962 informelle Mitarbeiterin der Staatssicherheit gewesen zu sein. Magenau beendet seine umfangreiche Biographie von Ch. Wolf mit den Sätzen: „Sie bekannte sich zur DDR, weil sie eine Alternative zum Kapitalismus suchte. Sie blieb dort, weil sie

Ch. Wolfs Geständnis der Mitarbeit bei der Staatssicherheit

nur dort schreiben konnte. Sie träumte vom Sozialismus, aber abseits der Partei. Sie ließ sich nicht zum Verstummen bringen, sondern hat ihre eigene Ausdrucksfähigkeit behauptet." (Ebd., S. 449)

Exkurs: Zensur in der DDR

Das Ministerium für Kultur und die angeschlossene „Hauptverwaltung Verlage und Buchhandel" waren das zentrale Organ, das durch sehr unterschiedliche Methoden Zensur ausüben konnte. Diese Institution mit vielen Untergliederungen war zuständig für die Erteilung von Lizenzen, Druckerlaubnissen, Papier- und Druckkapazitäten, so dass auf diese Weise das Erscheinen von Büchern verhindert werden konnte. Weiterhin arbeiteten die Lektoren der Verlage im Sinne des Staates und gaben den Autoren Empfehlungen im Sinne einer Selbstzensur. Es gab eine Vielzahl von tabuisierten Themen: Zu ihnen gehörten beispielsweise die positive Bewertung der westlichen Gesellschaft, Kritik an der Regierung und negative Darstellung der DDR, Kritik am Kommunismus, Darstellung von Kriminalität in der DDR, von Arbeitslosigkeit, Armut, Wehrdienstverweigerung etc. Verstöße gegen diese Tabuthemen wurden durch Publikationsverbot, Parteiausschluss, Ablehnung von Visaanträgen etwa für Lesungen im Westen, Hausarrest, Verhaftung oder Ausbürgerung geahndet. „Prominenz war ein Schutzmechanismus. Mit denen, die im Westen berühmt waren, wollte die Partei sich nicht anlegen und konnte ja auch auf ihre grundsätzliche Loya-lität rechnen" (Magenau, 2002, S. 279).

Tabuisierte Themen in der DDR

Viele Autoren griffen daher zu den Möglichkeiten subtiler Anspielungen (vgl. Eumelos als Spiegelbild der Stasi) oder Verschlüsselungen durch die Rückwendung in antike Themen oder mythologische Ereignisse und Personen (insofern ist *Kassandra* eine typische Re-Antikisierung moderner Probleme).

Möglichkeiten des Schutzes vor der Zensur

Literarische Quellen

Ch. Wolf weist gleich zu Beginn ihrer ersten Vorlesung auf den Ausgangspunkt ihres Interesses und ihre erste Quelle hin: die *Orestie* von Aischylos. Vor allem der erste Teil, *Agamemnon*, hat Ch. Wolf besonders inspiriert. Er behandelt die Rückkehr des Fürsten Agamemnon nach dem Sieg über Troja nach Mykene, wo ihn seine Frau Klytaimnestra erwartet. Agamemnon wird begleitet von Kassandra, seiner Sklavin und Geliebten.

Die Orestie von Aischylos (um 535 – um 456 v. Chr.) wurde 458 v. Chr. aufgeführt.

Als Gefangene des Heerführers Agamemnon sitzt Kassandra zunächst auf dem Triumphwagen des Königs, der vor dem Löwentor von Mykene hält. Sie wird angestarrt von dem Chor, der aus den Greisen besteht, „die zu Hause bleiben mussten". Als der König dann von seiner Frau Klytaimnestra aufgefordert wird, auf dem Purpurteppich des Siegers durch das Löwentor von Mykene zu seiner Burg zu schreiten, sieht Kassandra den Mord an Agamemnon voraus. Sie weiß, dass Klytaimnestra diesen Mord begehen wird, und schreit heraus, dass die Burg des Königs ein Menschenschlachthaus sei. Der Chor der greisen Männer ist verwundert über das unschickliche Verhalten der Sklavin Kassandra, und so verbieten die patriotischen Greise der unbefugten fremden Frau den Mund: „Wir wissen, daß du deine Seherkunst verstehst. / Aber wir brauchen keine Prophetie: / Hier nicht!" (VE 16). Dabei erfassen die Greise sofort, dass Kassandra hier nicht nur in die Zukunft schaut, sondern an einen brutalen Mord erinnert: Agamemnons Vater Atreus hatte aus Rache die Kinder seines Bruders geschlachtet und ihr Fleisch dem Vater vorgesetzt.

Kassandra in dem Drama von Aischylos

Nachdem Agamemnon schon den Palast betreten hat, wartet Kassandra vor den Toren. Klytaimnestra, die aus dem Palast getreten ist, fordert Kassandra erneut auf, ihr in den Palast zu folgen. Doch Kassandra bleibt erstarrt vor dem Palast, umringt vom Chor der Alten. Dieser Chor wird in der Erzählung *Kassandra* ersetzt durch den Wagenlenker und das Volk, das sich Kassandra nähert.

Der Wagenlenker und das Volk vor Mykene als Umgestaltung des antiken Chores im Drama *Agamemnon*

Als Klytaimnestra sich wieder entfernt hat, ruft Kassandra flehentlich Apoll an, denn sie riecht Blut und sieht den Tod Agamemnons voraus. Sie sieht in ihrer Vorahnung, wie Klytaimnestra ihren Mann zum Bad geleitet, um dann ein Netz über ihn zu werfen und ihn

Kassandras Vision des Mordes an Agamemnon

abzuschlachten. Kassandra sieht zugleich ihr eigenes Schicksal voraus. Anders als in Ch. Wolfs Darstellung hasst Klytaimnestra die Geliebte ihres Mannes ebenso, wie sie Agamemnon hasst.

Kassandras Furcht vor dem Vergessenwerden

Kassandras letzte Bitte gilt der Erinnerung an sie nach ihrem Tod. Sie will nicht in Vergessenheit geraten wie eine ausgelöschte Schrift: „Doch wo Unglück ist, / Ein Schwamm, nur leicht befeuchtet, löscht das Schriftbild aus. / Weit mehr beklag ich dies Geschick als meinen Tod." (Aischylos, *Die Orestie*, deutsch von Emil Staiger, Stuttgart 1967, S. 49)

Ranke-Graves' *Griechische Mythologie* als wichtige Quelle

Homers *Ilias*, in der Kassandra nur zweimal, jedoch nicht als Seherin, erwähnt wird, dient Ch. Wolf vor allem als Quelle für die Geschehnisse nach Hektors Tod. Eine weitere wichtige Quelle ist Robert von Ranke-Graves' Standardwerk *Griechische Mythologie – Quellen und Deutung*. Ch. Wolf hat dieses Werk vor allem im Hinblick auf unbekannte Varianten des Kassandra-Mythos benutzt. So stößt man bei Ranke-Graves beispielsweise auf die Variation des Helena-Mythos, dass Helena niemals in Troja war.

Weiterhin stützt sich Ch. Wolf auf Ergebnisse von Bachofen zum Matriarchat, dem antiken Mutterprinzip und dem *Mutterrecht* (1861). Weitere Quellen nennt sie selbst in ihren Vorlesungen.

Die politische Situation: Atomare Bedrohung 1977–83

Bedrohung Europas in den frühen 80er-Jahren

Viele Hinweise und Anspielungen in den *Voraussetzungen einer Erzählung*, aber auch in der Erzählung selbst, weisen auf die atomare Bedrohung Europas und das Wettrüsten der beiden Großmächte zwischen 1977 und 1983 hin.

In den 70er-Jahren gab es ein Abkommen zwischen der Sowjetunion und den USA zur beiderseitigen Rüstungskontrolle, in dem eine Obergrenze weit reichender Atomraketen festgelegt war. Damit wurde bei diesen Waffen ein Gleichgewicht der Atomraketen angestrebt.

Bei diesem Abkommen aber blieben die atomaren Kurz- und Mittelstrecken-Raketen ausgeklammert, die in großer Zahl in Europa stationiert waren. 1977 begann die Sowjetunion mit der Modernisierung ihrer Raketen. Diese waren auf mobilen Abschussrampen montiert. Die Nato-Staaten sahen in den neuen Atomraketen eine ernste Bedrohung. Am 12. Dezember 1979 wurde von Politikern der Nato nach einer Konferenz in Brüssel der „Nato-Doppelbeschluss“ gefasst. Dieser Beschluss war ein Versuch, die Stationierung der modernen russischen Mittelstreckenraketen mit Atomsprengköpfen in der DDR rückgängig zu machen. Sein Name erklärt sich daraus, dass zwei unterschiedliche Strategien verfolgt wurden: Einerseits sollte mit der Sowjetunion über den beiderseitigen Verzicht von Mittelstreckenraketen verhandelt werden, andererseits wurde die Stationierung von über 500 amerikanischen atomaren Pershing II-Raketen und von Marschflugkörpern in Deutschland für den Fall angedroht, dass die Verhandlungen scheiterten.

Der „Nato-Doppelbeschluss“ von 1979

Der Einmarsch sowjetischer Truppen am 24. Dezember 1979 in Afghanistan trug zur weiteren Eskalation bei. Amerikanische Militärexperten waren bestrebt, einen möglichen Atomkrieg auf Europa zu beschränken, zugleich erschien 1980 ein Artikel des amerikanischen Militärberaters Gray mit dem Titel „Victory Is Possible“, das heißt, ein atomarer Präventionsangriff der USA könne zu einem Sieg führen.

Überlegungen zur Beschränkung eines atomaren Krieges auf Europa

Der Beschluss stand im Mittelpunkt der politischen Debatten von 1979 bis 1983 in Westeuropa und der Bundesrepublik Deutschland. Zwar gab es gegen den „Nato-Doppelbeschluss“ vielfältigen Protest und Großdemonstrationen, so demonstrierten ca. 300 000 Menschen in Bonn gegen die Stationierung von Atomraketen in Westdeutschland. Die Gefahr eines atomaren Krieges in Europa – etwa durch einen Irrtum – sei außerordentlich groß. Dennoch wurde durch einen Bundestagsbeschluss die Stationierung der amerikanischen Raketen ermöglicht. Die Entspannungspolitik von Gorbatschow seit 1985 führte schließlich 1987 zu einem Vertrag zwischen der UdSSR und den USA, der den Abbau aller Mittelstreckenraketen aus Europa vorsah.

Friedensdemonstrationen gegen den „Nato-Doppelbeschluss“

Stationierung der Pershing II-Raketen 1983 in der Bundesrepublik

Entspannungspolitik unter Gorbatschow

Ch. Wolfs politische Einschätzung der Lage

Zwiespalt zwischen Identifikation mit der DDR und Skepsis gegenüber der Parteipolitik

An ihrem 50. Geburtstag, dem 27. September 1979, schreibt Ch. Wolf in ihrem Tagebuch: „mir [drückt] dieses ganze Land auf meine Schultern, und nur manchmal werde ich frei davon und kann mich leichter aufrichten." (*Ein Tag im Jahr*, S. 252) Wie Kassandra erlebt sie eine „unauflösbare Identifizierung" (ebd.) mit ihrem Land, der DDR, doch zugleich äußert sie sich skeptisch zu ihrer schriftstellerischen Zukunft: „Wenn ich mich frei machen und weiter schreiben kann, ganz unabhängig, kann ich hier bleiben; wenn nicht, muß ich gehen." (Ebd., S. 252) Sie hat hierbei die vielen Schriftsteller vor Augen, die nach der Ausbürgerung von Biermann die DDR verlassen haben oder zur Ausreise gezwungen wurden.
Wie ihre literarische Figur Kassandra allmählich in eine Gegenwelt hineingleitet, bemerkt Ch. Wolf, dass ihre „offiziellen Kontakte immer geringer" (ebd., S. 261) werden, und ihre Möglichkeiten, sich in staatlichen „Institutionen zu bewegen, […] allmählich ganz" ausfallen. „Dabei habe sie eine Abseits-Rolle nie angestrebt" (ebd.).
Während sie ihre Erzählung *Kassandra* und die Vorlesungen konzipiert, beschreibt sie ihre Sicht der politischen Lage im Jahr 1979:

> „Alles ist verkehrt. Diese ganzen sich und einander wichtignehmenden Männer, die ‚Politik' machen, was soviel heißt wie: Gewalt verteilen. Wie jeder sich bemüht, das Gesicht nicht zu verlieren: Nun sind die 2–3000 Mann sowjetischer Kampfbrigaden auf Kuba, nun haben sich die beiden Großmächte in diese kleine Truppe verbissen, und keiner kann zurück, und um so etwas wird es einmal den Krieg geben, den keiner will, aber auch keiner verhindern kann, weil die Denkweise, der sie alle unterliegen, direkt dahin führt." (Ebd., S. 259)

Diese resignative Sicht wie auch die Kritik an männlicher Machtversessenheit spiegelt sich an vielen Stellen in den *Voraussetzungen einer Erzählung* wider und ist das zentrale Thema von *Kassandra*.

4 Mythos und Umgestaltung

Das verwirrende und sehr geschickte Spiel Christa Wolfs mit mythologischen Überlieferungen und deren vielfältigen Varianten macht ihre Erzählung zugleich spannend für denjenigen, der sich in der griechischen Mythologie auskennt, und schwierig für denjenigen, der geringe oder keine Voraussetzungen hat. Daher wird das folgende Kapitel die Hauptpersonen auf ihren mythologischen Kontext, die unterschiedlichen Einflüsse und Christa Wolfs Variation hin untersuchen. Überlieferungen aus griechischen Sagen und Dramen – sowie die zum Teil ungesicherten Hinweise von Ranke-Graves – werden an den Anfang der Darstellung zentraler Personen gesetzt.

Mythos

Der aus dem Griechischen entlehnte Begriff Mythos bezeichnet zunächst den „Sachverhalt von den Göttern", „das wahre Wort", die „Rede" oder „die sagenhafte Erzählung". Er handelt von Überlieferungen der Menschheit aus „weit, ur-weit zurückliegende[r] Vergangenheit" (VE 91 f.). Mythen sind Texte oder Erzählungen, die Götter- und Heldengeschichten oder Schöpfungsdarstellungen in Bildern, Personen (Anthromorphismus) oder Ereignisfolgen erfassen. Der Mythos hat eine enge Beziehung zum Kultischen. Zudem lässt sich der Mythos verstehen als Versuch, Moralisches oder Existenzielles in Symbolen zu gestalten. Er steht dabei im Gegensatz zum Logos, das heißt, im Gegensatz zum Wissen und zur Wissenschaft.

Ch. Wolf setzt sich in ihrem Arbeitstagebuch mehrfach mit dem Thema „Mythos" auseinander. Sie verweist darauf, dass im Mythos möglicherweise wahre Geschichten „erzählt" werden. Die Mythen spiegelten demnach – ähnlich wie Sagen – „Wahrheit" (VE 146) wider. In diesem Sinne dient Ch. Wolf der Rückgriff in den Mythos nicht dazu, nationale Ursprünge oder Gedanken zu

Mythen und „Wahrheit"

Missbrauch der germanischen Mythen im Dritten Reich

verherrlichen, wie dies etwa im Dritten Reich mit der „Rückbesinnung“ auf die germanische Mythologie geschah. Ch. Wolf geht im Zusammenhang mit dem missbräuchlichen Umgang mit Mythen im Dritten Reich auf den Briefwechsel von Th. Mann und Kerényi über das „Mythologisieren“ (VE 128 ff.) ein und zitiert Th. Mann: „[...] und was sollte mein Element derzeit wohl sein als Mythos plus Psychologie. Längst bin ich ein leidenschaftlicher Freund dieser Combination; denn tatsächlich ist Psychologie das Mittel, den Mythos den faschistischen Dunkelmännern aus den Händen zu nehmen und ihn ins Humane ‚umzufunktionieren‘.“ (VE 131)

„Blut und Boden“-Mythos im Dritten Reich

Worauf Th. Mann abzielt und was auch bei Ch. Wolf mitschwingt, ist die Offenlegung der raffinierten Verfälschung und politischen Nutzbarmachung von Mythen durch den Nationalsozialismus. Zu den „düsteren und tragischen Mythen, die die deutsche Geschichte der letzten zweihundert Jahre durchziehen, [gehört ‚Blut und Boden‘]. Düster deshalb, weil die ‚Blut und Boden‘-Ideologie mit den schrecklichsten Verbrechen der Nationalsozialisten verbunden ist.“ (Bramwell, 2002, S. 380)

Ch. Wolfs Rekonstruktion der Entwicklung der Mythen

Mythos und historische und soziale Ereignisse

Ch. Wolf ist sich bewusst, dass ein Rückbezug auf Mythen negative Erinnerungen wecken könnte. Daher verdeutlicht sie in ihren Vorlesungen, dass sie gerade nicht gewillt ist, den Mythen unreflektiert zu folgen. Vielmehr rekonstruiert sie deren Entwicklung in ihrer Erzählung und in den vier Vorlesungen. Sie will den uralten Kern der Mythen in ihrer historischen und kulturellen sowie sozialen Ausprägung herausarbeiten. Ch. Wolf beabsichtigt mit ihrer Erzählung die „Rückführung aus dem Mythos in die (gedachten) sozialen und historischen Koordinaten“ (VE 140) der Entstehungszeit. Sie will eine Umbruchsituation aufspüren, in der sich das Handeln und Denken unserer Zivilisation ausgeprägt hat.

Konzentration der Ereignisse auf einen Punkt

Mythos ist für sie einerseits Konzentration von Personen oder Ereignissen auf einen Punkt, zum anderen sieht sie im Mythos eine vergangene Wirklichkeit. Komplexe historische Vorgänge seien – so zitiert Ch. Wolf Fritz Schachermeyer – „ungeeignet, im ungeschulten Gedächtnis und in der naiven Erinnerung aufbewahrt zu werden.“ (VE 147) Daher sei ein wichtiger Weg, „die Vergangenheit dem menschlichen Merkvermögen zugänglich zu machen“ (ebd.), indem man Ereignisse auf wesentliche erzählbare Aspekte hin konzentriere. „Bei diesem Konzentrationsprozeß – an dessen Ende im Glücksfall ein homerisches Epos stehen kann – werde die Fülle der Figuren bis auf wenige anschauliche und lebenskräftige Idealgestalten vereinfacht; die Menge der Erscheinungen durch wenige Symbol-Akte ersetzt. Riesige Zeiträume würden zusammengeschmolzen." (VE 147)

Reduktion der Ereignisse und Personen im Mythos auf wenige Aspekte

Damit hat Ch. Wolf nicht nur die Konzentration des Epos von Homers auf symbolhafte Ereignisse gedeutet (die *Ilias* umfasst nur wenige Tage des 10-jährigen Krieges), sondern auch ihre eigene Konzeption erläutert: Der komplizierte Prozess der Entwicklung vom Matriarchat zum Patriarchat, der Ausbruch des Trojanischen Krieges aus wirtschaftlichen Gründen und die politische Radikalisierung werden durch Konzentration auf die Entwicklung und Perspektive einer einzelnen Person zurückgeführt.

Ch. Wolfs Reduktion der Perspektive auf den Übergangs vom Matriarchat zum Patriarchat auf eine einzelne Person

Ch. Wolf zeigt Kassandra als eine mythologische Figur, die „[a]n einer Nahtstelle dieser konfliktreichen Geschehnisse steht" (VE 180), in der die „Frau, einst Ausführende [...] entweder ausgeschlossen oder zum Objekt geworden" (ebd.) ist. (Vgl. hierzu Kapitel 5 „Matriarchat und Patriarchat".)

Der Mythos „Kassandra"

> „Die Unheilsprophetin und Untergangsseherin Kassandra steht als troische Prinzessin und Priesterin im Zentrum der zentralen Großerzählung des griechischen Mythos: dem Trojanischen Krieg. Als Kriegsbeute des ‚Völkerfürsten' Agamemnon, die mit ihm in Mykene stirbt, spannt sie darüber hinaus den Boden zum Atridenstoff, einem zweiten wichtigen Hauptstrang antiken Erzählens. Als eine, die es kommen sieht, es aber nicht verhindern kann, ist Kassandra die Personifikation der griechischen Schicksalskonzeption schlechthin. Sie verkörpert wie kaum eine zweite Figur [...] die antike Auffassung von Fatalität, deren Wesen Unentrinnbarkeit ist. [...] Der Mythos verschweigt auch nicht die harten Fakten: Kassandra ist Opfer von Verleumdung, Vergewaltigung, Versklavung und Mord." (Falke, Hrsg., 2006, S. 9)

Die antike Auffassung des Mythos „Kassandra"

Kassandras Geschichte beginnt, wie „die aller mythologischen Gestalten [...] ohne fixierbares Initialereignis in der Phase des kulturellen Übergangs von der reinen Mündlichkeit zur schriftlichen Überlieferung. [...] Von diesem Zeitpunkt an gehört die Figur zum künstlerischen Inventar der abendländischen Kultur." (Epple, 1993, S. 9)

Kassandra als Symbolgestalt für die Opferrolle von Frauen

Für Ch. Wolf ist in der Gestalt der „Kassandra eine der ersten Frauengestalten überliefert, deren Schicksal vorformt, was dann, dreitausend Jahre lang, den Frauen geschehen soll: daß sie zum Objekt gemacht werden." (VE 109) Zugleich werden das Schicksal Trojas und Kassandras, die Darstellung männlicher Aggressionen und Brutalität sowie deren Unvernunft in Beziehung gesetzt zu der extremen atomaren Bedrohung im Ost-West-Konflikt der frühen 80er-Jahre. „Der eigentliche Grund, warum ich solch einen Stoff wie Kassandra nahm, war die Gefahr der möglichen Vernichtung und Selbstvernichtung unserer Kultur" (zit. nach: Drescher, Hrsg., 1991, S. 107).

Parallelen zwischen Kassandra und Ch. Wolf

Damit sieht Ch. Wolf sich in einer vergleichbaren Position wie Kassandra. Wie Kassandra muss auch die Autorin einsehen, dass sie Teil des zerstörerischen Konflikts gewesen ist, aus dem sie nun aber warnend ihre Stimme erhebt. So schreibt sie in ihrem Arbeitstagebuch: „Ich will zusammentragen, was mich, uns zu Komplizen der Selbstzerstörung macht; was mich, uns befähigt, ihr zu widerstehn." (VE 138) Dabei ist das „Schreiben [...] auch ein Versuch gegen die Kälte." (Ebd.)

Frauen als Objekte von Männern

Möglichkeiten, der Opferrolle zu entkommen

Tatsächlich entwirft Ch. Wolf mit dem „weiblichen Opfer" Kassandra einerseits ein Modell der Unterdrückung durch Männer. „Insofern Frauen nicht zu den Herrschenden, sondern zu den Beherrschten gehören, jahrhundertelang, zu den Objekten [...], Objekte von Männern, die selbst Objekte sind." (VE 144) Andererseits entwickelt Ch. Wolf auch eine positive Perspektive, wie Frauen dieser Opferrolle entkommen können: wenn sie „aufhören [...] sich in die herrschenden Wahnsysteme zu integrieren. Insoweit sie, schreibend und lebend, auf Autonomie aus sind." (Ebd.) Vergleichbar mit Kassandra, die sich zunächst in der Gegenwelt am Skamander der männlich geprägten Welt des Palastes entzieht. Doch dieser Schritt führt nach Ch. Wolfs Ansicht noch nicht zur Autonomie, sondern es besteht die Gefahr eines „sektiererische[n]"

(VE 145) Denkens. Man kommt dem Ziel dieser Autonomie nicht näher, wenn „an die Stelle des Männlichkeitswahns der Weiblichkeitswahn gesetzt wird und wenn die Errungenschaften vernünftigen Denkens, nur weil Männer sie hervorgebracht haben, von Frauen zugunsten einer Idealisierung vorrationaler Menschheitsetappen über Bord geworfen werden.“ (VE 145 f.)

Männlichkeitswahn und Weiblichkeitswahn als Fehlentwicklungen

Auch Kassandra gewinnt erst kurz vor dem Tod ihre Autonomie, indem sie sich mit ihrem Leben und ihrem Schicksal rational auseinandersetzt. Aus dieser Auseinandersetzung heraus weigert sie sich dann auch, Aineas zu folgen. Sie hat erkannt, dass der Lebensweg von Aineias einem Ziel zusteuert, das sie ablehnt, und sie erklärt: „Einen Helden kann ich nicht lieben. [...] Gegen eine Zeit, die Helden braucht, richten wir nichts aus, das wusstest du so gut wie ich.“ (163) Damit macht Ch. Wolf deutlich, dass Kassandra ihre neue Selbstbestimmtheit nicht einer Abhängigkeit opfern will, die sich schon darin unterschwellig äußert, dass Aineas, der Kassandra sonst nie zu etwas zwingen wollte, plötzlich befehlen will.

Ch. Wolf sieht nur einen Ausweg aus der Konfliktsituation zwischen Männern und Frauen:

> „Es gibt keinen Weg vorbei an der Persönlichkeitsbildung, an rationalen Modellen der Konfliktlösung, das heißt auch an der Auseinandersetzung und Zusammenarbeit mit Andersdenkenden und, selbstverständlich, Andersgeschlechtlichen. Autonomie ist eine Aufgabe für jedermann, und Frauen, die sich auf ihre Weiblichkeit als einen Wert zurückziehen, handeln im Grunde, wie es ihnen andressiert wurde: Sie reagieren mit einem großangelegten Ausweichmanöver auf die Herausforderungen der Realität an ihre ganze Person.“ (VE 146)

Wege zur Konfliktlösung

Instrumentalisierung der Mythologie

In dem Maße, wie die Wahrheit über Ereignisse in Troja verschwiegen wird, werden Personen und Geschehnisse in Troja mythologisiert. So wird Helena, die nichts anderes ist als ein Phantom, auf das das Heer emotional eingeschworen wird, zu einem Mythos, der letztlich zum Krieg führt. Kassandra, die die Wahrheit kennt,

Helena als Mythos, der zum Krieg führt

verschweigt diese und macht sich damit mitschuldig am Ausbruch des Krieges.
Die wachsende Rationalität der männlich geprägten Politik in Troja bedient sich dabei immer geschickter der Mythen. Dabei werden die Seher instrumentalisiert und unter politischem Druck Prophezeiungen erzwungen. Als diese sich nicht erfüllen, bleibt Kalchas nur der Ausweg, zu den Griechen überzulaufen.

Ideologie und Mythos

„Mit dem ‚dritten Schiff' vollendet sich die Allianz von Mythologie und Ideologie. Paris, auf seine göttliche Abkunft pochend, die doch nur ein ‚Gleichnis' innerhalb der mythischen Welt ist, will des Königs Schwester von den Feinden zurückgewinnen oder sich ‚eine andre, schönre als sie' holen. Seine Berufung auf den Satz ‚Es ist mir versprochen worden' zeigt ihn nicht allein als Opfer der Versprechung Aphrodites, er ist bereits Werkzeug jener ‚Königspartei', die, von Eumelos organisiert, im Gastfreund Menelaos schon den künftigen Feind sieht." (Renner, 1985, S. 269)

5 Matriarchat und Patriarchat

Unter Matriarchat versteht man eine Gesellschaftsform, in der Frauen die bevorzugte Stellung innehaben. Zugleich herrscht in dieser Gesellschaft das Mutterrecht, so sind Stellung und Abkunft von der mütterlichen Verwandtschaftslinie her bestimmt (matrilineal).
Das Patriarchat ist demgegenüber eine gesellschaftliche Struktur, in der Männer die maßgebenden Werte, Normen und Verhaltensweisen vorgeben. Institutionen, einschließlich des Bereichs der Wirtschaft, werden von Männern bestimmt.

Ch. Wolfs Vorstellung einer matriarchalisch geprägten Frühzeit

Ch. Wolf geht von der Vorstellung aus, dass es einmal die Zeit und „das Land [gab], in dem die Frauen frei und den Männern gleichgestellt waren. In dem sie die Göttinnen stellten […]; in dem sie bei allen öffentlichen Vorführungen auf den bevorzugten Plätzen sitzen […]; in dem sie bei den rituellen Übungen mitwirken, sogar die Masse der Priesterinnen stellen." (VE 78)

Matriarchalische Wurzeln der griechischen Mythologie aus der Sicht von Ranke-Graves

Dabei folgt Ch. Wolf der nicht unumstrittenen Vorstellung einer matriarchalisch geprägten Zeit, die u. a. Bachofen, Engels und Ranke-Graves formuliert haben. Ranke-Graves (1984, S. 13) nimmt an, dass die Wurzeln der griechischen Mythologie vorwiegend matriarchalischer Natur waren. Erst „archaische Einwanderungen im 13. Jahrhundert vor Chr. schwächten weiter die matrilineare Tradition. […] Mit der Ankunft der Dorer gegen Endes des 2. Jahrtausends war das patriarchalische Königtum Regel geworden. Der Prinz verließ nicht mehr seines Vaters Haus, um eine fremde Prinzessin zu heiraten; sie kam zu ihm." (Ebd., S. 17 f.).

Aspekte des Matriarchats

Spuren des alten Matriarchats in Troja

Ch. Wolf entwickelt in ihren Vorlesungen den Gedanken, dass in der Kultur Trojas noch matriarchalische Spuren zu erkennen seien, die sie in ihrer Erzählung ausgestaltet.

Hekabes gleichberechtigte Position neben dem König

Hekabe ist in Kassandras Erinnerung zunächst die matriarchalische, auf einer Art Thron sitzende Mutter. Sie ist offensichtlich ihrem Mann gegenüber gleichberechtigt, und der König zieht sich, fast als sei er untergeben, „liebenswürdig lächelnd, einen Hocker heran." (17). Später wird Hekabe nicht einmal mehr zu den Ratssitzungen zugelassen. In der von Männern beherrschten Gesellschaft Trojas haben Frauen keine Stimme mehr.

Kassandras frühe Erinnerung daran, dass Panthoos das Knabenopfer durch ein Tieropfer ersetzt hat, weisen ebenfalls auf die Zeiten des Matriarchats. Zunächst sei, so erklärt Ch. Wolf, in matriarchalischen Gesellschaften der „Heros", „der sich einmal in [so!] Jahr mit der Stammesmutter, der Priesterin, der Königin in einer ‚heiligen Hochzeit' zu verbinden hatte, [...] in feierlichem Zeremoniell geopfert" (VE 173) worden, später sei dieser Jüngling durch ein „männliches Kind" ersetzt, dann durch „Tieropfer an seiner Stelle, schließlich unblutige Opfer." (VE 89)

Opferrituale als Zeichen einer gesellschaftlichen Veränderung

Panthoos, der Grieche, beendet somit die Opfertradition, die sich im Matriarchat ausgebildet hatte. Dafür aber, so zeigt Ch. Wolf es in dem Schicksal von Troilos, werden junge Männer zu Schlachtopfern des Krieges, zu Opfern männlicher Aggression.

Junge Männer als Schlachtopfer des Krieges

In der Idee der Entführung Helenas erkennt Ch. Wolf noch die Spur eines alten Brauchs, der sich auch in der Entführung Hesiones widerspiegelt: „die Übergangsform des Prinzessinnenraubs durch den Freier (Paris – Helena), weil nur die Frau dem Manne den Thron übergeben konnte." (VE 180) Doch Priamos, als Herrscher der Übergangszeit, sieht in diesem Brauch einen Angriff auf seine männliche Ehre, denn ein „König, der seine entführte Schwester nicht zurückzugewinnen sucht, verlier[t] sein Gesicht." (44) Dagegen erinnert Hekabe ironisch an die besondere Stellung von Hesione als Mitregentin, die doch offensichtlich einem verbrecherischen Raub entgegenstehe.

Raub Helenas als Erinnerung an den Prinzessinnenraub im Matriarchat

Auch in den letzten Träumen Kassandras spiegeln sich Elemente einer vorpatriarchalischen Welt: In Kassandras Traum von Sonne und Mond fährt „Selene, die liebe Mondfrau, klagend zum Horizont hinab" (104), nachdem die Entscheidung für den männlichen Gott Phöbus Apollon gefallen ist. Die weibliche Göttin unterliegt dem

Kassandras Traum von Sonne und Mond und dem Wettstreit, wer am hellsten scheint

männlichen Gott in einem Wettstreit, der schon in seiner Ausgangsfrage falsch ist: „War denn der Mond zum Hellerstrahlen überhaupt bestimmt?“ (105)
Kassandras letzter Traum, der einzige, den sie in der Welt der Höhlen am Skamander hat, zeigt ihr ein fortwährendes Spiel von Rot und Schwarz: Unentwegt ergeben sich neue Muster und neue Formen. Form und Farben erinnern an Wasser und Meer. Dieser Traum nimmt Farb-Elemente auf, die an die Urmythen der Erdgöttin erinnern, zugleich verbindet er sich durch die Farben Rot und Schwarz auch mit Kassandras neuem Lebensgefühl, das sich im schöpferischen Prozess der Bemalung und Herstellung von Tongefäßen zeigt. „Ich lernte Töpfe machen, Tongefäße. Ich erfand ein Muster, mit dem ich sie bemalte, Schwarz und Rot.“ (157)

Kassandras Traum vom Spiel der Farben und Formen

Kassandras schöpferischer Prozess: Herstellung von Gefäßen und Bemalung mit neuen Mustern in den Farben Rot und Schwarz

Beide Träume enthalten Elemente die auf Göttermythen matriarchalisch geprägter Zeit hindeuten: etwa die Farben Rot und Schwarz sowie den Verweis auf die Mondgöttin Selene. Ch. Wolf geht von dem Gedanken an eine Urgöttin aus, einer dreigestaltigen Göttin, die jedoch als Einheit zu verstehen ist. Diese eine Göttin tritt, „entsprechend der Dreistöckigkeit der Welt, in drei Erscheinungen auf […]: als helles, jugendliches, jagendes Mädchen der Lüfte […], als die Frauengöttin in der Mitte, Fruchtbarkeit spendend, über Land und Meer herrschend, eine erotische Gottheit […]; und schließlich als Greisin, die in der Unterwelt wohnt, die Todesgöttin, die zugleich Wiedergeburt bewirkt. […] Ihre Farben sind Rot, Weiß, Schwarz, entsprechend den Phasen des Mondes, der ihr Symbol ist, dessen Göttin sie sind.“ (VE 166 f.) Ch. Wolf orientiert sich hier an Vorstellungen von Göttner-Abendroth, einer der bekanntesten Matriarchatsforscherinnen, die von einer dreifachen Mondgöttin ausgeht: „die als das junge silberne Mädchen den Himmel mit allen Sternen regiert, als die erwachsene rote Frau Erde und Meer fruchtbar macht und als die schwarze Greisin die Unterwelt mit allen geheimnisvollen Künsten und Weisheiten in den Händen hält.“ (Göttner-Abendroth, 1989, S. 28) Ganz besonders deutlich werden Erinnerungen an matriarchalische Rituale in zwei Ausbrüchen weiblicher Ekstase, die sich zum ersten Mal in einem ekstatischen Tanz zu Ehren Kybeles äußern.
Der zweite kollektive Ausbruch ereignet sich, nachdem

Urgöttin in dreifacher Gestalt:

1. jugendliches Mädchen (Weiß),
2. fruchtbare Frauengöttin (Rot),
3. Todesgöttin als Greisin (Schwarz).

Die Farben entsprechen den Phasen des Mondes.

Achill Penthesilea abgeschlachtet hat. Troerinnen und Amazonen tragen in einem – schon vom Wahnsinn gezeichneten – Leichenzug Penthesilea zum Tempel des Apoll. Das Schreien der Frauen zeigt Kassandra, dass diese Frauen am Ende ihrer Kraft sind, dass der Tod Penthesileas ihnen ihr eigenes Schicksal vor Augen stellt. Hatte Kassandra am Skamander noch mit Schrecken auf die Ekstase der Frauen reagiert, so geht ihre Totenklage als Priesterin allmählich in den allgemeinen Taumel über. Wie am Skamander beginnen die Frauen einen ekstatischen Tanz, in den Kassandra einfällt. Sie glaubt im Rhythmus des Tanzes sich selbst aufzugeben, aus ihrer Zeit entfliehen zu können. Als jedoch dieser rauschhafte Zustand in einer Blutorgie ausufert, in der Panthoos erschlagen wird, versagen Kassandra die Kräfte.

Ekstase und Blutorgie am Grab Penthesileas

Die ekstatischen Tänze und der rituell anmutende Mord erinnern an die ausschweifenden Tänze und Umzüge zu Ehren des Gottes Dionysos. Dionysos kann als Gegenprinzip zu Apoll gesehen werden. Während Apoll als Gott der Klarheit und Vernunft gilt, ist Dionysos der Gott des Weins, der Ekstase und der Fruchtbarkeit. Er wurde vor allem von Frauen verehrt und ihm zu Ehren wurden ausschweifende Feste gefeiert, bei denen auch wilde Tiere getötet und verspeist wurden.

Dionysos als Gegenprinzip des Apoll

Das weibliche Prinzip wird weiterhin durch die Höhle am Skamander und die gehäuften Verweise auf die Weide symbolisiert. Kassandras Gefangenschaft in einer Art Weidenkorb korrespondiert dabei mit dem Weidensitz. Entsprechend ihrer Vorstellung, „daß die alten Griechen allmählich ‚Mutterrecht' durch ‚Vaterrecht' ersetzten" (VE 72), wählt Ch. Wolf für ihre Erzählung den Zeitpunkt, an dem für sie der Umbruch vom Matriarchat zum Patriarchat erkennbar wird: die Zeit des Trojanischen Krieges, der um 1200 v. Chr. anzusetzen sei. Damit kann sie kontrastiv sowohl die Idee des untergehenden Matriarchats als auch des aufstrebenden Patriarchats entwickeln. Ch. Wolf untersucht den Mythos vom Trojanischen Krieg, so wie ihn Homer schildert, und zeigt, dass Homer die tatsächlichen Verhältnisse in Troja um 1200 v. Chr. einseitig darstellt: Es ist eine fast ausschließlich von Männern geprägte Welt und die Heldentaten von Männern treten in den Vordergrund.

Die Weidenbäume als Symbol des Lebens

Homers einseitig männlich geprägtes Bild des Trojanischen Krieges

Mit ihrer Erzählung will Ch. Wolf im „Rückgriff in unwiederbringliche Früh-Zeiten mehr als alles andre die verzweifelte Lage, in der Frauen sich heute sehn" (ebd.), aufzeigen. Denn in Troja, so formuliert es Ch. Wolf, „waren die Leute nicht anders, als wir es sind. Ihre Götter sind unsre Götter, die falschen. Nur sind unsre Mittel nicht ihre Mittel gewesen." (VE 120) Damit spielt sie auf die atomare Bedrohung und die „Patt-Situation unter dem dichten Himmel der Stillhalteabkommen" (ebd.) an.

Troja als Spiegelbild der Gegenwart – Entwicklung eines falschen Bewusstseins

Die Erzählung *Kassandra* versucht nachzuzeichnen, wie ein positives Lebensprinzip, das sich im Matriarchat ausgeprägt hatte, durch ein lebensverachtendes, auf Wirtschaftsdenken ausgerichtetes männliches Denken dominiert und schließlich unterdrückt wird. Als „Todesengel des Patriarchats" (Cramer, 1983, S. 124) vereint Achill in sich negative Merkmale des männlichen Denkens und Handelns. Im Gegensatz dazu steht die harmonische Welt am Skamander, in der Selbstbestimmtheit, Gewaltlosigkeit und liebevolle Zuwendung vorherrschen.

Unterdrückung des positiv geprägten Matriarchats durch ein patriarchales Denken und Handeln

„Achill, der Todesengel des Patriarchats"

Merkmale des Patriarchats

Ein wesentliches Merkmal des Patriarchats sieht Ch. Wolf im Besitzdenken und in der „Jagd nach Produkten, immer mehr Produkten" (VE 136). Das Patriarchat, so führt sie in einem Interview aus, „ist zusammen mit der Klassengesellschaft entstanden, zusammen mit Eigentum an Produktionsmitteln" (Dimension II, 468). Sehr deutlich wird hier die ideologische Dimension des Patriarchats ausgeführt, denn als „Marxistin" (Dimension II, 469) steht Ch. Wolf „auf der Seite der Unterdrückten" (ebd.), und sie wehrt sich entsprechend vehement gegen „die Unterdrückung der Frauen durch die Männer" (ebd.).

Das Streben nach Besitz fällt zunächst bei den Griechen auf, die, wie Priamos zutreffend erkennt, „Gold. Und freien Zugang zu den Dardanellen" (84) haben wollen. Dann jedoch breitet sich dieser Gedanke auch in Troja aus, besonders ausgeprägt in Paris, der Helena besitzen will. Schließlich ist das ökonomische Denken in Troja so verbreitet, dass man bereit ist, Familienmitglieder um militärischer Vorteile willen zu verkaufen.

Ein weiteres Merkmal patriarchaler Strukturen sieht die

Merkmale des Patriarchats in Ch. Wolfs marxistisch-geprägten Darstellungen:

1. Besitzdenken und Eigentum
2. Hierarchien
3. Herrschaftsdenken
4. Eroberungsdrang
5. Aggressivität und gestörte Sexualität
6. Unterdrückung der Frauen

Verlust der Identität von Männern in einer von Zwängen, Arbeitsteilung und „sachlichem" Denken geprägten Leistungsgesellschaft

Autorin in der Ausprägung von Hierarchien und – damit einhergehend – einem ungehemmten Leistungsdenken. Sie fragt sich 1981 in einem Brief, „wie verloren […], falls sie nicht aufbegehren, in dieser Leistungspyramide erst die Frauen seien, wenn [die Männer], in heilloser Vertauschung von Zweck und Mitteln, sich den technischen Abläufen unterordnen, in rigorose Arbeitsteilung gezwungen, in rigide Hierarchien eingebaut, auf gefühlsfernes, ‚sachliches' Denken und Verhalten dressiert, sich selbst verlieren müssen" (Dimension I, 449).

Entwicklung des ökonomischen Denkens

Wie dieses Denken allmählich in Troja Fuß fasst, zeigt sich deutlich in dem Verhältnis von Priamos und Hekabe. Die ursprüngliche Gleichberechtigung wird abgelöst durch die absolute Verdrängung Hekabes aus allen Staatsgeschäften.

Herrschaftsdenken und Unterdrückung der Frau

Die Entwicklung von Hierarchien geht einher mit einem weiteren wichtigen Aspekt: dem Herrschaftsdenken. Dieses Herrschaftsdenken spiegelt sich unter anderem in der Unterdrückung von Frauen wider. In dem „Objektmachen" (VE 143) sieht Ch. Wolf „die Hauptquelle von Gewalt." Frauen „einst Ausführende [sind] entweder ausgeschlossen oder zum Objekt geworden" (VE 180).

Rüstungswahn 1982 und das Troja der Übergangszeit

Mit deutlichem Blick auf die Zeit um 1982 sieht Ch. Wolf einen „Zusammenhang […] der exzessiven Rüstungsanstrengungen auf allen Seiten mit den patriarchalischen Strukturen des Denkens und Regierens" (VE 153).

Die Griechen als negatives Beispiel einer männlich dominierten Gesellschaft: Eroberungsdrang und Aggressivität

Mit ihrem Eroberungsdrang und ihrer Aggressivität sind die Griechen für Ch. Wolf beispielhafte Vertreter patriarchalischer ‚Werte' und ‚Normen'. In ihren Vorlesungen sieht Ch. Wolf den Reichtum der „vereinigten achaischen Monarchien" (VE 115) auf „Eroberung und Raub" (ebd.) gegründet. Und in ihrer Erzählung zeichnen sich die griechischen Helden durch Aggressivität, ausgesuchte Grausamkeit und perverse Sexualität aus.

Achill als Prototyp dieser Gesellschaft – der „Todesengel des Patriarchats"

Achill, den es in Wirklichkeit nach Jünglingen verlangt, stellt auch Mädchen nach, „als Beweis, daß er wie alle war" (99). Die Kehrseite das griechischen Heldentums sind Feigheit, Schwäche und die Unfähigkeit zur wirklichen Liebe. Achill ist „im Kampf ein Unhold, damit jeder sah, daß er nicht feige war" (ebd.). Als er schließlich die tote Penthesilea schändet, zeigt er damit die extremste Form des „Objektmachens", „unfähig, die Lebendige zu lieben, wirft er sich, weiter tötend, auf das Opfer"

(143). „Die Männer, schwach, zu Siegern hochgeputscht, brauchen, um sich überhaupt noch zu empfinden, [die Frauen] als Opfer“ (ebd.).

Frauen als Objekte und Opfer schwacher Männer

Auch Agamemnon ist einer dieser „Schwächling[e] ohne Selbstbewusstsein“ (64). Er bricht in Tränen aus, als er von Kassandra auf das Schicksal seiner Tochter Iphigenie angesprochen wird. Doch er weint nicht aus Trauer, sondern aus „Angst und Schwäche“ (ebd.). Nicht einmal den Tod seiner Tochter wagt er zutreffend zu bezeichnen. Er sagt Kassandra, er „habe es doch tun müssen. [...] Er habe sie opfern müssen.“ (Ebd.) Verächtlich entlarvt Kassandra Agamemnons Verlogenheit. „Das war nicht, was ich hören wollte, aber Wörter wie ‚morden‘, ‚schlachten‘ sind ja den Mördern und Schlächtern unbekannt.“ (57)

Agamemnon, ein Schwächling ohne Selbstbewusstsein

Vertuschung der Wirklichkeit durch Euphemismen

Im Verlauf des Krieges verhalten die trojanischen Männer sich nicht mehr anders als die griechischen. „Wenn man es recht betrachtete [...] schienen die Männer beider Seiten verbündet gegen uns Frauen.“ (124)

Die Zitadelle als Lebensform des Patriarchats

Der weiblichen Welt der Natur steht eine steinerne Palast- und Stadtwelt gegenüber, die Hierarchien und Herrschaftsstrukturen widerspiegelt Sie ist typisch für eine patriarchalisch geprägte Welt.

Die Palast- und Stadtwelt als Ausdruck männlichen Hierarchie-Denkens

In der Erzählung wird die militärische und verwaltungstechnische Entwicklung innerhalb der Zitadelle besonders betont. Es ist vor allem Eumelos, der eine allgegenwärtige Überwachungsorganisation aufbaut, der Beamte, Tempeldiener und Tempelpriester sowie Palastschreiber für seine Ziele instrumentalisiert. War Troja anfangs eher eine Palastwelt, so entwickelt sich die Stadt unter dem Einfluss von Eumelos zu einer abgeschlossenen, überwachten Welt, der Zitadelle. Der Verfall Trojas ist für Kassandra auch daran zu spüren, wie sich ihr allmählich die heimatliche Welt des Palastes verschließt. Der zunehmende innere Zerstörung Trojas wird auch am trojanischen Rat erkennbar. Der Staat wird gelenkt von „Mumien, halbe[n] Krüppel[n], die Sklaven mühsam vorwärtsschoben. Die gingen in den Rat.“ (119) Auch Priamos verfällt, er „zerbröckelte, je mehr er gezwungen wurde, den König herauszukehren.“ (120)

Trojas Entwicklung zu einem Überwachungsstaat

Der trojanische Rat wird zur Versammlung von Mumien und Krüppeln. Versteckte Anspielung auf den Staatsrat der DDR Anfang der 80er-Jahre?

Die Gegenwelt am Skamander – Utopie einer weiblichen Gemeinschaft

Die naturverbundene Gegenwelt in den Höhlen am Skamander: eine weiblich geprägte Welt ohne Herrschaft und Hierarchien

Der männlich geprägten Welt der Zitadelle steht eine Welt der Harmonie in der Natur gegenüber, die Welt am Skamander. Es ist eine „Neben-, ja Gegenwelt, die, anders als die steinerne Palast- und Stadtwelt, pflanzenhaft wuchs und wucherte, üppig, unbekümmert, so als brauchte sie den Palast nicht" (59).

Zunächst ist Kassandra verunsichert, als Marpessa sie zum ersten Mal mit dieser Welt bekannt macht. Vor dem Eingang einer Höhle unter einer Weide, „deren Wurzeln wie das Schamhaar einer Frau in die Höhlenöffnung hineinfielen" (25), erkennt sie ihre Amme Parthena. Dann fallen Kassandra junge Frauen auf, die einer unbekannten Gottheit tanzend huldigen (vgl. ebd.). Offensichtlich gibt es hier keinerlei Hierarchie, denn Frauen aus den umliegenden Ansammlungen und Sklavinnen aus der Zitadelle tanzen gemeinsam.

Kassandras Neid auf die ‚Freiheit' der Sklavin Marpessa

Bei einem erneuten Besuch, bei dem sie die Wahrheit über Paris erfahren will, muss sie zum ersten Mal erleben, dass sie, die Königstochter, in dieser Welt nicht einmal beachtet wird. Kassandra muss sogar zur Kenntnis nehmen, dass Marpessa hier ein freier Mensch ist, anerkannt und von allen Seiten gegrüßt. In diesem Moment fragt sich Kassandra, ob sie als Königstochter eine Sklavin beneiden könne.

Kassandras Ausbruch aus der „sozialen Maschinerie" der Palastwelt

Im Verlauf des Krieges fühlt Kassandra sich immer stärker zu der Welt der Höhlen hingezogen. „Zunehmend entzieht sie sich [...] dem Dienst an den Ihren, der sozialen Maschinerie, in die sie eingebaut ist, und pflegt Umgang mit solchen, die – sei es durch Zwang, sei es freiwillig – auch draußen stehn wie sie." (VE 149)

Mittelpunkt der Gegenwelt – Arisbe und Anchises

Die Lebensfreude in dieser Gegenwelt steht nicht nur im Gegensatz zu der Palastwelt, sondern auch im Kontrast zu den Kriegsereignissen. Hier wird die Lage Trojas besprochen, zugleich aber „kochten, aßen, tranken, [...] lachten, sangen, spielten und lernten" (63) die Mitglieder dieser Gemeinschaft. Zentrale Figuren dieser Welt sind Arisbe und Anchises. Während in der Palastwelt die Sänger gezwungen sind, Priamos zu preisen, dient der Gesang in dieser Welt des prallen Lebens einer gemeinsamen Lebenslust.

Nach ihrer Gefangenschaft verbringt Kassandra schließlich die letzten Jahre am Skamander. Sie begibt sich damit „bewußt ins Abseits, entledigt sich aller Privilegien" (VE 122). Die Gesellschaft am Skamander widerspricht allen Merkmalen des Patriarchalischen. Es ist eine alternative Lebensform, in der Ungebundenheit, Besitzlosigkeit und fehlendes Hierarchiedenken bestimmend sind. In dieser Gesellschaft gibt es keine Aggressionen, vielmehr herrscht das Bedürfnis nach Nähe, Berührung (siehe Berührungsfest, 157) und gemeinschaftlicher Arbeit. Die kleinen Feuer, die in den Höhlen und Hütten brennen, stehen im krassen Gegensatz zu den zwölf Scheiterhaufen, die Achill entfacht aus Rache für den Tod von Patroklos.

Ungebundenheit, Besitzlosigkeit, fehlende Fremdbestimmung, körperliche Nähe als Gegenmodell zur Welt der Männer

Feuer als wärmende Kraft im Gegensatz zu den Scheiterhaufen der Griechen

Am Skamander ist auch der geheim gehaltene Ort des Kybele-Kultes (vgl. 146). Kassandra erkennt bei einem Besuch in der Höhle Arisbes eine Gruppe aus Steinfiguren, in der Mitte eine Göttin, der andere Figuren opfern. Arisbe klärt Kassandra auf, dass das Götterbild, ob es nun „Artemis, Kybele, Athene, wie auch immer" (ebd.) genannt werde, letztlich nur für das stehe, „was wir in uns nicht zu erkennen wagen." (Ebd.) Die Figuren seien somit nur ein Abbild, weil der Mensch sich nicht selbst begreifen könne. Das ertrage er nicht (vgl. ebd.).

Götterbilder als Medium der Selbsterkenntnis

Ch. Wolfs Hoffnung auf einen Prozess des Umdenkens

Sehr nachdrücklich spricht sich Ch. Wolf gegen ein mögliches Missverständnis ihrer Erzählung aus. Keineswegs wolle sie eine „Männerwelt" durch eine „Frauenwelt" ersetzen. Vielmehr gehe es ihr um etwas Neues. Kassandra bezeichnet es als „das Dritte, […] das lächelnde Lebendige." (127)

Umdenken muss über die Idee einer Männer- und Frauenwelt hinaus zu etwas Neuem führen

Penthesilea dagegen ist das abschreckendes Beispiel einer Frau, die gegen die Männerwelt rebelliert. Ch. Wolf will mit dieser gebrochenen Figur zeigen, wohin ein ‚Weiblichkeitswahn', der gegen alles Männliche ankämpft, führen kann. Es geht ihr angesichts der Bedrohung durch eine ungehemmte atomare Aufrüstung in den 80er-Jahren um einen Prozess des Umdenkens aller.

Penthesilea als abschreckendes Beispiel der Rebellion gegen die Männerwelt

Im Herbst 1983 formuliert sie dies in einem Gespräch mit Jacqueline Grenz:

Aufrüstung als grausame Logik eines hierarchischen, patriarchalischen, klassenstrukturierten Daseins

> „Die Lage ist hoffnungslos: Wenn nicht große Teile der Gesellschaft andere Werthierarchien einsetzen – nicht mehr: Höher, schneller, besser! –, wenn nicht ganz andere Werte an die erste Stelle rücken, wenn nicht verstanden wird, daß es keine Stärke ist, gegen Waffensysteme Waffensysteme zu setzen, wenn nicht verstanden wird, daß ein anderer Weg gesucht werden muß zwischen den falschen Alternativen. […] Man muß bei sich selbst anfangen. Mir scheint, daß diese Konsequenz, zu der sich die abendländische Zivilisation selbst gebracht hat in ihrem hierarchischen, patriarchalischen, klassenstrukturierten Dasein eine grausame Logik hat, der man nur entkommen kann, wenn man sie durchschneidet. In der jungen Generation sehe ich, daß es Menschen gibt – ich weiß nicht, ob genug –, die dazu bereit sind, sogar unter Konsumverzicht, unter Verzicht auf Wohlstand und Übertechnik. Aber ich weiß nicht, ob die Zeit dazu reicht, daß sie den Ablauf der Ereignisse mitbestimmen können." (Dimension II, 467 f.)

Plädoyer für einen Prozess des Umdenkens im Hinblick auf die Stellung der Frauen

Die Lebensweise am Skamander entspräche damit einigen Aspekten dieser Idee, hinzu müsste jedoch ein grundsätzlicher Prozess des Umdenkens hinsichtlich der Stellung von Frauen kommen. „[E]s kann nicht ohne Folgen bleiben, wenn die Hälfte der Bewohner des Abendlandes – nämlich die Frauen – über Jahrhunderte, um nicht zu sagen über Jahrtausende, in die offiziellen Strukturen so gut wie nicht einbringen kann, über nichts bestimmen kann, auch nicht über sich." (Dimension II, 468)
Wenn Frauen zum „Funktionieren" (ebd.) in einer von Männern bestimmten Welt instrumentalisiert werden, wird ihnen die Möglichkeit der Autonomie, des „Denkens" und „Fühlens" genommen. „Mit dem Übergang zum Patriarchat ist etwas geschehen, was die Strukturen der Gesellschaft sehr wesentlich mitbestimmt." (Ebd.)

6 Figurenkonstellation

Kassandra

Kassandra ist in Homers Epos die schönste der Töchter des Priamos und der Hekabe, sie hat einen Zwillingsbruder, Helenos. Apoll verleiht Kassandra die Gabe des Weissagens gegen das Versprechen, seine Liebe zu erwidern. Als Kassandra ihr Versprechen nicht einhält, bestraft er sie mit dem Fluch, dass keiner Kassandras Weissagungen Glauben schenkt. So werden weder ihre Warnung bei der Ankunft Helenas, dass diese den Untergang Trojas bedeute, noch die Warnung vor dem Trojanischen Pferd ernst genommen. Priamos lässt Kassandra sogar wegen ihrer düsteren Vorhersagen in eine Pyramide auf der Zitadelle sperren, wo sie von Wärterinnen bewacht wird, die Priamos von Kassandras Prophezeiungen unterrichten.
Nach der Einnahme Trojas flüchtet Kassandra in den Tempel der Athene und klammert sich an ihr Standbild. Hier wird sie von Aias vergewaltigt, während Athenes Statue entsetzt den Blick abwendet. Kassandra fällt als Beute Agamemnon zu, der sie als Konkubine nach Mykene mitnimmt. Mit Agamemnon hat sie zwei Söhne. In Mykene wird Kassandra zusammen mit Agamemnon von Klytaimnestra ermordet.

Kassandra im Schnittpunkt einer gesellschaftlichen Entwicklung

Ch. Wolf stellt Kassandra in das Spannungsverhältnis einer männlich dominierten Politik und einer weiblich geprägten Gegenwelt, sozusagen in das „Spannungsfeld von patriarchaler Apokalypse und matriarchalem ‚Goldenem Zeitalter'" (Distler, 1989, S. 106). Sie geht von der Annahme aus: „In Kassandra ist eine der ersten Frauengestalten überliefert, deren Schicksal vorformt, was dann dreitausend Jahre lang, den Frauen geschehen soll: daß sie zum Opfer gemacht werden." (VE 109)
Im Verlauf des Krieges wird deutlich, dass der Kampf der Griechen gegen die Troer ein Krieg beider Seiten gegen die Frauen ist. Kassandras Kampf mit sich selbst und den Widersprüchen ihrer Umwelt führt schließlich zu der Erkenntnis, dass es „das Dritte [gibt], das lächelnd Lebendige" (127).

In drei Schritten vollzieht sich Kassandras Entwicklung:

1. In ihrer Kindheit und frühen Jugend lebt sie in Übereinstimmung mit der Palastwelt.
2. Als Priesterin beginnt die Krise der mit sich ringenden Kassandra.
3. Schließlich findet ihr Bruch mit der Welt des Palastes statt, und sie taucht in das Leben am Skamander ein.

Ihr Weg in den Tod ermöglicht ihr noch einmal, die innere Entwicklung und die Umstände zu reflektieren, die zu dieser Entwicklung geführt haben. Jetzt, kurz vor ihrem Tod, ist sie an ihrem Ziel angelangt. „Mit meiner Stimme sprechen: das Äußerste. Mehr, andres hab ich nicht gewollt." (6) Damit ist Kassandra mündig geworden, sie kann nicht mehr von anderen instrumentalisiert und bestimmt werden, selbst den Tod nimmt sie selbstbestimmt wahr.

Kassandras Entwicklungsprozess bis zum Kriegsausbruch

Erinnerungen an die matriarchalische Grundstruktur Trojas

Die ersten Erinnerungen Kassandras verweisen in die Zeit, in der die matriarchalische Ordnung in Troja offensichtlich noch deutlich erkennbar war. So zeigt das erste Bild ihrer frühkindlichen Erinnerung ihre Mutter in ihrem Megaron auf „ihrem hölzernen Lehnstuhl, der einem Thron sehr ähnlich sah und an den der König sich, liebenswürdig lächelnd, einen Hocker heranzog." (17) Die Königin scheint demnach ihrem Mann gleichgestellt, wenn nicht gar übergeordnet.

Anzeichen der gestörten Ordnung – diametrale Deutungen des Traums von Hekabe vor der Geburt von Paris

Wie brüchig allerdings die matriarchalische Ordnung schon vor Kassandras Geburt ist, legt Ch. Wolf nahe mit den unterschiedlichen Deutungen von Hekabes Traum. Ihr Traum, ein Holzscheit geboren zu haben, aus dem „unzählige brennende Schlangen" (60) hervorkriechen, wird zunächst von dem offiziellen Vertreter des Hofes, dem Seher Kalchas, gedeutet als Vision, dass Hekabes Kind „ganz Troia in Brand stecken" (ebd.) werde. Später wird Kassandra mit der inoffiziellen, weiblichen Auslegung von Arisbe vertraut gemacht. Arisbe hat diesen Traum entgegengesetzt gedeutet: Paris werde demnach die Wiederkehr des Matriarchats möglich machen.

Der Schluss, der aus der offiziellen, männlichen Deutung gezogen wird, lässt schon hier die Brutalisierung des Denkens und Handelns der Männer erkennen: Der Säugling soll im Gebirge umgebracht und seine abgeschnittene Zunge als Beweis des Mordes vorgelegt werden. Die weibliche Deutung des Traumes dagegen erfährt keinerlei offizielle Umsetzung. Jedoch deutet der Hinweis von Priamos darauf hin, dass die Rettung von Paris kein Wunder gewesen sei, sondern auf ein Komplott der Frauen zurückzuführen sei. Daraus wird deutlich, dass zu dieser Zeit die Frauen zumindest noch einen außergesetzlichen Handlungsspielraum haben.

Geplanter Mord an dem Neugeborenen aus Furcht vor der Entthronung – Parallele zu Iphigenie

Rettung des Paris – eine „Weiberintrige"

Kassandra ist die unbestrittene Lieblingstochter von Priamos; auch Kassandra liebt ihren Vater über alles. Ausdruck dieser innigen kindlichen Zuneigung ist es, dass sie ihre Hand liebevoll in die Schulterbeuge (16) des Vaters legt, so wie sie es später bei Aineas tun wird. Damit erfahren diese beiden Personen eine starke emotionale Nähe und dem Vaterbild kommt eine unterschwellige erotische Komponente zu.

Kassandras Erinnerungen an ihren Vater

Durch ihre zunächst uneingeschränkte Anerkennung des Vaters verliert Kassandra allmählich das Gespür für die zunehmende Dominanz der Männer in Troja. Allerdings nimmt Kassandra wahr, dass ihre Mutter immer stärker an Einfluss verliert, und sie wendet sich umso stärker dem Vater zu.

Die frühen Spannungen zwischen Hekabe und Priamos drücken sich unter anderem in einer gegensätzlichen Deutung des Schicksals von Hesione aus. Während Priamos im Rat darauf besteht, dass Hesione gegen ihren Willen entführt worden sei, verweist Hekabe auf die Tatsache, dass ihr Entführer sie zur Königin gemacht hat.

Das neue patriarchalische Denken sieht in der Form des Prinzessinnenraubs ein Verbrechen, während die matriarchale Vorstellung dies durchaus akzeptiert. Hier wird die Frau nämlich keineswegs zum Objekt eines männlichen Begehrens gemacht, denn sie hat offensichtlich freiwillig in die „Entführung" eingewilligt. Hingegen zeigt die Reaktion von Priamos, dass er davon ausgeht, dass grundsätzlich Frauen von Männern zu Objekten von gewaltsamen Eroberungen gemacht werden, um Männer zu „entehren".

Vgl. VE 180: „[…] die Übergangsform des Prinzessinnenraubs durch den Freier [war durchaus bekannt], weil nur die Frau dem Manne den Thron übergeben konnte […]."

Die Reaktion von Priamos auf Hekabes Hinweise zeigt einerseits seine Verunsicherung und andererseits die beginnende Zerstörung und Selbstzerstörung. Um seine

Vorherrschaft zu beweisen, bricht Priamos die Diskussion kalt und kurz ab und begründet seine Haltung, Hesione zurückzuholen, damit dass ein „König, der seine entführte Schwester nicht zurückzugewinnen suche, sein Gesicht“ (44) verliert. Nach dieser Bemerkung von Priamos schweigt Hekabe in der Öffentlichkeit. Sie hat intuitiv erfasst, dass ein neues Denken im Rat Einzug gehalten hat.

Kassandra verliert ihr Grundvertrauen in Priamos und verspürt zum ersten Mal Angst

Für Kassandra ist der anschließende Streit der Eltern im Megaron eine neue Erfahrung. Sie wird zum ersten Mal von ihrem Vater des Raumes verwiesen und verliert in diesem Augenblick ihr Grundvertrauen in Priamos. Dennoch schlägt sie sich auf die Seite des Vaters, dabei jedoch verdichten sich ihre zwiespältigen Gefühle „zu einer Empfindung, die ihren Sitz in der Magengrube zu haben schien, eine vibrierende Spannung, die [...] (sie) durch Parthena die Amme ‚Angst‘ nennen lernte“ (44). Angst wird von diesem Augenblick an in Kassandras Leben zu einem bestimmenden Element und gleichzeitig beginnt der Prozess der Verdrängung von Gefühlen.

„Kassandra verinnerlicht das patriarchale Muster der Unterdrückung [...]. Zugleich verdrängt sie ihre Angst vor der destruktiven Dynamik dieses Prinzips: ‚Die Tochter des Königs hat keine Angst, denn Angst ist Schwäche.‘“ (Nickel-Bacon, 2001, S. 224)

Merkwürdig ambivalent ist Hekabes Verhältnis zu ihrer Tochter. Als Kassandra entsetzt über ihren Traum, in dem Apoll sich in einen Wolf verwandelt hat, in das Bett ihrer Mutter flieht, bleibt Hekabe, kühl und zurückhaltend, obgleich Kassandra deutlich die Sorge im Gesicht ihrer Mutter wahrnimmt. Hekabe kritisiert sogar Kassandras Beunruhigung und forscht misstrauisch nach, aus welcher Quelle sich Kassandras Traumbilder und ihr Wissen um Kybele speisen.

Traumatisches Erlebnis der Tempelprostitution

Ohne dies offen auszusprechen, macht Kassandra ihre Mutter verantwortlich für ihr traumatisches Erlebnis der „Tempelprostitution“. Voller Abscheu erinnert sich Kassandra an jenen Tag, an dem sie im Tempelbezirk der Athene darauf warten musste, dass ein Mann sie mit dem Schnipsen seiner Finger auffordern würde, mitzukommen, um sich dann von ihm entjungfern zu lassen. Ihr Glück scheint es dann, dass Aineas sich ihrer selbstlos annimmt. Er behandelt Kassandra liebevoll und sie verliebt sich in ihn, ohne ihre Unschuld zu verlieren. Aber selbst diese intime Situation wird vom Hof kontrolliert, denn Aineas ist offenkundig von Hekabe für dieses Treffen ausgewählt worden. „Aineas und ich, wußten, was von uns erwartet wurde – beide durch Hekabe die Mutter.“ (22)

Hekabe als „Komplizin des Patriarchats“

Damit handelt Hekabe „als Komplizin des Patriarchats, indem sie Kassandra in die offiziell gültige Sozialisation presst. Die Mutter, nicht der Vater, zwingt Kassandra, an der rituellen Entjungferung teilzunehmen, die Christa Wolf als Verdinglichung der Tochter zur Ware inszeniert. [...] Zugleich entschärft Hekabe diese Form der Prostitution, indem sie Aineas bestellt, der Kassandra jedoch seinerseits kränkt, denn: ‚er schien nichts zu wollen‘ (22). Kränkungen durch geliebte Menschen [...] treiben sie nach Darstellung Christa Wolfs zugleich in eine aus dem inneren Zwiespalt geborene masochistische Sexualpraxis, die sie in ihrem Träumen mit Aineias (44), in der Realität mit dem Oberpriester Panthoos auslebt.“ (Nickel-Bacon, 2001, S. 231)

Die Distanz zu ihrer Tochter erklärt Hekabe selbst damit, dass Kassandra sie offenkundig nicht braucht (vgl. 16); Hekabe hat erkannt, dass Kassandra sich zu ihrem Vater, zur Macht hingezogen fühlt. Jedoch vorausblickend und mit sicherem mütterlichen Gefühl für die Zerrissenheit ihrer Tochter mahnt Hekabe Kassandra, nicht „zu tief in [des] Vaters Seele“ (50) zu kriechen. Zudem warnt sie Kassandra – „vergebens natürlich“ (ebd.) – vor einem grundlegenden Fehler von Priamos: Er „will alles. Und alles gleichzeitig.“ (Ebd.) Und im Hinblick auf Kassandras erweitert sie ihre Mahnung dahingehend, sie möge bedenken, dass „man Unvereinbares nicht zusammenzwingen soll“ (ebd.). Spät erst wird Kassandra bewusst, dass ihre Mutter sie ernst genommen hat, während der Vater nur Trost bei ihr gesucht hat (vgl. 46).

> „Diese Mutter ist Instrument der Herrschaft und schon deren Opfer. Wenn Kassandra zu ihr innere Distanz hält, obwohl sie ihre Nähe immer wieder braucht, weist das auch auf ihre Angst hin, in der Mutter jenen Widersprüchen zu begegnen, die sie in sich selbst zu übersehen versucht. Da, wo sie die Nähe der Mutter braucht, erfüllt diese Kassandras Bedürfnis nach Schutz: Sie schirmt sie ab, betäubt sie.“ (Mauser, 1985, S. 297)

Kassandras Entwicklungsprozess im Krieg

Kassandras Prozess der Emanzipation

Kassandras Entwicklung in der unmittelbaren Vorkriegszeit und im Krieg ist der Prozess einer allmählichen Loslösung von Repräsentanten einer Ordnung, die sie zunächst fraglos anerkannt hat, von ihrem Vater und von den Göttern. Dieser schmerzhafte und traumatische Prozess treibt Kassandra beinahe zur Selbstvernichtung.

Kassandras Verrat am Volk

Vor dem Beginn des Krieges versucht Kassandra vergebens ihren Vater zu bewegen, den griechischen Gesandten des Menelaos die Wahrheit über Helena mitzuteilen, um den Krieg zu vermeiden. Doch Priamos verweist auf die Ehre des Königshauses, die man mit diesem Eingeständnis verliere. Kassandra vermag nicht, ihrem Vater zu widersprechen, sondern bestätigt, dass sie doch dasselbe wolle, und verspricht „das Wissen um die schöne Helena geheimzuhalten“ (85). Aber sie hat jetzt erfahren, dass sie „das Wichtigste nicht sagen durfte“ (ebd.), und verfällt in lethargisches Schweigen.

Troilos als Schlachtopfer

Der Tod ihres Bruders Troilos reißt sie aus dieser Lethargie heraus. Als Priesterin muss sie in ihrem Tempel erleben, wie Achill den jugendlichen Kämpfer schlachtet. Mit Troilos, dessen Blut auf den Altar schießt, „wie sonst Blut aus den Rümpfen unserer Opfertiere“ (89), wird damit in dem Krieg das erste „Knabenopfer“ dargebracht.

Nach dem Tod von Troilos kommt es noch einmal zu einer Konfrontation mit dem Vater. Eindringlich beschwört Kassandra den Vater und den Rat von Troja, den Krieg zu beenden, doch sie erntet nur Fassungslosigkeit. Wutentbrannt sagt sich ihr Vater von ihr los.

Kassandras Gefühl der Gefangenschaft in der Zitadelle

Im Verlauf des Krieges empfindet Kassandra immer stärker, dass die Situation in der Zitadelle ihrer eigenen entspricht. Sie wundert sich, dass sie nicht früher bemerkt hat, dass sie „eine Gefangene war“ (119). Zwar besucht sie die Gegenwelt zur Zitadelle, doch kehrt sie immer wieder „königstreu, gehorsam, übereinstimmungsbesessen […] in die Burg zurück“ (113). Sie bemerkt allerdings, dass sie an einer Gemeinschaft festhält, die sie immer stärker ablehnt.

Angst vor dem Ungewohnten, Neuen

Selbst als ihr Vater ihr erklärt, „im Krieg sei alles, was im Frieden gelten würde, außer Kraft gesetzt“ (101), und sie erneut hinauswirft, weil sie das Lügengespinst um Helena anspricht, bleibt sie in der Burg. Dabei gesteht sie sich ein, dass sie einerseits leidet, dass sie aber andererseits eine „geheime Angst hat, unvorbereitet einen Blick in (die) Welt“ (102) am Skamander zu tun. Sie ist noch nicht fähig, ihren Platz als Priesterin zu verlassen.

Neue Verbundenheit Kassandras mit Troja infolge des Verhaltens der Feinde

Und sie fühlt sich durch das unmenschliche Verhalten der Griechen, deren wesentlicher Protagonist Achill ist, eng mit Troja verbunden und schwört sich: „Niemals sollte einer wie Achill durch unsre Straßen gehn“ (100). Zudem lassen Polyxenas Schicksal und ihre Träume Kassandra in Panik verfallen. Nur noch in ihrem Tempelbereich findet sie Ruhe.

Der Krieg tritt mit der Ermordung von 12 gefangenen Troern, die Achill als Vergeltung für den Tod von Patroklos abschlachten lässt, in eine neue, unmenschliche Phase ein. Und das Bestialische dieser Morde lässt die Königsfamilie zusammenbrechen. „Hekabe, als sie von mir abfiel, war eine alte Frau, hohlwangig, weißhaarig. […] Polyxena scharf und entschlossen wie ein Schwert. Priamos, bar jeden Königstums, ein kranker Greis.“ (135)

Auch die Reaktion von Paris auf dieses Ereignis signalisiert eine radikale Veränderung des Wertesystems der Troer. Paris ist bereit, Gleiches mit Gleichem zu vergelten und gefangene Griechen zu ermorden. Jedoch beginnt in diesem Augenblick bei Kassandra ein tiefgreifender Veränderungsprozess.

Konfrontation von Paris und Kassandra – Rettung der Gefangenen vor Lynchjustiz

Sie verhindert das Gemetzel, indem sie sich schützend vor die Griechen stellt, ihren Bruder und seine Begleiter aufhält und ihnen ihren Willen aufzwingt. Auch äußerlich deutet sich der Veränderungsprozess an, sie tritt ihrem Bruder nicht im Priestergewand entgegen. Paris allerdings versucht ihre menschliche Haltung auf ihre Funktion hin zu hinterfragen: „Du also, Priesterin, gestattest meinen Leuten nicht, Gleiches mit Gleichem zu vergelten.“ (135 f.)

Als Kassandra sieht, wie Achill Penthesilea, nachdem er sie getötet hat, schändet, begreift sie, dass die „Männer, schwach, zu Siegern hochgeputscht“, Frauen nur als Opfer „brauchen, um sich überhaupt noch zu empfinden“ (143).

Die Schwäche der Männer

Immer deutlicher spürt sie, „was es heißt, zum Objekt fremder Zwecke gemacht zu werden. Zunehmend entzieht sie sich […] den Ihren“ (VE 149). Schließlich durchschaut sie auch ihren Bruder.

Der Schwächling Paris

„Schwach, Bruder, schwach. Ein Schwächling. Übereinstimmungssüchtig […] – Mit diesem letzten Blick durchschaute ich ihn ganz, und er sich auch, doch das ertrug er nicht.“ (151)

In dem Augenblick, in dem sich Kassandra ihrem Vater widersetzt, beginnt ein Ablösungsprozess von der Palastwelt, der auch ein neues „Sehen“ einleitet. Dieses neue Sehen und Erkennen mündet ein in die Einsicht, dass nicht nur Täuschung, sondern auch Selbsttäuschung ihr Denken und Handeln bestimmt haben. Der Satz, den Kassandra angesichts des eigenen Todes als Regel für das Erkennen des Vorkriegs formuliert: „Laßt euch nicht von den Eigenen täuschen“ (80) ist der Schlüsselsatz ihrer Selbsterkenntnis. Ihre eigene Schuld am Ausbruch des Krieges bestand darin, dass sie die Herrschaftsregeln des Palastes, die Täuschung (Helena, Kalchas, Polyxena usw.), nicht hat zur Kenntnis nehmen wollen. Damit aber hat sie dazu beigetragen, das Volk zu täuschen.

Täuschung als Herrschaftsregel der Palastwelt – Kassandras Mitschuld am Ausbruch des Krieges

Das Priesteramt – Macht und Ohnmacht

Vgl. VE 121: Männer machten den Beruf der Priesterin „im Verlauf anscheinend jahrtausendelanger Kämpfe […] den Frauen streitig […], in dem Maße, in dem Götter sich an die Stelle der Göttinnen schoben […].“

Es ist überraschenderweise Hekabe, die Kassandras Priesterwunsch unterstützt und ein angebliches Geschehen schildert, das die Zwillinge Helenos und Kassandra als geeignet für dieses Amt erscheinen lassen. An ihrem zweiten Geburtstag seien Helenos und Kassandra in dem Wäldchen des thymbraischen Apoll eingeschlafen. Hier habe sich ihnen die heilige Tempelschlange genähert und sie an den Ohren geleckt. Seither wisse man, dass die Kinder als Seher auserwählt seien. Kassandra glaubt aus dieser Schilderung heraus auch ihr Amt als Priesterin des Apoll herleiten zu können.

In der Nacht vor ihrer Priesterweihe hat Kassandra den Traum, dass „Apollon, der Gott der Seher“ (19), ihr mit einer „eigentlich beiläufige(n) […], enttäuschende(n) Geste“ (ebd.) die Sehergabe verliehen hat. Als er sich ihr aber in Gestalt eines Mannes nähert, überkommt sie ein „grauenvoller Schrecken“ (20) und Apoll verwandelt sich in einen Wolf, „von Mäusen umgeben“ (ebd.), der ihr wütend in den Mund spuckt. Von ihrer Amme erfährt sie, dass es Apoll Lykeios (vgl. S. 18) gewesen sei, der sie besucht hat. Es ist – passend zu ihrer seelischen Lage – ein zwiespältiger Gott, der Sonnengott in „Wolfsgestalt“ (ebd.).

Mit ihrem Ziel, Priesterin des Apoll zu werden, hat sich Kassandra unbewusst, für die patriarchalische Hierarchie Trojas entschieden und damit auch gegen ihr eigenes Geschlecht. Gleichzeitig verzichtet sie freiwillig auf den Ort ihrer Kindheit und Jugend: die geliebten Innenhöfe. Sie weiß genau, dass sie als Seherin zum Palast gehört, damit also eine Funktion innerhalb des Machtapparates innehat. Was sie nicht ahnt, ist, dass der Palast sie auch bewusst in diesem Sinne ausgewählt hat. Priamos vertraut zunächst auf die Loyalität seiner Lieblingstochter, später wird er sie gefangen setzen, da sie in seinem Sinne hinderlich wird. Als Panthoos Kassandra die Insignien des Priesteramtes überreicht, wissen alle, dass Hekabe bzw. Priamos die Wahl angeordnet haben. Nur Kassandra selbst glaubt, dass sie verdient habe, „was man ihr zuerkannte“ (29). Sie erkennt nicht, wie instrumentalisiert und unfrei sie in Wirklichkeit im Hinblick auf dieses Amt gewesen ist: „gefesselt. Gelenkt, geleitet und zum Ziel gestoßen, das andre setzen.“ (Ebd.)

Die manipulierte Wahl zur Seherin

Wütend ohrfeigt sie Panthoos, als dieser den Grund ihrer Wahl entlarvt und dabei auf Polyxena verweist: „Dein Pech, kleine Kassandra, daß du deines Vaters Lieblingstochter bist. Geeigneter, das weißt du, wäre Polyxena: Sie hat sich vorbereitet, du verläßt dich auf deinen Rückhalt bei ihm.“ (19)

Panthoos' sarkastische Bemerkung zur Wahl Kassandras

„Der unbedingte Wille und die Bereitschaft um jeden Preis, ihre Wahl zur Priesterin zu betreiben, führen Kassandra in die Logik männlicher Handlungspraktiken. Einen Teil ihrer Schuld entdeckt Kassandra in der Kehrseite ihrer Erwählung: der Zurücksetzung Polyxenas. Innerhalb des männlichen Denkens wird die Schwester zur Rivalin, deren Bedürfnisstruktur nicht mehr wahrgenommen werden kann.“ (Quernheim, 1990, S. 302)

Kassandras Schuld

Erst spät erkennt Kassandra ihr narzisstisches Verhalten, mit dem sie ihr Priesteramt und die Privilegien auskostet. So sitzt sie beim Empfang des Königs Menelaos mit den „Luxus-Empfindungen der Priamostochter [...] triumphgeschwollen beim Gastmahl [...], an dem Platz in der Reihe der Geschwister, der [ihr] zustand.“ (62)

Kassandras Ich-Bezogenheit

Das Priesteramt, so glaubt Kassandra, ermögliche es ihr, ihrer sexuellen „Abneigung gegen die Annäherung irdischer Männer“ (33) nachzugeben. Auch hier wird der innere Konflikt erkennbar, denn auch dem „nicht-irdischen“ Mann, dem Gott Apoll, hat sie sich widersetzt. Zudem wird ihr widersprüchliches Verhalten und Denken deutlich: gegenüber Panthoos, der sie nach ihrer

Kassandras widersprüchliche Abneigung gegenüber Männern

Priesterwahl entjungfert hat, empfindet sie zugleich „Hass und Dankbarkeit“ (ebd.), und sie ist bereit, ihn auch in Zukunft zu empfangen.

Priesteramt als Machtinstrument

Sie ersehnt sich von dem Priesteramt auch Hilfe zur Auseinandersetzung mit der Welt. „Ich wollte die Welt nicht, wie sie war, aber hingebungsvoll wollte ich den Göttern dienen, die sie beherrschten.“ (49) Den Widerspruch in ihrem Wunsch sieht sie zwar, begreift jedoch noch nicht, dass die Götter gerade stellvertretend für jene Welt stehen, die sie ablehnt.

Vor allem aber ist das Priesteramt für Kassandra ein Machtinstrument, mit dem sie als „Frau […] herrschen“ (33) kann. Erst kurz vor ihrem Tod ist sie bereit, sich diese überhebliche Haltung einzugestehen. „Priesterin werden, um Macht zu gewinnen? Götter. Bis an diesen äußersten Punkt habt ihr mich treiben müssen, um diesen schlichten Satz aus mir herauszupressen.“ (62) Es wird ihr bewusst, dass ihr Machtstreben beinhaltet hat, andere zu Objekten zu machen. Dabei hilft ihr die Unnahbarkeit, die sie mit der Priesteraufgabe verbindet, als Schutz davor, selbst als Objekt missbraucht zu werden. „Isolation, Selbstbeschränkung und die Substitution der Lust durch Pflicht sind nicht nur von außen aufgezwungen, sondern das seiner selbst entfremdete Subjekt setzt diese Mechanismen selbsttätig fort.“ (Quernheim, 1990, S. 306)

Folgen der Selbstentfremdung

Kassandras Selbstzensur

Aus Angst davor, ihre Macht zu verlieren, verzichtet Kassandra lange auf den Bruch mit den Ihren. Der „Eumelos in mir verbot es mir“ (83), dem Volk die Wahrheit über Helena mitzuteilen und damit möglicherweise den Krieg zu verhindern.

> „Um an der Übereinstimmung festhalten zu können, wird das wirkliche Opfer, das Volk, wissentlich in der Ungewissheit gehalten, wird auch von Kassandra der Zusammenhang von Wissen und Macht, Wahrheit und Lüge im patriarchalen Herrschaftssystem noch einmal untermauert. Das Verschweigen der Wahrheit über Helena kommt für Kassandra einer resignativen Selbstaufgabe gleich. Die Priesterin und Seherin beläßt das Volk in seiner Unmündigkeit und wird darüber apathisch und teilnahmslos.“ (Quernheim, 1990, S. 313)

Das Verschweigen der Wahrheit als Zeichen für Kassandras Selbstaufgabe

Und so flüchtet Kassandra sich schließlich in Rituale. Sie vervollkommnet „Zeremonien, […] Techniken als Priesterin, lehrte die jungen Priesterinnen das Sprechen im Chor." (117) Ihr ist der Glaube an die Götter abhanden gekommen, aber noch sieht sie keinen Ausweg aus der „Gefangenschaft" der Burg.

Die Seherin

Zweimal fragt Kassandra sich nachdrücklich: „Warum wollte ich die Sehergabe unbedingt?" (6, 12) Zunächst glaubt sie, dass Priesteramt und Seherin zueinander gehören. Doch dann stellt sie fest: „Ich sah nichts. Mit der Sehergabe überfordert, war ich blind. Sah nur, was da war, so gut wie nichts. Durch den Jahreslauf des Gottes und die Forderungen des Palastes wurde mein Leben bestimmt. Man könnte auch sagen: erdrückt." (34)

Unterbewusste Abwehr des männlichen Apoll

Das Priesteramt ermöglicht ihr also gerade nicht das „Sehen" (vgl. Traum). Die Sehergabe wird Kassandra aus dem Unbewussten heraus vermittelt. Der Traum, in dem ihr die Gabe von Apoll verliehen wird, kommt ungerufen. „Der Sonnengott mit der Leier, blau, wenn auch grausam die Augen, bronzefarben die Haut" (19) weiß, was Kassandra heiß begehrt, und verleiht ihr wie nebenbei die Sehergabe. Aber dazu gehört für ihn die Inbesitznahme seiner zukünftigen Priesterin und Seherin. Doch Kassandra will nicht zum Objekt männlicher Begierde und Willkür werden. Sie lässt sich nicht einmal in ihrem Traum überwältigen. In diesem Augenblick wandelt der Gott sich in eine Wolfsgestalt und speit Kassandra in den Mund. Damit entlarvt sich Apoll als Gott, hinter dem tiefere, dunklere Spuren einer matrilinearen Welt aufblitzen.

Der wölfische Apoll

Ch. Wolf macht deutlich, dass Kassandras „Sehen" keine göttliche Quelle benötigt und keine übersinnliche Kraft ist. Kassandra „‚sieht' die Zukunft, weil sie den Mut hat, die wirklichen Verhältnisse der Gegenwart zu sehen." (VE 121) Als sie zusehen muss, wie Achill sich über die Heiligkeit des Apoll-Tempels hinwegsetzt und vor ihren Augen Troilus abschlachtet, erfasst sie: „Etwas ging vor, was über meine, unsere Begriffe war. Wer sehen konnte, sah am ersten Tag: Diesen Krieg verlieren wir." (88)

Das „Sehen" als Wahrnehmung der Wirklichkeit

Angesichts des Zustands von Troja fragt Kassandra sich verstört: „War ich denn alleine, die dies sah." (102) Später wird sie sich eingestehen müssen: „Das hab ich lange

Wahrnehmungsschwäche der Troer

nicht begriffen: daß nicht alle sehen konnten, was ich sah. Daß sie die nackte bedeutungslose Gestalt der Ereignisse nicht wahrnahmen." (51)

Kritik an Helenos

Anders als ihr Bruder blickt sie nicht in die Eingeweide der Opfertiere, sondern blickt „auf die erregten aufgerissenen Gesichter der Menschen" (36). Und sie beklagt sich, dass ihr Bruder den Troern „[l]ahme konventionelle Verlautbarungen" (30) vorträgt. Aber Panthoos durchschaut Kassandras Überheblichkeit und ihren Zwiespalt, indem er ihr vorhält, auch sie würde das Volk niemals über die „Götter", die wahren „Verhältnisse", den „König" (36) aufklären, also über jene Probleme, die wirklich Gewicht hätten.

Blindheit Kassandras gegenüber Ereignissen in der Welt des Palastes

So scharfsichtig Kassandra auf der einen Seite ist, wenn sie beispielsweise den Untergang von Troja in dem Moment „sieht", in dem Paris Menelaos provoziert, so blind ist sie für bestimmte Entwicklungen, und sie fragt sich selbst: „Was hat mich blind gemacht" (92). „Das Bedürfnis und die Erfahrung des Zugehörens sind etwas, worauf Kassandra zu Recht Wert legt. Doch nichts wird so oft und so leicht missbraucht wie freiwilliges Einverständnis. Das Interesse des Vaters und des Königs, sie in die Solidarität zu zwingen, geschieht mit Absicht, sie zu ‚entschärfen', ‚blind' zu machen, um über sie im Interesse der Palastwelt verfügen zu können. Aber Kassandra durchschaut dies nicht." (Mauser, 1985, S. 303)

Kassandras Bedürfnis des Dazugehörens

Erst am Ende ihres Lebens hat Kassandra so viel Erfahrung, dass sie die Widersprüche ihres Lebens durch die neuen Erfahrungen am Skamander erkennen kann. „Sehen" kann nur derjenige, der sich selbst und die gesellschaftliche Wirklichkeit erfahren, durchlitten und letztlich reflektierend durchschaut hat.

Kassandras „Wahnsinn"

Kassandras Wiedergewinnung ihrer ursprünglichen weiblichen Stimme

> „Kassandras Erinnerungsmonolog besteht nicht nur aus Reflexionen auf ihr vergangenes Leben, sondern sie gelangt mit seiner Hilfe auch zur Wiedergewinnung ihrer ursprünglichen Stimme und deckt darüber hinaus die Geschichte ihrer Verleugnung, Verdrängung und Ersetzung. Im Angesicht des Todes erkennt Kassandra in dieser Stimme ihre wahre, weibliche Identität […]: [D]ie Stimme setzt ein mit dem Verlust des geliebten Bruders

> Aisakos […]. Doch die klagende, authentische Stimme wird von der patriarchalen Palastwelt mit dem Stigma des Wahnsinns belegt.“ (Quernheim, 1990, S. 294)

Als Aisakos, Kassandras über alles geliebter Bruder, aus Trauer über den Tod seiner Frau von den Klippen ins Meer springt und Selbstmord begeht, bricht Kassandra zum ersten Mal zusammen. Während die Palastwelt den Tod von Aisakos sofort instrumentalisiert, indem ihm eine göttliche Gnade zugeordnet wird: Aisakos sei als ein schwarzer Tauchvogel wieder aufgetaucht, die Göttin Artemis habe damit seinen innigsten Wunsch erfüllt (vgl. 52), lehnt Kassandra als Kind diese Deutung ab. Sie wendet sich zum ersten Mal gegen die männliche Palastwelt, sie will ihren Bruder „wiederhaben, mit Haut und Haar.“ (53) Kassandra windet sich „tage- und nächtelang schreiend, in Krämpfen auf [ihrem] Lager“ (ebd.). Ihre unbändige Trauer drückt sich in einer „eigene[n], sinnliche[n] Stimme“ (Quernheim, 1990, S. 295) aus, ihrer „wahre[n] Sprache“ (ebd.), die aber in der patriarchalischen Gesellschaft keinen Ort findet. Kassandras Mutter versucht ihre Tochter mit fast männlicher Kraft (!) und mit Mitteln, die „schwere[n] Schlaf und […] Träume“ (53) hervorrufen, zur „Vernunft“ zu bringen. Damit aber erfolgt „Kassandras Eintritt in die patriarchale Welt […] mit der Übernahme der falschen Deutung ihrer Stimme“ (Quernheim, 1990, S. 295). Kassandras „Genesung“ ist letztlich erkauft mit der Entfremdung von sich selbst; es wird von diesem Ereignis an zwei Stimmen Kassandras geben: die Stimme, die die Sprache des Palastes vertritt, und die Stimme, die sich in Wahnsinnsanfällen äußert und mit „todbringenden, zerstörenden“ (ebd.) Ereignissen einhergeht.

Das Schicksal des geliebten Bruders Aisakos als Auslöser für Kassandras Wahnsinn

Kassandras wahre Sprache findet in der männlich geprägten Welt kein Gehör

Wiedererlangen der Vernunft als Zeichen der Entfremdung

Kassandras Stimme des Palastes und des Wahnsinns

Diese Entfremdung drückt sich auch in einem Traum Kassandras aus: Das Kind, das mit Asterope, der Frau von Aisakos, gestorben war, wächst in diesem Traum in Kassandra heran. Doch Kassandra will es nicht zur Welt bringen, sondern speit es aus, „und es war eine Kröte.“ (53) Der Mund wird zur Geburtsöffnung und der Geburtsvorgang zum Ausspeien, und im erweiterten Sinne zum Sprechen; doch es wird nur ein Sprechen sein über das, was man im Palast nicht wahrhaben, nicht hören will. Damit wird die verhängnisvolle Begegnung mit

Kassandras Geburtstrauma

Apoll wiederaufgenommen: Apoll hat Kassandras Seherstimme verunreinigt, jetzt wird das, was Kassandras Mund „wider Willen artikuliert, die wahre Sprache des Verlustes und der Trauer, zum Widerwärtigen, Ekelerregenden" (Quernheim, 1990, S. 296). Es ist die „Todesstimme" (72), die in den Augenblicken ihres Wahnsinns aus ihr spricht.

Die Umkehrung der wahren Stimme zum Ekelhaften

Kassandras Wahnsinnsanfälle sind ihr Schutz „vor dem unerträglichen Schmerz" (73), den der Kampf in ihrem Innern auslöst. Zwei „Gegner auf Leben und Tod" haben sich ihre Seele als „Kampfplatz gewählt" (73): die „Gier nach Erkenntnis" (76) und ihr „Hang zur Übereinstimmung mit den Herrschenden" (ebd.). „Der Wahnsinn entspricht einem Zustand, in dem der Schmerz und die Qual über den allmählichen Verlust der Identität mit der männlichen Ordnung nicht gefühlt werden können." (Quernheim, 1990, S. 309) Kassandras Anfälle sind Reaktionen auf die Wahrnehmung einer Realität, die nicht mit den Auffassungen und Deutungen des Hofes übereinstimmen. Damit ist der Wahnsinn für Kassandra die einzige Möglichkeit, die Wirklichkeit in Worte zu fassen, ohne die Übereinstimmung mit den eigenen Anforderungen und den Forderungen des Hofes zu verlieren. Zugleich sind die Anfälle Schritte zu einer inneren Wandlung und Selbsterkenntnis.

Der Wahnsinn als Flucht vor schmerzhafter Erkenntnis

Der Wahnsinn als einzige Möglichkeit, die Wahrheit zu vermitteln

Noch dreimal wird Kassandra von Anfällen überwältigt:

1. Als sie von Aineas erfährt, dass Kalchas tatsächlich freiwillig zu den Griechen übergelaufen ist, bricht „diese fremde Stimme" (47) aus ihr heraus. Die unkontrollierbare Stimme spricht jene Wahrheit aus, die Kassandra krampfhaft versucht hat zu unterdrücken. Die ‚fremde hohe wimmernde Stimme' durchbricht die Lügen, mit dem Kassandra ihr Bild der Wirklichkeit zu wahren suchte. Und in diese Bild passte Kalchas als Überläufer in keiner Weise. Aber von Anfang an war Kassandra in ihrem Innern bewusst, dass Marpessas Darstellung des Verbleibs von Kalchas zutreffend war. Jedoch um ihren Selbstbetrug zu retten, verrät Kassandra Marpessa unwissentlich an ihre Mutter. Hekabe bestraft Marpessa wegen ihres Verrats des Geheimnisses um Kalchas, indem sie Marpesse in die Pferdeställe verdammt.

   Kassandras Anfall dauert wochenlang, doch in gewis-

Das Lügengebilde um Kalchas und die wahre „fremde" Stimme Kassandras

Marpessa als Opfer Kassandras

ser Weise kann sie ihr Bewusstsein steuern. „Auf irgendeine Weise hatte ich das Steigen und Sinken dieses harten schweren Gebildes, meines Bewußtseins, in der Hand“ (48).

Steuerung des Unterbewussten

2. Als Paris beim Gastmahl betrunken und mit beleidigender Überheblichkeit Menelaos androht, die Schwester des Königs wiederzuholen oder Helena zu entführen, kündigt sich ein neuerlicher Anfall Kassandras an. Deutlich sieht sie den Untergang Trojas vor sich und schreit flehentlich, das Schiff nicht ausfahren zu lassen. Ohnmächtig bricht sie dann zusammen und wird von den Männern des Eumelos hinausgetragen. Ihre Warnung wird vom Hof entschärft, indem man das Gerücht verbreitet, Kassandra sei wahnsinnig.

Kassandras Vision vom Untergang Trojas

Hilflos müssen alle mitansehen, wie Kassandra immer tiefer in ihren Wahnsinn verfällt. Erst Arisbe gelingt es, Kassandras Wahnsinn zu entlarven als eine Flucht vor sich selbst. „Schluß mit dem Selbstmitleid“ (75) ermahnt Arisbe und fordert sie auf, aufzutauchen, ihr inneres Auge zu öffnen und sich selbst zu erkennen („Schau dich an“, ebd.)

Ohnmacht aus Selbstmitleid

Doch der erste Schritt, sich selbst zu erkennen, führt Kassandra dazu, ihren Hass gegenüber Hekabe, Priamos, Panthoos zu artikulieren: „So viele Namen für Täuschung. Für Zurücksetzung. Verkennung.“ (75) Die Frage, die Arisbe Kassandra stellt, warum sie es zugelassen habe, dass diese so stark geworden seien, dass Kassandra in Abhängigkeit geraten sei, vermag die aus ihrem Wahnsinn wieder erwachte Kassandra nicht zu verstehen. Wieder herrscht jene Sucht nach Übereinstimmung mit den Herrschenden, so dass diese rhetorische Frage Arisbes ihr Unbewusstes nicht mehr erreicht.

Vorwurf Arisbes, mitschuldig zu sein am Erstarken der destruktiven Kräfte

3. Den letzten Anfall erleidet Kassandra, als sie nach langem Selbstbetrug zur Kenntnis nehmen muss, dass Helena nur ein Phantom in Troja ist. Jetzt begreift sie, dass Trojas Schicksal besiegelt ist. „ Wir sind verloren. Weh, wir sind verloren“ (83) bricht es aus ihr hervor. Dieses Mal taucht Kassandra rascher aus ihrem Anfall auf und durchschaut, dass sie selbst in ihren Anfällen noch einer Art Selbstzensur unterliegt. „[E]s gibt keine Helena. […] Dem Volk hätt ich es sagen müssen“ (ebd.), wirft sich Kassandra vor. Damit erkennt

Unbewusste Selbstzensur

sie, dass sie selbst in den scheinbar unkontrollierten Anfällen eine „halbbewusste Schläue und ein Gran an Berechnung“ (ebd.) bewahrt und nicht einmal im Zustand eines Anfalls ihre Verbundenheit zum Herrschaftshaus verleugnen kann.

Kassandras „Neugeburt“ im Kerker

Endgültiger Bruch mit dem männlichen Herrschaftssystem

Endgültig ist der Bruch Kassandras mit dem Herrschaftssystem, dem männlich dominierten Troja und der ideologischen Verblendung ihres Vaters, als dieser sie zwingen will, dem Plan zur Ermordung Achills zuzustimmen, über den Plan zu schweigen und ihn zu verteidigen.

Schmerzhafter Erkenntnisprozess im Gefängnis

Kassandra begreift, dass „die Ihren“ nicht die Ihren sind: ein schmerzhafter Loslösungsprozess, in dessen Verlauf sie wegen „Wahrheitssagen“ zunächst für wahnsinnig erklärt, dann in den Turm geworfen wird – von ihrem geliebten Vater Priamos. Die Gesichter von denen sie überwältigt wird, haben nichts mehr mit den rituellen Orakelsprüchen zu tun: Sie „sieht“ die Zukunft, weil sie den Mut hat, die wirklichen Verhältnisse der Gegenwart zu sehen. (Vgl. VE 121.)

Die Fratze des männlichen Denkens – Polyxena als Köder für Achill

Wie destruktiv das männliche Denken geworden ist, erkennt Kassandra daran, dass man Polyxena als Köder auf Achill ansetzt. Auch das höhnische Grinsen und feixende Gelächter der anwesenden Männer, die Kassandras Dialog mit Eumelos und Paris über den Mordplan untermalen, zeigen deutlich die Beschränktheit der Männer und Fratzenhaftigkeit der Königspartei.

Machtdemonstration von Priamos

Obgleich man über Polyxenas Schicksal bestimmt, ist sie selbst zu der Besprechung über den Plan nicht zugelassen, denn es geht um „die kühle Planung. Die sie als Frau nur durcheinanderbrächte.“ (149) Das ureigene Recht auf Selbstbestimmung, „Polyxenas Recht, mein Recht – [stand] gar nicht zur Sprache […], weil eine Pflicht, die, unsern schlimmsten Feind zu töten, das Recht verschlang.“ (150) In diesem Augenblick verweigert Kassandra ihrem Vater jegliche Gefolgschaft und dieser greift zum Mittel seiner Machtdemonstration. Priamos lässt seine Tochter festnehmen. Wieder einmal ergreifen sie „Männerhände“ (151), die sie in „bei tiefster Dunkelheit in aller Stille an einen Ort [führen], der [ihr] schon immer unheimlich und bedrohlich war: das Heldengrab“ (ebd.), in dem später Polyxena versteckt werden soll und Kassandra vergewaltigt wird.

Wie ein Foltergefängnis liegt das Heldengrab weit abseits. Auch weiß keiner, außer zwei Eumelos-Vertrauten und Andron, wohin man Kassandra verschleppt hat. Kassandras Isolation wird noch dadurch vergrößert, dass man ihr Kerkergefängnis mit Flechtwerk ausgekleidet und dann mit Lehm beworfen hat, so dass Kassandra nahezu eingemauert, fast „lebendig eingegraben" (152) ist. Nur eine kleine Klappe stellt den Kontakt zur Außenwelt dar.

Isolationshaft und Foltergefängnis

Das Weidengeflecht als Erinnerung an das Leben am Skamander

Das Einzige, was Kassandra die Zeit über zu tun bleibt, ist der Versuch, aus dem Weidengeflecht ihres Gefängnisses Ruten zu ziehen. Diese zunächst sinnlos erscheinende Arbeit wird schließlich belohnt durch „den Lichtstrahl" (154), der durch die Öffnung fällt und Kassandra wieder teilnehmen lässt am Rhythmus der Tageszeiten. Damit geht der erste Schritt zur Geburt einer gewandelten Kassandra einher.

Die Kerkerhaft wird für Kassandra zum zentralen Wendepunkt ihres Daseins in mehreren Phasen, die letztlich einer Art Wiedergeburt gleichen:

Stufen der Wiedergeburt Kassandras

1. „[B]etäubt und fühllos" (152) erkundet Kassandra zunächst wie ein Tier ihr Verlies und versucht zu ertasten, zu begreifen – im Sinne des Wortes –, wohin man sie gebracht hat.
2. In der Dunkelheit ihres Gefängnisses kämpft Kassandra gegen ihre Wahnanfälle an: „Jetzt nicht den Verstand verlieren, jetzt nicht" (ebd.), ermutigt sie sich selbst und verspürt dann – als nächste Stufe ihrer Entwicklung – zum ersten Mal einen tiefen Schmerz über den Verlust ihrer Geborgenheit in der Palastwelt: „Schmerz um den Verlust all dessen, was ich ‚Vater' nannte." (153).
3. Zugleich wird sie konfrontiert mit einer sozialen Wirklichkeit, die sie als privilegierte Tochter des Herrschers nie wahrgenommen hat. Die Weiber, die Kassandra versorgen, sind „der Auswurf Troias" (154). Ihr „[g]ellendes Gelächter", ihr „[h]öhnisches Kreischen" (ebd.) und ihre Ausdrucksweise sind Kassandra fremd und machen ihr Angst.
4. Kassandra muss zugleich lernen, „daß nicht jeder Mensch, den man zum Tier herabgewürdigt hatte,

Der tierische Urzustand

Verlustschmerzen

Konfrontation mit einer bislang unbekannten Seite der sozialen Wirklichkeit und Erkenntnis der eigenen, privilegierten Position imstande ist, den Weg zurück zu gehn." (Ebd.) Damit drückt sie zugleich die Zuversicht aus, dass ihr selbst dieser Weg nach ihrer Gefangenschaft gelingen werde.

5. Noch einmal wird Kassandra dann unmittelbar mit der Welt des Königspalastes konfrontiert: Andron reicht ihr durch die Essensklappe das „Schwertgehänge des Achilles" (155) und teilt ihr mit, dass alles nach Plan verlaufen sei.

Zeichen für den Tod des Achill

6. Diese Nachricht zwingt Kassandra dazu, ihre Haltung zu dem Meuchelmord an Achill und gegenüber ihrem Vater zu überdenken. Wäre es nach ihr „gegangen, das Vieh wär noch am Leben. Sie hatten recht behalten." (Ebd.) Immer wieder spielt sie die Auseinandersetzung mit ihrem Vater durch und immer wieder kommt sie zu demselben Ergebnis: „Hundertmal habe ich wieder nein gesagt. Mein Leben, meine Stimme, mein Körper gaben keine andre Antwort her." (Ebd.) Der Bruch mit der Welt ihres Vaters ist unausweichlich.

Kassandras Gedanken über ihren Widerstand gegen den Mordplan an Achill – kann man Mord mit Mord beantworten?

7. Diesen Bruch besiegelt endgültig das Holztierchen, das Kassandra auf einem Gerstenfladen in ihr Gefängnis ‚geschmuggelt' wird und in dem sie die Botschaft von Myrine und Anchises erkennt, dass man sie nicht vergessen hat. In diesem Moment wandelt sich Kassandras Ich-Gefühl in ein Wir-Gefühl, ein Gefühl, das sie mit der Welt am Skamander verbindet. „Ich würde leben und bei ihnen sein. Wir würden uns nicht mehr verlieren, bis, was nicht mehr aufzuhalten war, geschah, der Untergang von Troia" (156).

Das Symbol aus der Gegenwelt – ein Holztierchen von Anchises und Myrine

Übergang vom „Ich-Gefühl" zum „Wir-Gefühl"

Kassandra und Aineas – Liebe zwischen Abschied und Vertrauen

Für Kassandra ist Sexualität zunächst mit tiefer Scham verbunden. Sie wird gezwungen, sich im Tempelbezirk zu „prostituieren", und ist abgestoßen von den Männern. Als Aineas Kassandra auffordert, wissen beide, was von ihnen gefordert wird. Doch die darauf folgende Liebesbegegnung scheitert, weil beide nicht in der Lage sind, „den Erwartungen zu entsprechen." (22) Während Aineas Kassandra unberührt lässt, weiht Panthoos sie in „die Kunst, einen Mann zu empfangen" (33), ein. Seit-

Sexuelles Versagen von Aineas und Kassandra

dem empfindet Kassandra „Haß und Dankbarkeit" (ebd.) gegenüber Panthoos. Und es gelingt ihr lange nicht, sich aus diesem Zwiespalt zu lösen, obgleich sie spürt, dass Panthoos sie nur zum Objekt männlicher Lust gemacht hat.

Polyxenas gestörte Sexualität als unbewusster Protest gegen die eigene Familie

Gegenüber Polyxena empfindet Kassandra zunächst Neid, weil Polyxena offenbar erfüllte Liebesbeziehungen und eine Vielzahl von Liebhabern hat. Zu spät erkennt Kassandra, dass Polyxenas gestörte Sexualität zwischen Masochismus, Inzestphantasien und Nymphomanie ein unbewusster Protest ist gegen ihre Benachteiligung gegenüber Kassandra.

Aineas als Rückhalt für Kassandra

Die Liebe zu Aineas bleibt jedoch nicht ungetrübt, denn Aineas meidet Kassandra lange Zeit, weil er sie nach ihrem zweiten Anfall verändert findet. Erst nach der Ermordung von Troilos nähert Aineas sich ihr wieder und legt tröstend seine Hand an ihre Wange. In diesem Moment verkörpert Aineas für Kassandra „Rückhalt (und) Wirklichkeit" (90), und erfüllt eine tiefe Sehnsucht in ihr. Doch ebenso unvermittelt, wie er sich Kassandra genähert hat, verschwindet Aineas wieder und Kassandra erkennt: „er verstand es zu verschwinden" (90). Aus tiefem Vertrauen heraus hält Kassandra ihn jedoch weder zurück, noch fragt sie nach ihm.

Naturerlebnis und Liebe

Als Aineas als gefeierter Held nach Troja zurückkehrt, verflüchtigt sich ihre Sorge, und ihre tiefe Liebe spiegelt sich in ihrer Naturwahrnehmung wider – wie später auch am Skamander: „Ich sah die Sonne wieder, Mond und Sterne, das Silberblitzen der Olivenbäume im Wind, den metallischen Purpurglanz des Meeres, wenn die Sonne untergeht" (103).

Aineas hält sich zunächst von Kassandra fern, sucht sie dann aber schließlich überraschend auf. Doch nach einer ekstatischen Liebesnacht verschwindet Aineas erneut. Kassandra versteht nicht, warum er lieber geht als bleibt.

Versagen der Liebe unter dem Einfluss des Krieges

Allmählich zeichnet sich die Brüchigkeit der Beziehung unter dem Druck des Krieges und der politischen Verhältnisse unter der Führung von Eumelos ab. Noch deutlicher wird dies, als ihrer beider Bedürfnis nach körperlicher Zuwendung versagt, weil Kassandra den Anblick der von Achill abgeschlachteten Troer nicht vergessen kann. Resigniert und trostlos gehen Kassandra und Aineas auseinander (vgl. 137), die Verhältnisse haben sie „geschafft" (ebd.).

Noch einmal erfüllt sich für beide ihre Liebe, nachdem Aineas Kassandra nach Penthesileas Tod zum Skamander getragen hat. Zwar wird ihr Glück für kurze Zeit unterbrochen, weil Priamos Kassandra an den Truppenführer Eurypylos für dessen Beteiligung am Kampf um Troja „eingetauscht" hatte, doch Kassandras Ehemann fällt kurze Zeit später.

Kurzes gemeinsames Glück am Skamander

Von Aineas empfängt Kassandra Zwillinge, dennoch ist sie nicht bereit, mit ihm aus dem untergehenden Troja zu fliehen. Zum ersten Mal versucht Aineas, Kassandra zu bestimmen, ihr zu befehlen mitzukommen, aber Kassandra verweigert ihm die Gefolgschaft. Im Streit trennen sie sich, doch Kassandra glaubt, dass Aineas ihre Begründung tief in seinem Innern versteht: Sie sieht in Aineas einen zukünftigen Helden, dem es gelingen wird, Hunderte von Kämpfern aus Troja zu retten. Sie sieht voraus, dass ihr Geliebter als Anführer der Flüchtlinge nicht mehr derselbe sein kann wie zuvor. Die Verantwortung, die er übernommen hat, macht ihn zur Führungsfigur. Und Kassandra kann „[e]inen Helden [...] nicht lieben" (163), und die Verwandlung in „ein Standbild will [sie] nicht erleben." (Ebd.) Zugleich aber sieht sie auch voraus, dass Aineas der Macht der Sieger nicht entgehen wird, denn „[d]ie Erde war nicht groß genug, ihnen zu entgehn." (Ebd.)

Kassandras Angst vor Helden

Wie tief ihre Liebe zu Aineas immer noch ist, zeigt sich darin, dass sie zunächst den Gedanken an das letzte Gespräch verdrängt, sich erst kurz vor ihrem Tod dieses letzte Zusammensein auf der Mauer von Troja zu vergegenwärtigen traut. Auf den ersten Blick scheint diese Liebe von gegenseitiger Achtung und Liebeserfüllung gekennzeichnet zu sein, aber schon Kassandras Traum, in dem Aineas mit einem Schiff Troja verlässt, zeigt symbolhaft die Kehrseite ihrer Beziehung: Trennung und schmerzhafter Verlust. Als letztes Zeichen ihrer Trennung wirft Aineas den Schlangenring, den er getragen hat, in das Meer. Dies kann die endgültige Absage an matriarchalische Gedanken bedeuten oder den unwiderruflichen Abschied von Kassandra (vgl. Goethes „Es war ein König in Thule").

Die Schlange ist mit matriarchalen Gottheiten verknüpft. Zugleich kommt dem Schlangenring die Funktion als Amulett zu.

Kassandra und der Wagenlenker – Dialog über die Frage aller Fragen

In ihren letzten Stunden vermögen weder Marpessa noch ihre Kinder Kassandra Halt zu geben. Kassandra will die wenigen verbleibenden Stunden dazu nutzen, sich zu erinnern. Erst hier „am äußersten Rand“ (7) ihres Lebens kann sie sich schonungslos selbst erkennen, ihren Lebensweg reflektieren und die eigene Schuld erfassen. Die Gegenwartssprache scheint ihr auf „Wörter für diese düstre Festung“ (18) von Mykene zusammengeschrumpft zu sein. Und für die Zukunftssprache hat sie vorerst nur noch einen Satz: „Ich werde heute noch erschlagen werden.“ (Ebd.)

Doch nimmt sie währenddessen durchaus die Gegenwart, die Welt des Feindes wahr. Aufmerksam betrachtet sie die Reaktion der Bewohner von Mykene, die die Kriegsbeute betasten und Kassandra mit Schaudern ansehen, weil sie wissen, wen sie vor sich haben.

Dieses Schweigen durchbricht als Erstes der Wagenlenker, der mit den Gefangenen vor dem Tor von Mykene wartet. Er weist Kassandra fast entschuldigend darauf hin, dass es im Krieg nicht „die Besten“ (14) seien, die zu Hause blieben.

Wenig später sucht der Wagenlenker erneut ein Gespräch mit der Gefangenen, vor der alle anderen zurückweichen, Er möchte sie bewegen, in die Burg zu gehen. Doch Kassandra wehrt ab, sie benötigt noch Zeit für ihre Selbstbesinnung. Aus ihrer Antwort spricht noch einmal der alte Ton der Seherin, als sie dem Wagenlenker vorhersagt: „Wenn ich durch dieses Tor gegangen bin, bin ich so gut wie tot.“ (18)

Gespräch mit den Bewohnern Mykenes – die „lieben“ Feinde und „armen“ Sieger

Schließlich überwinden die Einwohner Mykenes ihre Furcht vor Kassandra und nähern sich ihr „mit Ehrfurcht“ (138), angeführt von dem Wagenlenker. „Sie wolln […] das Schicksal ihrer Stadt erfahren“ (ebd.), und Kassandra erkennt, dass die Sieger den Besiegten ähneln. Aus den Siegern werden für Kassandra „[l]iebe Feinde“ und „arme Sieger“ (ebd.). Nur wenn es ihnen gelänge, aufzuhören zu siegen, so prophezeit Kassandra, werde ihre Stadt bestehen. Damit wird deutlich, dass Kassandra durchaus noch über eine Zukunftssprache verfügt, indem sie eine Utopie des Überlebens formuliert.

Kassandras neue Zukunftssprache – die Vision des Überlebens

Der Wagenlenker, der Kassandra keineswegs wie eine

kriegsgefangene Sklavin behandelt, vertieft die Fragen nach der Zukunft. Kassandra aber wirft die Rolle der Seherin ab, sie gesteht ein, dass sie nicht alles wisse (vgl. ebd.), und zwingt im Dialog den Wagenlenker, die Antworten auf seine Fragen selbst zu finden.

Der Dialog mit dem Wagenlenker

Der Wagenlenker, den Kassandra „klug" (ebd.) nennt, stellt die Frage aller Fragen, ob „der Untergang in [der] Natur" (ebd.) des Menschen liege, wenn dieser nicht erkenne, dass „Sieg auf Sieg am Ende Untergang bedeutet" (ebd.). Kassandra formuliert die Hoffnung, dass es Menschen geben möge, die einen Sieg in Leben umwandelten.

Die Frage aller Fragen nach der Natur des Menschen

Dass diese zentrale Frage mit einem Angehörigen des Feindes besprochen wird, mag vor dem politisch-militärischen Hintergrund der Erzählung Ch. Wolfs verstanden werden. Erst wenn es möglich ist, über das Feindbild hinweg in Gespräche einzutreten, die nicht auf höchster hierarchischer Stufe stattfinden, gibt es eine Hoffnung auf Zukunft.

Ch. Wolfs Idee des Dialogs über die Grenzen hinweg

Dennoch schwingt eher Pessimismus in Kassandras Reaktion mit, denn auf die Frage des Wagenlenkers nach der Zukunft Mykenes und nach der seiner Kinder, antwortet sie nicht mehr, sondern sieht vor ihrem inneren Auge, wie Menelaos abgeschlachtet wird. Ihr Schaudern vor diesem blutigen Bild überträgt sich auf den Wagenlenker, dem sie „nichts mehr sagen" (ebd.) muss.

Die pessimistische Vision Kassandras

Hekabe

1. Hekabe ist in Homers *Ilias* die Königin von Troja und Ehefrau des Priamos, mit dem sie 19 Kinder hatte, darunter Hektor, Paris, Helenos, Troilos, Kassandra und Polydoros.
   Sie zahlt den höchsten Tribut im Krieg gegen die Griechen: Von den höchsten Ehren einer Königin, gesegnet mit Kinderreichtum, wird sie durch den Krieg ins Nichts gestürzt. Hektor und Troilos fallen durch Achill, Paris durch Philoktet, Deiphobos durch Menelaos. Die anderen Kinder verliert sie durch die Eroberung von Troja; sie selbst wird Sklavin von Odysseus.
2. Auch in den Dramen von Euripides (*Die Troerinnen* und *Hekabe*) wird Hekabe eine bedeutende Rolle zugewiesen: Sie ist die zutiefst getroffene Königin, Ehefrau und Mutter,

die die Gefallenen beweint und die Griechen verflucht. Als Rächerin ihres Sohn Polydoros blendet sie seinen griechischen Mörder Polymestor.

3. Bei Ranke-Graves hat Ch. Wolf einen Verweis darauf gefunden, dass Hekabe mit der Unterweltgöttin Hekate gleichgesetzt werden könne. Somit gehört Ch. Wolfs Hekabe zu den matriarchalischen Ur-Gottheiten.

In Kassandras frühesten Erinnerungen sieht sie die Mutter auf einem thronähnlichen Stuhl, sie scheint ihrem Mann rangmäßig überlegen, denn er sitzt zu ihren Füßen. Priamos akzeptiert offensichtlich diese matriarchalisch geprägte Rollenverteilung. Und auch Kassandra empfindet dieses Verhältnis von Mutter und Vater, Königin und König als keinesfalls erniedrigend; im Gegenteil steht dieses Bild für eine glückliche Zeit, in der sie als „Liebling des Vaters und an Politik interessiert [...] bei ihnen sitzen und hören [durfte], was sie redeten." (17 f.)

Hekabes Machtverlust

Im Verlauf des Krieges nimmt Hekabes privater Einfluss auf Priamos und ihre politische Macht ab. Priamos wird immer verhärteter und unnahbarer, Hekabe dagegen „weicher, dabei unbeugsam [...] von einem Unglücksjahr zum anderen immer mitfühlender, lebendiger." (26)

Es ist derselbe Prozess, den Kassandra angesichts ihres Todes durchmacht. Vor den Toren Mykenes gesteht sie: „[n]ie war ich lebendiger als in der Stunde meines Todes, jetzt." (Ebd.) Damit ist sie ihrer Mutter ähnlich geworden, ihrer Mutter, die die Herrschaft des Matriarchats an die Männer von Troja verloren hat.

Hekabes letzter politischer Auftritt

Hekabe entlarvt öffentlich vor dem Rat von Troja Hesiones Entführung als einen freiwilligen Schritt ihrer Schwester. Sie sei aus freien Stücken in Sparta und Telamon habe sie, wie alle wüssten, zur Frau und Königin gemacht. Priamos weist Hekabe nach dieser Aussage offiziell zurecht, und Hekabe schweigt fortan im Rat.

Letztlich wird Hekabe aus dem Rat ausgeschlossen und hat keine Möglichkeit mehr, ihre Meinung zu äußern. Nur noch Männer haben zur Ratsversammlung Zutritt, denn die „Palastwache verwehrte Hekabe der Königin die Teilnahme an den Sitzungen des Rats." (110) Hekabes Machtverlust, der zugleich den Machtverlust der matriarchalischen Idee bedeutet, lässt sich auch daran erkennen, dass Hekabe ihrem Mann bei öffentlichen Feierlichkeiten untergeordnet auftritt: „Starr saß er bei den großen Feiern in der Halle, neuerdings erhöht neben, über Hekabe und hörte auf die Gesänge, die ihn priesen." (120)

Das zwiespältige Wesen Hekabes

Im ersten Teil der Erzählung zeigt Hekabe einen sehr zwiespältigen Charakter, einerseits tritt sie als überlegene und weitblickende Königin auf, andererseits fällt ihre Unerbittlichkeit auf: sie sieht den Fehlschlag des ZWEITEN SCHIFFS voraus, jedoch ohne zu triumphieren, als ihre Einschätzung sich bewahrheitet. Beherrscht weist sie Kassandra zurecht, dass man über „politische Ereignisse" (43) nicht weine, denn „Tränen trübten das Denkvermögen" (ebd.). Pragmatisch fordert sie, dass die Griechen dafür zahlen müssen, „daß sie ihre Waren durch unsern Hellespont befördern dürfen" (50), falsch sei es jedoch zugleich zu verlangen, dass „[s]ie […] König Priamos dafür achten. Solln sie lachen, wenn sie zahlen." (Ebd.)

Hekabes pragmatische politische Haltung

Erniedrigende Bestrafung Marpessas als Ausdruck der eigenen Schwäche

Mit äußerster Härte dagegen bestraft sie Marpessa dafür, dass sie ihr Wissen über den Verbleib von Kalchas an Kassandra weitergegeben hat. Sie verbannt Marpessa zu den Pferdeknechten in die Ställe. Gerade als Frau dürfte Hekabe eine derartige Strafe nicht aussprechen, wie sie doch welches Schicksal Marpessa dort erwartet. Doch offensichtlich will Hekabe das Gesicht des Staates und ihres Mannes wahren. Sie wird damit zum Gehilfen männlicher Herrschaft.

Früh äußert Hekabe, dass Kassandra sie nicht brauche, und kümmert sich nicht weiter um ihre Tochter. Im Widerspruch zu dieser Einschätzung ‚bezeichnet' Hekabe dem Priester Panthoos, Kassandra „Stab und Stirnbinde" (29) zu überreichen, um sie damit zur Seherin zu machen. Hekabe übergeht Kassandras Traum, in dem sie Apoll in Wolfsgestalt gesehen hat, und verbietet ihr den Namen Kybele auszusprechen; im Widerspruch hierzu holt sich Hekabe bei Arisbe die Deutung des Traumes ein, der sich auf Paris bezieht. Sie setzt damit die eher patriarchalisch ausgerichtete Deutung von Kalchas gegen die matriarchalische von Arisbe.

Traumdeutung als Richtungsentscheidung

Im zweiten Teil erlebt der Leser Hekabe als verzweifelte Mutter und entthronte Königin, die den Tod ihres Lieblingssohnes Hektor beklagt und verzweifelt die Schreie

der Troer mitanhören muss, die Achill abschlachten lässt. Als Hekabe sich von Kassandra, die sie umklammert hat, löst, ist sie „eine alte Frau, hohlwangig, weißhaarig“ (135).
Noch einmal lehnt sich Hekabe mit all ihren Kräften auf, als Klein Aias Kassandra vergewaltigt. „Und Hekabe, die sie festhielten, stieß Flüche aus, die ich noch nie gehört hatte. Eine Hündin, schrie Klein Aias. [...] Die Königin der Troer eine heulende Hündin.“ (162) Deutlich verknüpft hier Ch. Wolf das Motiv der matriarchalischen Ur-Göttin Hekate mit der Gestalt der Hekabe.

Priamos

Priamos ist der Sage nach der 6. und letzte König von Troja. Bei der Eroberung von Troja wird er von Neoptolemus, dem Sohn des Achilles, am Altar des Zeus getötet.
Priamos soll nach dem Epos von Homer 50 Söhne und 50 Töchter gehabt haben. Mit einer Ausnahme fielen alle Söhne im Krieg. 19 Kinder entstammten der Ehe mit Hekabe, die übrigen zeugte er mit Nebenfrauen (vgl. *Ilias*, 24. Gesang, Z. 493 – 497), darunter auch mit Arisbe den Sohn Aisakos.
Als Schliemann bei seinen Grabungen in den Ruinen von Troja 1873 Waffen, Goldgefäße und Schmuck fand, wurde dieser Fund fortan „Schatz des Priamos“ genannt.

Schliemanns Fund – „Schatz des Priamos“

Ch. Wolf demonstriert an dem scheinbaren Aufstieg des **Herrschers** Priamos, der allmählich die Königin Hekabe verdrängt, zugleich den Fall des **menschlich fühlenden Vaters**. In diesem politischen Aufstieg und menschlichen Sturz konkretisiert sich für Ch. Wolf der Übergang von der matriarchalischen zur patriarchalischen Gesellschaft, die aber letztlich scheitert.
In Homers Epos spielt Priamos eine eher untergeordnete Rolle, denn er nimmt an den Kämpfen nicht teil, weil er zu alt ist, und verlässt nur zweimal die Stadt; das letzte Mal, um von Achill den Leichnam seines Sohnes Hektor loszukaufen. In Ch. Wolfs Erzählung hingegen nimmt er eine zentrale Stellung ein, nicht zuletzt aufgrund der besonderen Perspektive von Kassandra auf ihren Vater. Aber auch im Hinblick auf die Entwicklung in Troja von matriarchalischen zu patriarchalischen Grundstrukturen, die sich an ihm als Herrscher besonders aufzeigen lassen, tritt Priamos deutlich in den Vordergrund.
Damit erhält diese Figur eine doppelte Bestimmung: Im Hinblick auf die Entwicklung Kassandras steht das Verhältnis von

> Vater und Tochter im Zentrum; nimmt man die Erzählung als politische Erzählung, tritt die patriarchalische Entwicklung in den Vordergrund.
> Ch. Wolf führt vor Augen, wie die Entwicklung von Priamos zum politischen Herrscher, zum scheinbar „idealen König", den Verlust des sozialen Herrschers, der sich auch in seiner Vaterrolle widerspiegelt, nach sich zieht.

Das Verhältnis von Kassandra zu Priamos

In ihrem Rückblick erinnert sich Kassandra daran, wie sie als kleines Mädchen auf dem Schoß ihres Vaters sitzt, „die Hand in seiner Schulterbeuge (die Stelle, die [sie] an Aineias am meisten lieb[t]e)" (18). Als Lieblingstochter von Priamos und als einziges seiner Kinder, das sich für Politik interessiert, darf sie an ernsthaften Gesprächen zwischen Hekabe und ihm teilnehmen.

Priamos – der Mann der idealen Königin Hekabe

„[Ü]ber alle Menschen" (17) liebt sie als Kind ihren Vater, der „in Phantasiewelten leben konnte; nicht ganz scharf die Bedingungen ins Auge faßte, […] [d]er es nicht ganz genau nahm mit der Wirklichkeit" (ebd.). Zwar weiß auch die kindliche Kassandra, das dies ihren Vater nicht gerade „zum idealen König" macht, dafür ist er ihren Augen der „Mann der idealen Königin" (ebd.).

Kassandra als Stütze ihres Vaters nach dem Todesurteil über Paris

Im Gegensatz zu Hekabe braucht Priamos seine Tochter zunächst. Sie ist damit eine wichtige emotionale Stütze, denn nach dem Todesurteil über Paris ist es um Priamos einsam geworden. Ihr Verhältnis ist von tiefem gegenseitigen Verständnis geprägt, das so weit geht, dass sich Gefühle des Vaters auf Kassandra übertragen und sie die Angst ihres Vaters körperlich spürt.

Priamos, die Maske

Ein erster Konflikt entsteht, als Kassandra bemerkt, dass sie überwacht wird. Empört eilt sie zu ihrem Vater, doch sie stößt „auf den König, die Maske." (59) Priamos erklärt Kassandra abweisend, man müsse es ihm, dem König, überlassen, ob die Überwachung nötig sei. Als Kassandra ihren Vater auf Eumelos anspricht und zugleich erleben muss, dass sie sich wie alle anderen „melden lassen mußte" (61), versteckt der Vater „seine Unsicherheit hinter Geschäftigkeit" (ebd.). Allmählich erkennt Kassandra, dass die Vertraulichkeit zwischen Tochter und Vater darauf beruhen könnte, „daß ich ihn kannte und er mich nicht. Er kannte sein Wunschbild von mir, das hatte stillzuhalten." (Ebd.)
Priamos braucht seine Tochter als emotionalen Halt in

der Ablehnung und Kälte, die ihm im Palast entgegengebracht wird. Ihre Anhänglichkeit und liebevolle Zuwendung deutet er jedoch auch als Übereinstimmung mit seiner politischen und persönlichen Einstellung, die immer deutlicher von einer männlichen Herrschafts-Idee bestimmt wird. So kann er die von seiner Tochter vorgebrachten Beobachtungen und Nachfragen nicht als Vertrauensbeweis einordnen, sondern deutet sie als einen Angriff sowohl auf seine väterliche Autorität als auch auf seine Staatsführung.

Emotionale Unsicherheit des Vaters

Als Kassandra ihren Vater auffordert, die Irreführung um Helena aufzudecken und Priamos mit Gastgeschenken ziehen zu lassen, stößt sie bei ihrem Vater auf völliges Unverständnis. Es gehe doch um die Ehre des Hauses erwidert er und unterstreicht seine Aussage mit dem Satz: „Wer jetzt nicht zu uns hält, arbeitet gegen uns." (85) Kassandra, die in diesem Moment von ihrem Vater umarmt wird und „den Duft, den [sie] so liebte" (ebd.) einatmet, verspricht, das Geheimnis um Helena nicht zu lüften.

Angst des Königs vor dem Verlust der „Ehre"

Als Kassandra sich nach dem Tod ihres Bruders Troilos vor dem Rat vehement gegen den Krieg ausspricht, verweist Priamos sie brüllend aus der Versammlung. Er unterstellt ihr „hier im Rat von Troia für die Feinde" (91) gesprochen zu haben und verstößt sie: „Hinaus mit der Person. Sie ist mein Kind nicht mehr." (Ebd.) Noch einmal wirft Priamos seine Tochter hinaus, als sie sich für Briseis einsetzt und dabei die Lüge um Helena anspricht.

Der strafende Vater

Zum endgültigen Bruch mit seiner Tochter kommt es, als Kassandra sich vor dem Rat weigert, dem Plan zuzustimmen, Polyxena als Lockvogel für Achill zu missbrauchen. Selbst als Priamos seine Forderungen darauf beschränkt, dass Kassandra über diesen Plan schweigen solle, verweigert diese ihre Zustimmung. Doch schon beim Eintritt in den Ratssaal bemerkt Kassandra entsetzt, dass ihr Vater „ein verfallener Mann" (148) ist, der sie offensichtlich zunächst nicht erkennt und dahindämmert.

Bruch mit Kassandra

Nachdem Priamos seine Tochter hat einsperren lassen, versucht er sie auch als Angehörige des Königshauses und Frau zu demütigen, indem er ihr eine Zwangsheirat mit einem Heerführer abverlangt. Sein Selbstmitleid, als Kassandra der Heirat zustimmt, macht ihr den Vater verächtlich (vgl. 158). Im Verlauf des Krieges wird „Pria-

Demütigung Kassandras durch den Vater

mos […] immer unzugänglicher, starrer, doch beherrschbar." (26) Es sind Trauer und Schmerz um seine Söhne, die Priamos verbittert machen. Zugleich erkennt er aber auch seine mangelnde Fähigkeit zur Staatsführung. Diese Erkenntnis treibt Priamos immer stärker in die Arme von Eumelos und seiner Garde, der er die Kontrolle des politischen Lebens überlässt. Als schauerliche Gestalt, den „verfallenen Leib in Purpur eingehüllt" (160), wird Priamos dem Trauerzug für Paris vorangetragen.

Polyxena

In der *Ilias* wird Polyxena nicht erwähnt, sie taucht allerdings in anderen mythologischen Zusammenhängen als Tochter von Hekabe und Priamos auf. Achill soll bei seiner Vermählung mit ihr im Tempel des thymbraischen Apollon von Paris getötet worden sein. Nach Trojas Fall verlangt Achills Schatten (in anderen Varianten erscheint er seinem Sohn Neoptolemos im Traum), dass man Polyxena an seinem Grab opfern solle, um für die griechische Flotte günstige Winde zu erhalten. Die Opferungsszene ist mehrfach bildnerisch dargestellt.

Schon früh tauchen in Kassandras Monolog Erinnerungen an ihre Schwester Polyxena auf. Doch schweifen Kassandras Gedanken rasch wieder ab, als wolle sie die Erinnerung an Polyxena unterdrücken. Erst im letzten Drittel ihres Monologs wagt sie, sich dem trostlosen Schicksal ihrer Schwester ganz zu widmen.

Indessen zeigen schon die ersten Aussagen über Polyxena, dass Kassandra mit der Erinnerung an ihre Schwester Schuldgefühle verknüpft und sich das eigene Versagen vor Augen hält: „Polyxena … Daß ich meine Laufbahn auf deiner Zurücksetzung aufbaute; daß du nicht schlechter warst als ich, nicht weniger geeignet: Ich hab es dir sagen wollen, ehe sie dich wegschleppten, als Schlachtopfer, wie mich jetzt." (31)

Schuldgefühle Kassandras gegenüber Polyxena

Wie verbunden Kassandra sich Polyxena angesichts des eigenen Todes fühlt, wird deutlich, wenn Kassandra ihre Schwester immer wieder unmittelbar in ihren Monolog einbezieht, sie anspricht und geliebte Schwester nennt. Auch der Hinweis darauf, dass ihr Schicksal austauschbar gewesen wäre, offenbart die innige Verbindung mit

Austauschbare Schicksale der Schwestern

Polyxena: „Polyxena: Hätten wir unsre Leben getauscht: Unsre Tode wären die gleichen gewesen." (Ebd.)
Polyxena verkörpert offenkundig das, was Kassandra an sich selbst vermisst. Bewundernd erwähnt sie Polyxenas „schmalen Kopf", den „wie mit dem Messer scharf geschnittenen Haaransatz. [Die] Haarflut, in die jeder Mann hineingreifen mußte." (32) „Hurtig und heftig, zugleich anmutig" (ebd.) bewegt sich Polyxena. Bewunderung und Eifersucht sprechen aus Kassandras Sätzen. Polyxena ist „die andere. Sie war, wie ich nicht sein konnte. Hatte alles, was mir fehlte. […] Wenn sie vorbeiging, lächelten sie alle" (114).

Die Schönheit Polyxenas

Im Gegensatz zu Kassandra hat Polyxena eine Vielzahl von Liebhabern, daher glaubt Kassandra, ihre Schwester könne auf das Priesteramt verzichten. Erst spät erkennt sie, dass Polyxena sich gerade durch dieses Amt vor der „Überzahl der Liebhaber" (32) zu schützen hoffte. Nicht nur das Priesteramt, sondern auch die Stellung als Lieblingstochter von Priamos bleibt ihr verwehrt, obgleich Charme, Aussehen und ihre freundliche Art dies nahegelegt hätten. Jedoch ihre Haarfarbe, „als einzige nicht schwarz von den Töchtern der Hekabe" (31), lässt am Hof Zweifel an der Vaterschaft von Priamos aufkommen.

Zurücksetzung Polyxenas

Nach der Wahl Kassandras spricht Polyxena ein Jahr nicht mit ihrer Schwester Dann jedoch kommt Polyxena zu ihrer Schwester, um ihre Träume deuten zu lassen. Nun zeigt sich auch Polyxenas Zwiespalt und ihre tiefe innere Verstörung. Einerseits fordert sie ihre Schwester mit ihren Träumen heraus, andererseits liefert sie sich mit „einem zügellosen, forschenden und fordernden Blick" (115) Kassandra aus, als wolle sie ihre Schwester zynisch auf die Schwere des Amtes einer Seherin hinweisen, das ihr nicht gegönnt war.

Polyxenas Provokationen als Rache an Kassandra

Polyxenas Träume entlarven ihre sexuelle Besessenheit. Zunächst sieht sie sich in einer „Unratgrube" (ebd.) und verzehrt sich nach „einer Lichtgestalt" (ebd.). Dabei stellt sich heraus, dass diese „Lichtgestalt" Andron ist, einer der Offiziere von Eumelos. Kassandras pragmatische Deutung, dass man von dem träume, den man zuletzt gesehen habe, überzeugt Polyxena nicht, zumal sie merkt, dass Kassandra bewusst die Deutung der Unratsgrube übergeht.
Erneut erscheint Polyxena und erzählt Kassandra einen

Polyxenas masochistische Lustträume

weiteren Traum: Sie habe sich „auf die erniedrigendste Art mit Andron [...] vereint" (ebd.), obgleich sie gerade diesen Wachoffizier im wachen Zustand hasst. Aber Kassandra kann und will ihrer Schwester nicht helfen, denn sie verabscheut Polyxenas masochistische Lust, die sich in ihren Träumen äußert. Sie unterstellt ihrer Schwester sogar, dass sie ihr diese Träume erzählt, „als könne sie sich endlich an [ihr] rächen" (ebd.). Dass Kassandra dabei die Angst vor der Konfrontation mit ihrer eigenen Sexualität (siehe Panthoos) zu unterdrücken sucht, beweist ihr verräterischer Satz: „Ich wollte es nicht wissen, wie es kam, daß meine Schwester Polyxena höchste Lust nur dann empfinden konnte, wenn sie sich bis in den Staub dem Unwürdigsten unterwarf." (115) Angesichts des eigenen Todes gesteht Kassandra sich ein, dass sie Polyxena hat „verachten müssen, weil [sie] sich selber nicht verachten wollte." (116)

Kassandras Angst vor der eigenen Sexualität

Damit gesteht sie ein, dass sie unterbewusst die Ähnlichkeiten mit ihrer Schwester empfunden hat. Als sich Polyxena tatsächlich heimlich Andron, dem „hübschen Tunichtgut [...] mit seiner frischen Stimme" (129), hingibt, erkennt Kassandra, dass die Zustände im Palast „eine liederliche Fratze" (116) bekommen haben. Bis zu diesem Zeitpunkt habe es nämlich kein Mitglied des Königshauses nötig gehabt, seine „Neigungen zu verbergen" (ebd.). Polyxenas Verhalten beweist, dass sich wesentliche Grundsätze der Normen des Palastes geändert haben und Polyxena das erste Opfer der Veränderung ist.

Zusammenbruch Polyxenas

Nachdem Polyxena ihre Schwester in ihren Traum eingeweiht hat, dass ihr eigener Vater ihr Gewalt angetan habe, bricht sie zusammen. Erneut zeigt sich Kassandras psychische Zerrissenheit: Sie pflegt ihre Schwester und sorgt zugleich dafür, dass sie schweigt. Zugleich hat Polyxenas Zusammenbruch sie so mitgenommen, dass sie Aineias nicht empfangen kann. „Polyxena liefert sich dem patriarchalischen Prinzip durch masochistische Preisgabe aus [...], Kassandra in sublimierter Form durch ihren Eintritt ins Priesteramt: ‚Polyxena habe ich verachten müssen, weil ich mich selber nicht verachten wollte [...] Polyxena, glaube ich, ging so über jedes Maß furchtbar zugrunde, weil nicht sie des Königs Lieblingstochter war, sondern ich' (116)" (Nicolai, 1997, S. 65)

Unmerklich aber wird Polyxenas masochistische Selbstverleugnung von der Staatsführung instrumentalisiert, und sie wird von ihrem eigenen Vater zum Objekt erniedrigt. Als Polyxena äußerlich ungerührt ihren Goldschmuck auf die Waage legt, mit der ihr toter Bruder Hektor aufgewogen werden soll, verlangt Achill zynisch, Priamos möge ihm anstelle des Goldes doch seine Tochter Polyxena geben. Nach kurzer Rücksprache mit Eumelos und Andron willigt Priamos in diesen Handel ein, wenn Achill Priamos überreden könne, auf Helena zu verzichten. Man will Polyxena zum Schein Achill „übereignen" (129), wenn Achill „den Plan des Griechenlagers [...] weitergebe" (ebd.). Angelockt durch Polyxena würde Achill in den Tempel kommen und dort hinterrücks von Paris ermordet. Kassandra weiß, dass nun eine weitere Stufe des Verfalls von Troja erreicht ist, denn „[n]iemals vorher hat Troia einen Gegner zum Verrat an seinen Leuten aufgefordert. Nie eine seiner Töchter an den Feind um diesen Preis verkauft." (Ebd.) Als Polyxena sich der Forderung Achills, sich ihm noch einmal zu zeigen, nicht verschließt, kränkt Kassandra ihre Schwester im Innersten mit der Bemerkung: „Kriegst du auch das noch fertig!" (130) Als wolle sie sich an Kassandra rächen und ihre Unabhängigkeit demonstrieren, zeigt sich Polyxena Achill auf der Stadtmauer und entblößt demonstrativ ihre Brust. Wie abwesend blickt sie auf den lüstern Achill hinab, dem vor Lüsternheit „[b]einahe [...] der Speichel" (130) aus dem Mund tropft. Was keiner weiß, ist, dass Polyxena in diesem Augenblick „das Kind des Andron als ein kleines Klümpchen Blut verloren" (ebd.) hat und sich nun frei glaubt von allen Verpflichtungen gegenüber Andron. „Frei sei sie, frei. Nichts, niemand halte sie" (ebd.).

Staatliche Instrumentalisierung der Sexualität Polyxenas

Polyxenas exhibitionistische Demonstration ihrer „Freiheit"

Polyxenas Einsatz für die Stadt macht sie zur der „bewundertste[n] Frau in Troia" (ebd.). Aber nur Kassandra begreift, dass Polyxena sich opfert, um die Ihren zu strafen. „Mit dieser provozierenden Tat, die alles Unrecht, das an Polyxena begangen wurde, auf den Gipfel treibt, will Polyxena die treffen, die sie währenddessen fixiert: die ‚Ihren'." (Maisch, 1990, S. 51)

Gründe für Polyxenas Verhalten

Schließlich muss Kassandra dann erfahren, dass ihr Vater im Einvernehmen mit Paris und angestachelt von Eumelos tatsächlich bereit ist, „Polyxena als Lockvogel für Achill“ (149) zu benutzen. Unter dem Vorwand, Achill heiraten zu wollen, soll Polyxena Achill in den Tempel des thymbraischen Apoll locken. Hier würde Paris warten und Achill tödlich an seiner verwundbaren Stelle, der Ferse, treffen. Doch dann fällt Polyxena ihrer eigenen „Lust an Selbstzerstörung“ zum Opfer. Es gelingt Polyxena zwar tatsächlich Achill in die Falle zu locken, aber sie muss zugleich ihr eignes Todesurteil hören. Sie muss mitanhören, dass Achill – tödlich verwundet –, „Odysseus das Versprechen [abnimmt], Polyxena, die ihn verraten hatte, nach der Griechen Sieg auf seinem Grab zu opfern.“ (157) Polyxena weiß wie ihre Schwester Kassandra, dass Troja verloren ist und dass sie als Schlachtopfer für Achill sterben wird. Angesichts dieses „Testaments“ von Achill verliert Polyxena ihren Verstand, schließlich kann sie nur noch „leichte Berührungen, Dämmerlicht, gedämpfte Töne“ (ebd.) ertragen.

Achills Rache an Polyxena – Opferung an seinem Grab

Hekabe und Kassandra versuchen nach dem Fall Trojas, Polyxena vor ihrem Schicksal zu retten. Sie verstecken sie im Heldengrab, verstopfen der singenden und schreienden Polyxena den Mund, doch die Griechen finden sie, weil Andron das Versteck verraten hat. In plötzlicher geistiger Klarheit bittet sie ihre Schwester Kassandra, sie zu töten. Doch Kassandra kann Polyxena diesen letzten Dienst nicht erweisen, denn sie hat den Dolch, den Aineias ihr „aufgedrängt“ (ebd.) hat, weggeworfen. Als die Griechen Polyxena wegschleppen, hat sie „den Blick, den sonst nur Tote haben“ (50).

Androns Verrat an Polyxena

Kurz vor ihrem Tod spricht Kassandra „von jener Schuld, die nicht zu tilgen ist“ (113) gegenüber Polyxena, die sie aber sühnen will. Es wird offenkundig, dass die komplizierte und von inneren Verletzungen gezeichnete Beziehung von Kassandra und Polyxena geprägt ist von „Geschwisterliebe, Rivalität, Bewunderung, Identifikation, Scham, Reue, Schuld“ (Nicolai, 1997, S. 65).

Hektor

Hektor, der Sohn von Priamos und Hekabe, ist der zentrale Held der Troer. Homer stellt ihn in seinem Epos ebenbürtig neben Achill. Tapferkeit, Klugheit sowie Ausdauer machen ihn zu dem herausragenden Helden des Trojanischen Krieges. Man hat dabei sogar den Eindruck, dass Homer eher auf Seiten Hektors steht.
In Homers Epos *Ilias* stehen die Erstürmung des griechischen Lagers, der Kampf bei den brennenden Schiffen der Griechen sowie der Zweikampf mit Patroklos, dem Freund Achills, im Vordergrund des Interesses. Im Zweikampf mit Patroklos wird dieser getötet. Hektor glaubt zunächst, Achill vor sich zu haben, denn Patroklos trägt die Waffen und die Rüstung von Achill. Nachdem ihn Achill im Zweikampf getötet hat, bindet er den Leichnam Hektors an seinen Streitwagen, schleift ihn über das Schlachtfeld und wirft ihn den Hunden vor. Doch Apoll und Aphrodite schützen ihn vor Verwesung und jeglicher Verletzung. In der folgenden Nacht bittet Priamos Achill, ihm den Leichnam zu überlassen.
In der *Ilias* ist Hektor als Heerführer der Troer der Gegenspieler von Achill und wie dieser heldenhaft, tapfer und kampferprobt. Nur Achill ist letztlich in der Lage, Hektor zu besiegen. Ch. Wolf dagegen zeigt, wie aus dem kräftigen jungen Mann mit eher zu weichem Gemüt (vgl. 40), den seine Mutter nach Ansicht Kassandras zu sehr verzärtelt hat, ein Held geschmiedet wird. Hektor, der sich keineswegs als zukünftigen Helden Trojas sieht, wird Opfer eines hinterhältigen Planes von Eumelos.

Kassandras Bruder Helenos, ein Seher, verkündet eines Tages für alle überraschend, Hektor werde Trojas „Ruhm durch alle Zeiten tragen" (107). Entsetzt nimmt Andromache, seine Frau, diese Aussage zur Kenntnis. Kurze Zeit später träumt Hektor, dass er sich aus einem „kleinen Hündchen in einen reißwütigen Eber" (108) verwandelt hat, der den Kampf gegen einen Löwen antritt und von diesem getötet und zerrissen wird. „In Tränen gebadet" (ebd.) erwacht Hektor und fleht seine Frau an, zu Hekabe zu eilen und sie zu bitten, dieses Unheil, das sich im Traum angekündigt habe, zu verhindern. Er „sei doch nicht der Mensch, aus dem man Helden macht." (Ebd.) Zudem „sei [er] ihr Lieblingssohn, das wisse jeder." (Ebd.)

Hektors Angsttraum

Ablehnung des Heldentums

Gerade dies aber ist sein Verhängnis, denn Eumelos will

Die Rache des Eumelos an Hekabe

Hekabe, die sich ihm immer wieder wiedersetzt hat, in ihrem tiefsten Innern treffen, indem er Hektor „zum Ersten Helden“ (ebd.) aufbauen lässt. Eumelos weiß, versagte Hektor in dieser Rolle, würden Hekabe und Hektor zum „Gespött der Stadt“ (ebd.), bewährte er sich hingegen als herausragender Held, würde er früher oder später auf dem Schlachtfeld sterben. Es ist eine heimtückische Intrige, mit der sich Eumelos zugleich eines möglichen Gegners entledigt. Hekabe sieht sofort ein, dass sie diesem Plan nichts entgegensetzen kann, wenn sie nicht ihren Sohn der Lächerlichkeit preisgeben will.

Hektors Bestimmung zum Helden

Hektor bereitet sich auf seine Bestimmung als heldenhafter Kämpfer durch hartes Training vor, gleichzeitig werden mit großem Aufwand seine Waffen hergestellt. Doch Hektor bleibt – im Gegensatz zu Achill – freundlich, offen und um seine Schwester besorgt. Er bemerkt, dass sie ihm allmählich zu entgleiten droht, weil sie durchschaut hat, dass „Troia nicht mehr Troia“ (132) ist,

Kassandras Liebe zu Hektor

zugleich aber verständigen sie sich mit einem Blick darüber, dass sie sich „liebten. Daß [sie] Abschied nehmen mußten.“ (Ebd.)

Aus diesem inneren Einverständnis heraus wissen beide, dass Achill Hektor töten wird. Kassandra wird diesen Kampf nicht miterleben, doch vor ihren inneren Auge sieht sie „Hektors Kampf, Verwundung, seinen zähen Widerstand und seinen Tod“ (133). So tief ist sie ihrem Bruder verbunden, dass sie empfindet, dass Achill nicht nur Hektor, sondern auch sie „erstochen, verstümmelt, am Gehenk des Aias viele Male um die Burg geschleift“ (133 f.) hat.

Paris

Der Traum der Hekabe

> Paris ist der Sohn des Priamos und seiner Frau Hekabe. Während ihrer Schwangerschaft träumte Hekabe, sie habe eine Fackel zur Welt gebracht, die ganz Troja in Brand stecke. Als dieser Traum auf den neugeborenen Paris bezogen wird, beschließen Hekabe und Priamos, das Kind auszusetzen. Man setzt das Neugeborene auf dem Berg Ida aus. Zunächst säugt ihn eine Bärin und dann wird er von Hirten aufgezogen. Er wird selbst Hirte und bekannt wegen seiner Wachsamkeit. Später heiratet Paris die heilkundige Nymphe Oinone, die

ihm in den letzten Tagen des Krieges um Troja aus Eifersucht ihre zauberischen Heilkräfte versagt, so dass er – von einem Giftpfeil getroffen – stirbt.

Oinones Eifersucht

Auf dem Berge Ida bittet Hermes den Schafe hütenden Paris, den Streit zu schlichten, wer die schönste Göttin sei. Paris entscheidet sich für Aphrodite, die ihm die schönste Frau, Helena, versprochen hat. Athena und Hera sind daraufhin tief verletzt von diesem Urteil. Hera schwört Paris, aber auch den Troern, ewige Rache. Letztlich führt ihr Hass zum Untergang von Troja.

Das Paris-Urteil

Bei Leichenspielen in Troja, die Hekabe zu Ehren des tot geglaubten Prinzen Paris gibt, besiegt Paris, der immer noch davon ausgeht, ein einfacher Hirte zu sein, seine Brüder. Erst Kassandra jedoch erkennt in ihm ihren Bruder. Paris wird wieder aufgenommen in das Königshaus. Die von Aphrodite versprochene Helena entführt Paris, dabei hat er leichtes Spiel, denn Helena hat sich in ihn verliebt. Damit löst er den Krieg um Troja aus.

Raub der Helena

Im Kampf hält sich Paris zurück; er wird als schöner, aber weichlicher Jüngling beschrieben Im Zweikampf mit Priamos muss Aphrodite Paris retten, indem sie ihn in einer Staubwolke in Sicherheit bringt. Mit Hilfe Apolls gelingt es Paris, Achill tödlich zu treffen. Schließlich stirbt er durch einen Pfeil des Bogenschützen Philoktet. Oinone, die ihm die Hilfe verweigert hat, lässt einen Scheiterhaufen errichten und springt schließlich zu ihrem geliebten Ehemann.

In der *Ilias* spielt Paris, obgleich er Auslöser des Trojanischen Krieges ist, eine eher untergeordnete Rolle. Dafür ist das sogenannte Paris-Urteil, das in der *Ilias* nur kurz erwähnt wird, ein sehr bekannter Stoff und in zahlreichen Bildern wiedergegeben. Während Homer Paris als eher verweichlichten Schönling darstellt, der von Aphrodite geschützt wird, ist Paris eine weitere Figur, an der Ch. Wolf die negative Entwicklung der trojanischen Männergesellschaft zeigt. Paris wird vom eitlen, selbstverliebten Jüngling zum skrupellosen, überheblichen Mann. Seine persönlichen Misserfolge machen ihn zu einem gefährlichen Mitspieler des Eumelos. Paris will sich an Gefangenen vergreifen, kämpft heimtückisch aus dem Hinterhalt und verrät seine Schwester Polyxena.

Der geplante Mord an Paris aus Furcht vor dem Thronfolger

Zunächst fällt Kassandra die Eitelkeit ihres Bruders Paris auf, die man am Hof nicht zuletzt deshalb duldet, da man offensichtlich ein schlechtes Gewissen hat. Schließlich wollte man Paris als „Säugling heimlich töten lassen“ (65). Nach Ansicht von Priamos hat Paris jedoch sein Leben einer „Weiberintrige“ (61) zu verdanken. Hekabe und ihre Frauen, so glaubt er, hätten den Hirten bestochen, der Paris töten sollte. Der Hirte habe anstelle der Zunge des Säuglings die Zunge eines Hundes vorgezeigt. Hekabe habe nämlich geglaubt, dass gerade Paris zu etwas Höherem bestimmt sei. Tatsächlich hatte Arisbe seinerzeit Hekabes Traum so gedeutet, dass Hektor „dazu bestimmt sein könnte, die Schlangengöttin als Hüterin des Feuers in jedem Hause wieder in ihre Recht einzusetzen." (60)

Die Schönheit des Paris und Kassandras Bewunderung

Als Kassandra Paris zum ersten Mal bei einem Wettkampf sieht, ist er zunächst nur „ein fremder junger Mann" (48), „dessen unerträgliche Schönheit" (ebd.) sich ihr einbrennt. Nachdem er im Wettkampf zwei ihrer Brüder besiegt hat, übergibt sie ihm den Siegeskranz. Dabei fühlt sie sich unmittelbar zu ihm hingezogen, doch spürt sie zugleich, dass Paris „seiner selbst nicht inne" (55) ist, seine „Selbstfremdheit" (ebd.) irritiert sie.

Paris, der „schlanke schöne Jüngling" (68) mit seinen „blonden Locken" (ebd.) glaubt sich „vordrängeln [zu] müssen" (ebd.). Er sucht nach Beachtung und findet schließlich Anschluss bei dem proletarischen Aufsteiger Eumelos. Eumelos ist es dann auch, der Paris unterstützt, und die Gerüchte um seine unklare Abstammung beendet. Er erklärt, dass Paris der Sohn der Hekabe und des Gottes Apoll sei. Zudem lässt Eumelos vor dem Südtor eine ausgestopfte Bärin aufstellen, die an die Rettung von Paris erinnern soll, damit aber zugleich das Vergehen der Eltern ins Gedächtnis ruft.

Konstruktion einer göttlichen Herkunft durch Eumelos

Die Intrige des Eumelos

Mit dem Hinweis auf die göttliche Abstammung untergräbt Eumelos jedoch wissentlich das öffentliche Ansehen von Paris, denn jeder weiß, dass „jene Kinder, die nach der zeremoniellen Entjungferung der Frauen im Tempel zur Welt kamen, alle göttlicher Abkunft waren." (68) Und so macht man sich hinter dem Rücken von Paris lustig über seine angeblich göttliche Abstammung (vgl. ebd.) und seinen Namen Paris, die „Tasche".

Bald zeigt sich eine tiefgreifende Veränderung von Paris. Politisch ist er zunächst unbedeutend und sucht Herausforderungen. Er behauptet, Helena, durch deren Besitz er „der erste aller Männer werde" (70), sei ihm von Aphrodite versprochen worden. Er glaubt, mit Helena ein herausragendes Statussymbol zu bekommen und damit seine geringe Bedeutung am Hof wettzumachen.

Helena als Statussymbol

Doch Kassandra erkennt dahinter die Beeinflussung

durch Eumelos. Tatsächlich kommt es dann zu einem politischen Eklat. Paris fordert betrunken bei einem Bankett Menelaos auf, die angeblich geraubte Schwester des Königs herauszugeben oder damit zu rechnen, dass er Helena rauben werde. Im Hintergrund des Banketts unterstützen die Leute von Eumelos lautstark und dreist die unverschämte Forderung von Paris. Augenblicklich erkennt Kassandra das Unheil, das sich aus diesem skandalösen Verhalten von Paris ergeben wird.

Eklat beim Besuch des Menelaos

Ohne es zu ahnen, ist Paris von diesem Moment an der Macht von Eumelos ausgeliefert. Die groß inszenierte Schiffsaktion von Paris, um seine Pläne auszuführen, wird äußerlich zum Erfolg, der ganz Troja begeistert. Paris aber weiß wie viele andere, dass seine Mission gescheitert ist. Helena ist nicht nach Troja gekommen. Man spielt der Öffentlichkeit jedoch vor, die schönste Frau sei in Troja. Damit aber gibt man den Griechen den Anlass zum Krieg. Skrupellos bleibt Paris bei dieser Lüge bis zum Untergang der Stadt.

Die Schiffsaktion zur Befreiung von Hesione

Der Verrat am Volk

Kassandra fällt bei der Rückkehr ihres Bruders der „schiefe Zug“ (81) in seinem Gesicht auf, und sie sieht, dass seine Gesichtszüge hart geworden sind. Auch sein leeres Geschwätz durchschaut sie angeekelt. „Er redete und redete, ausschweifend, arabesk, mit Schlenkern, die er wohl für witzig hielt. Er hatte viele Lacher, er war ein Mann geworden.“ (80) Er hat sich damit eingereiht in die Gesellschaft der Männer, die sie wegen ihrer Skrupellosigkeit, ihrer Selbstsucht und Brutalität verachtet. Tatsächlich entpuppt sich Paris in seiner Schwäche und aus seinem Minderwertigkeitsgefühl heraus, in allem versagt zu haben, zur Gefahr. „Und Paris, zermalmt, schief lächelnd, nur noch die Hülle seiner selbst, aber schärfer denn je. Man sagte mir, der gehe über Leichen – nicht Griechenleichen; Troerleichen, ein gefährlicher Mensch. Eine Scharte nach der andern hatte der auszuwetzen, sein Leben lang. Mit dem war nicht zu rechnen.“ (119f.) Seine Brutalität zeigt sich deutlich, als er aus Rache gefangene Griechen umbringen will. Schließlich stirbt Paris unheldenhaft an einer Wunde, nicht zuletzt, weil Oinone, die ihn immer noch liebt, zu spät benachrichtigt wird und ihn nicht mehr retten kann.

Minderwertigkeitsgefühle von Paris und deren Kompensation

Achill

Achill, der gottgleiche Held der *Ilias*, hat bei Homer folgende Attribute: „Götterliebling“, „der göttlich schnelle Achill“, „der Held“, „stolzer Pelide“, „der schönste der um Troia versammelten Heroen“, „Liebling der mächtigen Götter“

Achill ist der Sohn der Meeresgöttin Thetis und des Peleus. In Homers *Ilias* ist Achill der größte Held der Griechen. Ein zentrales Thema der *Ilias* ist die Weigerung Achills, am Kampf teilzunehmen, und die Folgen des Fernbleibens vom Kampf für die Griechen. Grund für diese Verweigerung ist Agamemnon, der Achill das Mädchen Briseis, das ihm als Beute zugefallen war, weggenommen hat. Erst nachdem Hektor seinen Freund Patroklos erschlagen hat, greift Achill wieder in den Kampf ein. Zunächst metzelt er so viele Troer nieder, dass der Skamander durch deren Leichen aufgestaut wird. Schließlich versucht Hektor dem Wüten Achills Einhalt zu gebieten, doch Achill jagt ihn dreimal um die Stadtmauer, bevor er ihn tötet, die Leiche an seinen Kampfwagen bindet und hinter sich her schleift. Zunächst will er Hektors Leiche den Hunden vorwerfen, doch Priamos kann Achill umstimmen, die Leiche herauszugeben. An dieser Stelle wird auch Kassandra in der *Ilias* erwähnt: „Nur Kassandra, so schön wie die goldige Aphrodite, / War auf Pergamos' Zinnen gestiegen und sah nun den Vater. / [...] Laut durchklang ganz Ilios jetzt ihr klagender Ruf“ (24. Gesang, V. 699–703). Mit der Grablegung Hektors endet die *Ilias*, die nur ganze 40 Tage im 10. Kriegsjahr schildert. Der Kampf mit Penthesilea und die Hintergründe von Achills Unverwundbarkeit stammen aus späteren Schriften.

Ch. Wolfs Achill als Gegenbild: Achill, das Vieh

Ch. Wolf macht aus dem glänzenden Helden der *Ilias* einen seelenlosen, animalischen Schlächter, der nach der Schlacht nichts mit sich anzufangen weiß. Sie verdeutlicht diese Perspektive durch das Attribut „das Vieh“. Das Animalische zeigt sich als Grundkomponente seines Verhaltens. So tropft dem „göttergleichen Helden“ des Homer der Speichel aus dem Mund angesichts von Polyxena. Seine gestörte Sexualität macht ihn nur noch brutaler und aggressiver.

Umkehrung des Heldenmythos am Beispiel des Achill

Ch. Wolf hat mehrfach in ihren Vorlesungen darauf hingewiesen, dass Literatur einer fast ausschließlich männlichen Perspektive folgt, dass eine Darstellung desselben Ereignisses durch Frauen völlig anderen Mustern und Beobachtungen folgen würde. Gerade die Darstellung der „Heldentaten“ Achills in der *Ilias* rechtfertigt Ch. Wolfs Zweifel an der positiven Heldenrolle, und bei genauerer Betrachtung lässt sich das hellglänzende Heldenbild nur schwerlich aufrechterhalten. Ch. Wolfs Umkehrung des

Heldenmythos hat also schon seine Wurzeln in der *Ilias* selbst und dem männlichen Blickwinkel, den Homer auf die Ereignisse einnimmt. Einige „Heldentaten" Achills nach seinem Wiedereintritt in den Kampf mögen dies belegen (Prosafassung von W. D. H.):

> „Der Speer des Helden Achilleus traf seinen Gegner mitten in den Kopf, so dass dieser völlig entzweibarst. Krachend stürzte der Feind zu Boden, während der hehre Achilles jauchzte." (20. Gesang, Z. 385 ff.)

> „Darauf stieß er dem Hippodamas, der vom Wagen gesprungen war, um zu fliehen, die Lanze mit Wucht in den Rücken." (Ebd., V. 400)

Achills Brutalität in der *Ilias*

> „Den jüngsten Sohn des Priamos ereilte der Speer des Achill [...] mitten im Rücken. [...] Vorne zum Nabel fuhr die Spitze seiner Lanze wieder hinaus." (Ebd., V. 413 ff.)

> „Tros, der Sohn des Alastor, versuchte Achills Knie zu umfassen und bat flehentlich darum, ihn zu schonen, zu fangen und lebend zu entlassen; zugleich flehte er um Gnade für seinen Altergenossen. Dass er sich umsonst bemühte, wußte der junge Tor nicht. Der Held war grimmig gesinnt und weder herzensmild noch sanften Gemüts. Er stach Tros, gerade als dieser seine Knie berührte, das Schwert in die Leber, so dass sie seinem Leib entquoll und strudelndes Blut schwarz über die Brust flutete. [...] Dem Mulius stieß er darauf aus nächster Nähe den Speer so wuchtig ins Ohr, dass die Spitze aus Erz zum anderen Ohr herausfuhr." (Ebd., V. 463–474)

Achills Brutalität als Ersatzhandlung

So wie bei Ch. Wolf missachtet Achill auch in Homers *Ilias* Grundwerte wie Fairness und Edelmut. Wie er in der *Ilias* den jungen wehrlosen Tros mitleidlos tötet, so schlachtet er in Ch. Wolfs Erzählung den jungen Troilos ab. Troilos hatte sich der Illusion hingegeben, dass Achill ihm ehrenhaft begegnen werde. Achills Kämpfe werden durch seine Hemmungslosigkeit und empörende Unfairness zum Ausdruck seiner charakterlichen Schwäche. Ch. Wolf sieht in Achills „Tapferkeit" nur dessen Versuch, „nicht feige" (99) zu erscheinen und den Makel auszuräumen, dass man ihm „buchstäblich am Schlafittchen in den Krieg geschleppt" (ebd.) hat. Auch im Hinblick auf seine sexuellen Vorlieben ist Achill bemüht, seine Homosexualität damit zu vertuschen, dass

er Mädchen nachstellt, „damit jeder sah, daß er wie alle war.“ (Ebd.) Wenn Achill mit allen Mitteln, Korruption und sogar Morddrohungen, versucht, seine göttliche Abstammung glauben zu machen, so beweist er damit einmal mehr seine Ich-Schwäche.
Ch. Wolf entlarvt das strahlende Bild des griechischen Helden, indem sie Achills Handeln psychologisch hinterfragt:

> „[Ch. Wolf] deutet den mythologischen Stoff um Achill [...] so aus, daß von dem großen Helden der griechischen Antike nur noch ein charakterlich deformierter und gefühlsmäßig verkrüppelter Mensch übrigbleibt. Die Autorin hat mit der Darstellung des Achill eine Form der ‚ernsthaften Parodie‘ geschaffen, die auf die radikalte Entlarvung und Demaskierung des Heroischen abzieht.“ (Maisch, 1990, S. 31 f.)

Achills Brutalität macht ihn zu dem Feind, den es auf alle Fälle fernzuhalten gilt. „In Achill erfährt die anonyme Schar von Feinden ihre konkrete Personifizierung. Er ist [...] der Prototyp des verhassten Feindes. [...] Und Anchises erkennt, daß der griechische Wüstling dem Kriegshetzer Eumelos entgegenkommt.“ (Ebd., S. 32). Dieses Aufschaukeln von Kriegsvorbereitung, Panikmache und Aufbau eines Feindbildes verweist auf Ch. Wolfs Einschätzung der politisch-militärischen Lage in den 80er-Jahren.

Penthesilea

Penthesilea, die Königin der Amazonen

Penthesilea, die Tochter des rohen Kriegsgottes Ares, ist in der griechischen Sage die Königin der Amazonen. Sie soll nach dem Tod Hektors mit ihrem Amazonenheer Troja zu Hilfe geeilt sein. Nachdem sie im Zweikampf mit Achill gefallen ist, wird ihre Leiche in einen Fluss geworfen.
Eine andere Darstellung erzählt, dass Achill, als er der Getöteten den Helm abnimmt, die Schönheit der Amazone erblickt und sich in sie verliebt.
In späteren Varianten verliebt sich Achill vor dem Zweikampf in Penthesilea, will sich von ihr besiegen lassen. Doch Penthesilea durchschaut Achills Plan nicht, tötet ihn und lässt ihn von ihren Hunden zerreißen. Da auch sie Achill liebt, tötet sie sich selbst über dem zerfleischten Leichnam Achills.

Für Ch. Wolf verkörpert Penthesilea „die ausweglose Linie des Matriarchats“ (VE 149). Ihr Kampf gegen alle Männer führt zur ausweglosen Selbstvernichtung. Penthesilea ist in ihrer pessimistischen Einschätzung der von Männern dominierten Welt sogar bereit, alles dem Untergang zu weihen, sie will, „daß alles aufhört“, weil sie kein anderes Mittel kennt, „daß die Männer aufhören“ (140).

Kassandra nimmt Penthesileas Einmarsch in Troja mit sehr gemischten Gefühlen wahr (vgl. 9), die sich in einem ungewollten Lachkrampf lösen. Dieses Lachen verzeiht Penthesilea nie, aber auch Kassandra bleibt distanziert, denn die Amazone ist ihr „eine Spur zu grell. Jeder Auftritt, jeder Satz eine Herausforderung an jedermann.“ (139)

Die Radikalität Penthesileas im Kampf gegen alle Männer

Ihr radikaler Kampf gegen alle Männer geht einher mit uneingeschränkter Herrschaft über ihre Amazonen. „Sie herrschte, wie nur je ein König.“ (Ebd.) In einem Dialog mit Frauen im Ida-Gebirge offenbart Penthesilea ihre Einstellung gegenüber Männern. Die Widersprüchlichkeit ihrer Einstellung wird dabei besonders deutlich: Sie bekämpft die Männerwelt, die sie hasst, nach deren Regeln, mit deren Waffen und deren Unfähigkeit zur Liebe, denn auch die Amazonen „töten, wen sie lieben, lieben, um zu töten“ (140). Fanatisch weist Penthesilea den Einwand einer jungen Sklavin zurück, dass es zwischen „Töten und Sterben […] ein Drittes“ (141) gebe: das Leben. Kassandra verurteilt Penthesileas Fatalismus, indem sie ihr vorwirft: „Du willst sterben, und die andern zwingst du, dich zu begleiten.“ (Ebd.) Penthesileas Todessehnsucht mündet letztlich in ihren Kampf mit Achill. Ihr letzter Triumph ist es dabei, dass sie Achill zwingt, „sie ernst zu nehmen“ (143), mit ihr zu kämpfen und sie zu töten.

Kassandras Todessehnsucht und Fanatismus

Erst kurz vor ihrem eigenen Tod erkennt Kassandra die wahren Beweggründe Penthesileas. „Zu spät, wieder einmal zu spät“, begreift sie, dass Penthesilea sich, „ihr Leben, ihren Körper zur Verfügung stellte, um dieses Unrecht vor aller Augen auf die Spitze zu treiben.“ (127 f.) Diese Einsicht jedoch ist keineswegs das Zugeständnis, dass Penthesilea den richtigen Weg eingeschlagen hat.

> „In der Amazone Penthesilea findet die Figur des Achill ihre matriarchalische Entsprechung. Fungiert Achill als ‚Todesengel des Patriarchats', so kann Penthesilea als ‚Todesengel des Matriarchats' betrachtet werden [...]. Der Zusammenhang zwischen Penthesileas Tod und dem endgültigen Ende des Matriarchats kann nicht bestritten werden. Der Triumph des Patriarchats über das Matriarchat hätte nicht endgültiger, nicht totaler dargestellt werden können, als in der Begegnung der beiden Prototypen des Heroischen." (Maisch, 1990, S. 39 ff.)

Penthesilea, der „Todesengel des Matriarchats"

Ch. Wolf führt mit Penthesilea einen radikalen Frauentyp ein, der nicht erkennt, dass Konflikte nicht nur Frauen treffen, sondern auch Männer. Konflikte können demnach nicht einseitig gelöst werden. In ihrer dritten Vorlesung formuliert Ch. Wolf eine alternative Lösung:

> „Es gibt keinen Weg vorbei an der Persönlichkeitsbildung, an rationalen Modellen der Konfliktlösung, das heißt auch an der Auseinandersetzung und Zusammenarbeit mit Andersdenkenden und, selbstverständlich, Andersgeschlechtlichen. Autonomie ist eine Aufgabe für jedermann, und Frauen, die sich auf ihre Weiblichkeit als einen Wert zurückziehen, handeln im Grunde, wie es ihnen andressiert wurde" (VE 146).

Penthesileas Haltung als Fehlform der Konfliktlösung

Myrine

Myrines Name wird in der *Ilias* nur einmal im Zusammenhang mit einem Hügel genannt, dieser Hügel heiße bei den Göttern „Hügel der Gruft der sprungberühmten Myrine." (2. Gesang, V. 814) Dagegen schildert Ranke-Graves (1984, S. 452 f.), der eine wichtige Quelle für Ch. Wolfs mythologisches Personal ist, Myrine als gnadenlose und wilde Amazonenkönigin. Myrine tötet bei ihren Feldzügen jeden Mann, versklavt Frauen und Kinder und brennt Städte nieder.

Ch. Wolf dagegen gestaltet Myrine als Gegenbild zu Penthesilea. Myrine brüstet sich zwar damit, ebenso viele Männer wie Penthesilea im Kampf besiegt zu haben, doch durchschaut Kassandra, dass Myrine dies nur aus Treue zu Penthesilea macht. Ihre unbedingte Gefolgschaft lässt sie so auch darauf verzichten, in die Gemeinschaft am Skamander einzutauchen. Sie wünscht sich dabei sein zu können, und tauscht den ersten offenen Blick mit Kassandra (vgl. 141). Doch Penthesileas Ablehnung, dass es ein Drittes, das Leben, gebe, lässt diesen Hoffnungsfunken in Myrines Augen erlöschen (vgl. ebd.).

Die blonde Amazone Myrine als Gegenbild zur dunklen Penthesilea

Schon beim ersten Anblick Myrines, die neben der „dunklen sich selbst verzehrenden Penthesilea" (10) auftritt, erweckt Kassandras Lust- und Liebesgefühlgefühl. Myrines blonde Mähne, ihre leidenschaftliche Art gehen Kassandra „sofort ins Blut" (ebd.). Doch erst lange nach Penthesileas Tod, wagt Kassandra sich ihrer Lust hinzugeben, ihre blonde Mähne zu fassen und ihrer Zärtlichkeit freien Lauf zu lassen. Sie nennt Myrine liebevoll wegen ihrer Lebendigkeit „Pferdchen". Und es ist ein holzgeschnitztes Pferdchen, das Kassandra während ihrer Gefangenschaft zugesteckt wird, als Wiedererkennungszeichen der Gemeinschaft am Skamander. Im grotesken Missverhältnis wird beim Fall von Troja Myrine, das „Pferdchen", als „einzige sich bewaffnen" (10) und sich dem Pferd der Griechen entgegenstellen. Ihr Tod wird von Kassandra freudig begrüßt, bleibt Myrine, zu der sie immer stärkere Liebe empfunden hat, so vor dem Schlimmsten bewahrt. Ihr letztes heldenhaftes Aufbäumen entspricht ihrer Verzweiflungstat, als sie Penthesilea zu Hilfe eilen will. Nur fünf Männern gelang es damals, Myrine zu bändigen. Doch ihr heldenhaftes Verhalten entspricht nicht der Todessehnsucht Penthesileas, sondern ist Ausdruck ihrer inneren, von tiefer Zuneigung zu Penthesilea und Kassandra getragenen Verzweiflung und Hilflosigkeit.

Myrine, das Pferdchen, im Kampf gegen das Trojanische Pferd

Marpessa

In der *Ilias* wird Marpessa als „schenkelschöne Marpessa" (9. Gesang, V. 556) deshalb erwähnt, weil ihr ungeheuer starker Mann Ida den Gott Apoll, der Marpessa verführen wollte, mit einem Bogen angegriffen und abgewehrt hat.

Ch. Wolf hat mit Marpessa eine weibliche Figur geschaffen, die trotz aller Widerwärtigkeiten und trotz ihres untergeordneten Standes nie ihre Autonomie verliert. Wie Myrine ist sie ihrer Herrin Kassandra treu ergeben, doch schöpft sie aus ihrer zweiten Welt, in der sie heimisch ist, den Wohnhöhlen am Skamander, ein starkes Selbstbewusstsein.

Überrascht muss Kassandra erkennen, dass es neben der Marpessa, die sie als Dienerin kennt, eine zweite ausgelassene, ekstatisch tanzende Marpessa gibt, die sich souverän in der Welt am Skamander bewegt. Lange Zeit bemüht Kassandra sich um Marpessas Gunst, doch diese bleibt nüchtern und zurückhaltend. Den Grund hierfür erfährt Kassandra erst auf der Überfahrt nach Mykene. Kassandras unbedachte Frage nach dem Schicksal des Sehers Kalchas hatte dazu geführt, dass Marpessa zu den Pferdeknechten verwiesen wurde. Und „[j]edermann kannte die Zustände in den Ställen. Ich habe mir denken können, warum Marpessa keinen Mann mehr an sich heranließ“ (49). Als eine Art Sühne übergibt Kassandra auf der Überfahrt ihre Zwillinge in die Obhut von Marpessa, doch sie weiß, dass auch Marpessa das Leben der Kinder nicht wird retten können.

Marpessas Ursprünglichkeit am Skamander

Vernichtung der Lebensfreude durch Hekabes Strafe

Lange Zeit begehrt Kassandra die Zuwendung von Marpessa, deren graziösen Gang sie bewundert, ebenso wie ihr „dunkles Har in zwei Zöpfen hochgesteckt“ (57), doch Marpessa bleibt unversöhnlich. Erst als Kassandra das gleiche Schicksal erleidet, brutal vergewaltigt worden zu sein, lässt Marpessa „ihrer Zärtlichkeit […] freien Lauf.“ (50) Aber sie muss erkennen, dass Kassandra sich um „keines Menschen Liebe oder Freundschaft mehr bewirbt.“ (Ebd.) Dennoch ist ihr gegenseitiges Verständnis so groß, dass ein Augen-Blick ausreicht, um sich zu verständigen. Marpessa bietet Kassandra mit einem Blick, nachdem beide Klytaimnestra getroffen haben, ihren Dolch an, den Kassandra mit einem Blick ablehnt.

Begleiterin der letzten Lebensstunden

Myrine und Marpessa verkörpern Frauen, deren Schicksal die Entfaltung ihrer Liebe zerstört. Kassandra muss in beiden Fällen erfahren, dass ihre Zuneigung lange Zeit unerwidert bleibt. Es bleiben ihr nur kurze Momente, Augen-Blicke, um ihre Zuneigung und Liebe zu Myrine und Marpessa auszudrücken.

Eumelos und die trojanische Staatssicherheit

> Mit der Gestalt des Eumelos hat Ch. Wolf einen geschickt agierenden Aufsteiger aus kleinen Verhältnissen gestaltet. Ihm gelingt es durch Intrigen und genaue Beobachtungen der Vorgänge in Troja, allmählich eine eigene Sicherheitstruppe aufzubauen, die allgegenwärtig ist und die den Staat zunehmend unter Kontrolle bringt. Er sorgt zudem für neue Sprachregelungen, um die Kampfbereitschaft der Troer anzustacheln. Ch. Wolf zielt mit dieser Figur auf die Macht und die Methoden der Staatssicherheit in der DDR der 80er-Jahre.

In der DDR dürfte die Figur des Eumelos manchen Leser an den Minister für Staatssicherheit, Erich Mielke, erinnert haben, der hauptverantwortlich war für den Ausbau des Spitzel- und Überwachungssystems (Minister von 1957 bis 1989)

Eumelos stammt aus der unteren Gesellschaftsschicht, er ist der Sohn „eines niedrigen Schreibers und einer Sklavin aus Kreta" (67). Er tritt in jenem kritischen Augenblick in das Geschehen ein, in dem Paris, der letztlich den Trojanischen Krieg auslöst, zum ersten Mal bei einem Wettkampf im Stadion auftritt. Der junge Offizier Eumelos hat – offensichtlich mit großem Gespür für interne Konflikte und Krisen – alle Ausgänge abriegeln lassen. Schon hier zeichnet er sich durch Übersicht und Strenge aus. Erstmals tritt damit Eumelos als Handlanger des herrschenden patriarchalischen Systems auf und macht Priamos auf sich aufmerksam.

Der erste Einsatz von Eumelos

Die Schwäche des Königs ermöglicht Eumelos einen steilen Aufstieg, indem er durch ein Netzwerk von Vertrauten den Machtapparat langsam aushöhlt. Zunächst steht er als Wache vor der Tür von Priamos. Priamos hält ihn für einen fähigen Mann, unterstellt ihm wenig später die Palastwache und räumt ihm einen Sitz im Rat ein.

Rascher Aufstieg des Eumelos

Umgehend vergrößert Eumelos die Palastwache mit jungen Männern, die Kassandra in ihrem Verhalten sofort auffallen, sie sind „[a]nmaßend" (ebd.). Es beginnt die Bespitzelung von allen, die Eumelos für verdächtig erachtet. Gleichzeitig setzt die Entfaltung eines Feindbildes ein, das die Voraussetzung für Verfolgung und Bespitzelung wird. Menelaos wird nicht mehr als „Gastfreund, sondern [als] Kundschafter oder Provokateur" (ebd.) bezeichnet. Erst jetzt nimmt Kassandra die gravierenden Veränderungen im Staatswesen wahr und fragt sich überrascht, „[s]eit wann entschied ein Offizier über den Gebrauch von Wörtern" (66). Zunächst will sie

Sprachregelung durch Eumelos

Überwachung von Panthoos und Kassandra durch Geheimpolizei

auch nicht wahrhaben, dass sie von Geheimagenten des Eumelos überwacht wird, doch Panthoos bestätigt, dass man ihn und auch sie unter Beobachtung gestellt hat, schließlich sei er Grieche.

Instrumentalisierung des Paris durch Eumelos

Geschickt nutzt Eumelos Gerüchte um die ungewisse Herkunft von Paris aus und lässt erklären, dass Paris ein Sohn der Hekabe und des Gottes Apollon sei. Damit hat er den eitlen Paris für sich gewonnen, und es gelingt ihm daher auch problemlos, Paris vollständig für seine Pläne zu instrumentalisieren. Er redet ihm ein, er müsse die Schwester des Königs befreien oder Helena rauben, die Frau von Menelaos und die schönste Frau, denn Helena sei ihm von den Göttern versprochen.

Eumelos stachelt Paris zur Provokation an

Kassandra erfasst, dass Eumelos zwar als ein „fähiger Mann am rechten Platz" (67) gesehen wird. Doch sie fragt sich in demselben Moment, ob Eumelos sich diesen Platz selbst gesucht habe oder ob er nicht vielmehr einen Bedarf abgedeckt habe. Eumelos hat also die Chance genutzt und baut konsequent seine Machtposition weiter aus. Und so provoziert Paris – angestachelt von Eumelos und seinen Anhängern – Menelaos beim Gastmahl, indem er ihm mit der Entführung seiner Frau droht. Nur Kassandra durchschaut in diesem Moment, dass dies den Untergang Trojas bedeuten wird.

Die „geistige Aufrüstung" durch Eumelos

Sprachlenkung

Bis zur Rückkehr des DRITTEN SCHIFFS forciert Eumelos zusammen mit „Palastschreibern und Tempeldienern" die „geistige Rüstung". Sie „bestand in der Schmähung des Feindes" (76 f.). Noch aber hat kein „einziger Grieche ein Schiff bestiegen" (ebd.), da hat Eumelos mit seiner Sprachlenkung einen Sprachkrieg (vgl. ebd.) angefacht, der alle Griechen in Troja verdächtig macht. Die Maßnahmen erinnern an Sprachlenkung im Dritten Reich und in der ehemaligen DDR.

Ausbau des Sicherheitsnetzes und Sonderbefugnisse für die Kontrollorgane

Der Kriegsverlauf vergrößert die Machtfülle von Eumelos, seine Staatspolizei ist allgegenwärtig und Zivilspitzel sind auf dem Markt zu finden. Eumelos wirft schließlich „sein Sicherheitsnetz […] über ganz Troia […]. Die Zitadelle nach Einbruch der Dunkelheit gesperrt. Strenge Kontrollen […]. Sonderbefugnisse für die Kontrollorgane" (121 f.). Die militärischen Misserfolge werden kompensiert durch Überwachung und Bespitzelung, damit wird jegliche Kritik unterdrückt.

Als Kassandra gegenüber Anchises äußert, dass Eumelos

nur eine „Fehlentwicklung, etwas wie ein Unfall, ein Versehen der Götter“ (109) sei, weist Anchises auf die Übereinstimmung von Priamos und Eumelos hin. Priamos setze schließlich Eumelos in die wichtigen Ämter ein – auch „eine Fehlentwicklung? – Allerdings. – Ein Zufall, also?“ (ebd.)

Kassandra will zunächst nicht wahrhaben, dass „Priamos und Eumelos ein Paar warn, das einander brauchte.“ (110) Als jedoch die Palastwachen Hekabe die Teilnahme an den Sitzungen des Rates verwehren, erkennt Kassandra die Veränderung zugunsten eines männlich geprägten Herrschaftssystems. Priamos benötigt den Rückhalt von Eumelos, um seine Herrschaft zu stabilisieren. Bis in den Sprachgebrauch hinein zeigt sich die Manipulationskraft von Eumelos, der für Priamos den Titel „Unser mächtiger König“ (78) und später „Unser allmächtiger König“ (ebd.) erfindet. Eumelos hingegen braucht den Rückhalt von Priamos, um seine Ideen zu verwirklichen. Letztlich aber erkennt Kassandra, dass Eumelos überleben wird, denn jemanden wie Eumelos würden die Griechen brauchen können. „Wohin wir immer kämen, dieser wär schon da. Und würde über uns hinweggehn.“ (161)

Gegenseitige Abhängigikeit von Priamos und Eumelos

Panthoos

Mit dem griechischen Priester Panthoos hat Ch. Wolf einen Gegenpol zu Aineas geschaffen. Was Aineas nicht gelingt, nämlich Kassandra zu entjungfern, vollbringt Panthoos mühelos. Und Kassandras sexuelles Verlangen lässt es eine Weile zu, Panthoos zu empfangen, doch nur, wenn sie zugleich an Aineas denkt.

Zugleich ist aber Panthoos auch derjenige, der Kassandra aufklärt über die Mentalität der Griechen und ihre Gewohnheiten und Schwächen charakterisiert. Seine Klugheit in der Beurteilung seiner Umwelt verbindet sich mit Zynismus, aber auch mit Angst. Damit steht er im Gegensatz zur Weisheit von Anchises.

Die Ankunft von Panthoos entbehrt nicht grotesker Züge. Als Kriegsbeute wird er nach der Ankunft des ersten Schiff dem Volk präsentiert, doch dann stellt sich

Panthoos als angebliche Kriegsbeute

heraus, dass er freiwillig dem „eher unscheinbaren Vetter [Lampos] übers Meer gefolgt" (41) war. Lampos dagegen hatte in seiner „Leidenschaft für den Apollonpriester Panthoos" (ebd.) seinen eigentlichen Auftrag vergessen, das Orakel in Delphi zu befragen.

Abschaffung des Knabenopfers durch Panthoos

Aus Schwäche – so vermutet man in Troja – ernennt Priamos den griechischen Priester sofort zum Apollonpriester in Troja. Tatsächlich aber verfolgt Priamos damit zwei Ziele: die Abschaffung des Knabenopfers und die Weihe Kassandras zur Priesterin. Obgleich Panthoos den Hintergrund von Kassandras Wahl durchschaut, überreicht er ihr ungerührt die Insignien. Durch Bemerkungen lässt er sie aber spüren, dass er die Manipulation durchschaut hat.

Panthoos entjungfert Kassandra „geschickt [...] und beinah liebevoll" (33) und erfüllt damit den „Auftrag", den eigentlich Aineas hatte. Danach empfindet Kassandra „Haß und Dankbarkeit" (ebd.) zugleich und erlaubt Panthoos auch später sie aufzusuchen. Bis sie ihn schließlich ablehnt, weil sie in sich das nicht mochte, „was durch ihn verführbar gewesen war." (43) Ihre Abkehr von der sexuellen Beziehung geht einher mit der stärkeren Zuwendung zu Aineas und der inneren Übereinstimmung mit den Frauen am Skamander.

Zynismus und Angst vor Schmerzen

Von Panthoos, dem ersten Priester, lernt Kassandra Griechisch und die Aufgaben einer Priesterin. Allmählich durchschaut Kassandra Panthoos, der hinter Zynismus seine Angst vor Schmerz verbirgt. Zwar durchschaut Panthoos Manipulationen, Lügen und Fehleinschätzungen, doch hütet er sich, diese aufzudecken, vielmehr ist er bereit der Macht zu dienen. Schon vor Kassandra hat er erkannt, dass Troja fallen wird, denn er kennt die Mentalität der Griechen zu genau. „Es sind doch alles Bestien, Kassandra. Halb Bestien, halb Kinder. Sie werden ihren Begierden folgen, auch ohne uns." (80) Aber er verkriecht sich tatenlos in seinen Tempel-Bunker und ist bereit, im Falle großer Gefahr eine Giftampulle zu schlucken. Seine Feigheit geht einher mit Eitelkeit; so kann er Kassandra nicht vergeben, dass sie ihn zusammen mit den anderen gefangenen Griechen vor Paris gerettet und keine Furcht vor den Messern der Soldateska gehabt hat. Obgleich Kassandra Panthoos ablehnt, seinen Geruch nach Angst verabscheut, lässt sie es zu, dass er sich ihr noch einmal nähert. Doch Panthoos versagt, wie seinerzeit Aineas. Panthoos wird schließlich zum Opfer der um Penthesilea trauernden Frauen, weil er sich vor ihnen zur Flucht gewendet hatte. Seine Angst wird ihm damit zum Verhängnis.

Arisbe und Anchises

Arisbe ist in der griechischen Mythologie als erste Frau des Priamos bekannt. Der gemeinsame Sohn Aisakos war Seher wie zuvor sein Großvater Merops.
Anchises ist vor allem bekannt als Vater des Aineas, den er mit der Göttin Aphrodite gezeugt hat, die ihn in der Gestalt einer Hirtin verführte. Er wird nach dem Fall von Troja von seinem Sohn auf den Schultern aus der Stadt gerettet.

Ch. Wolf will mit diesen beiden Figuren offensichtlich das Modell einer Lebensprinzips entwickeln, in der ein herrschaftsloses Miteinander und Füreinander möglich ist. Beide Figuren haben zwar eine führende Position in der Welt am Skamander inne, jedoch ohne Zwang. Ihre Führung beruht nur auf Werten, die von allen dort Lebenden anerkannt und geachtet werden.

Arisbe

Kassandras erster Besuch bei Arisbe zeigt ihr einen absoluten Kontrast zur Palastwelt. Sie trifft Arisbe in einer ärmlichen Hütte, von deren Decke und Wänden Kräuter herabhängen, während in der Mitte – wie in Goethes Hexenküche – „über dem offenen Feuer […] ein dampfender Sud“ (59) brodelt. Arisbes massiger Körper gibt ihr eine Ausstrahlung, wie man sie von den weiblichen, körperbetonten Statuen aus der Steinzeit kennt. Ihre Autorität wird durch eine Trompetenstimme unterstrichen. Als Arisbe lächelt, wird Kassandra die Ähnlichkeit mit dem von ihr unendlich geliebten Aisakos bewusst.
Anchises nennt Arisbe „Große Mutter“ (159) und stellt damit eine Verbindung zur Muttergöttin Kybele her, die in Arisbes Höhle verehrt wird. Allerdings erläutert Arisbe, dass die Namen der Göttinnen nur als Gleichnis verstanden werden dürften. Die Göttinnen stünden nur

für das, was der Mensch in sich selbst nicht zu erkennen wage (vgl. 147).
Arisbes Menschenkenntnis und ihre Unvoreingenommenheit gegenüber der Königstochter erlauben es ihr, Kassandras Gespaltenheit zu erkennen und ihr den Prozess des Selbsterkennens zu ermöglichen. Sie ist es auch, die Kassandras Träume zu deuten versteht.

Anchises

Anchises ist die männliche Entsprechung von Arisbe. Er wird im Laufe der Erzählung zur zentralen Figur der Lebenswelt am Skamander und am Ida-Berg. Zunächst tritt Anchises zusammen mit Kalchas als Leiter der Mission des ZWEITEN SCHIFFS auf, doch verlässt die Palastwelt, nachdem auch der Auftrag des DRITTEN SCHIFFS gescheitert ist. Danach zieht er sich in die Welt am Skamander zurück und lebt schließlich mit den Frauen am Ida-Berg.

Anchises als Lehrer

Seine politische Erfahrung sowie sein Gespür für Wahrheit und Verstellung machen ihn zum herausragenden Lehrer Kassandras. Er öffnet ihr die Augen über Eumelos und die Schuld des Priamos am Aufstieg des Eumelos (vgl. 126), er erläutert die Hintergründe des Krieges und vermittelt ihr ein tieferes Gefühl für die Natur. Er überrascht Kassandra damit, dass er Verständnis für Männer wie Eumelos zeigt.
Schon die anfängliche, detaillierte Beschreibung seines Äußeren machen ihn sympathisch (vgl. 39). Stirnfalten und der helle listige Blick weisen ihn aus als eine Person, die nachdenklich und zugleich offen und klug ist. Besonders bewundert Kassandra den Humor von Anchises und sein Lachen, mit dem er sein tiefes Weltverständnis zu erkennen gibt. Der Humor verlässt ihn auch nicht in bedrückenden Zeiten.

Der Aufbau eines liberalen Gegenmodells – Anchises als Dissident

Anchises baut – sozusagen als politischer Aussteiger – eine Gesellschaft jenseits von Gewalt und Ausgrenzung auf. Dabei belehrt er die Mitglieder dieser Gemeinschaft, dass es notwenig ist, sich mit allen Ideen auseinanderzusetzen und sich auch mit Menschen zu unterhalten, die gegensätzlicher Meinung sind. „[E]r sprach mit jedem, keinen […] wies er ab. […] Eh er tot ist, soll man keinen Menschen für verloren geben.“ (111f.) Damit wird eine

Parallele zu Kassandras Gespräch mit dem Wagenlenker aufgezeigt.
Seine Naturverbundenheit zeigt sich im Umgang mit der Natur: „Nie ließ er einen Baum fällen, ohne sich vorher ausführlich mit ihm zu besprechen, nie ohne ihm vorher mit einem Samen oder Reis, das er von ihm gewann und in der Erde senkte, sein Weiterleben zuzusichern." (111)

Holzfiguren als Symbol der Gemeinschaft

Die Figuren, die er aus Holz schnitzt, gewinnen in der Gemeinschaft Symbolcharakter. Denn Anchises verschenkt die holzgeschnitzten Tiere als Auszeichnung, und jeder, der ein solches Tier in einem Haus entdeckt, weiß, dass hier ein Mitglied der Opposition zum herrschenden System lebt.
Mit der Figur des Anchises gibt Ch. Wolf eine Antwort auf eine zentrale Frage in ihrem Arbeitstagebuch: „Sind vernunftbegabte Wesen denkbar, die *nicht* die Spaltung des heutigen Menschen in Leib/Seele/Geist kennen, sie gar nicht verstehen können" (VE 112).

7 Motive

Angst als Erzählanlass

Das Motiv der Angst durchzieht sowohl Ch. Wolfs Tagebuch als auch die Erzählung *Kassandra*.

Die „nackte Angst" als Auslöser des Schreibens und des Sprechens

Im Hinblick auf die atomare Bedrohung der 80er-Jahre und des Wettrüstens stellt die Autorin am Ende der vierten Vorlesung die Frage nach dem Stellenwert von Angst: „Welchen Stellenwert, frage ich Dich nun, hat die Angst – nicht die Angst in den Lehrbüchern der Psychiatrie, die nackte, blanke Angst, mit der eine gliederschlotternd und schlaflos allein ist" (VE 192). Diese Angst kennzeichnet die Grenze des noch Erträglichen. „Wenn die atomare Gefahr uns an die Grenze der Vernichtung gebracht hat, so sollte sie uns doch auch an die Grenze des Schweigens, an die Grenze des Duldens, an die Grenze der Zurückhaltung unserer Angst und Besorgnis und unserer wahren Meinung gebracht haben." (VE 111)
Und so durchbricht die Autorin ihr „Zurückhalten" der Angst, indem sie erzählt. Es ist nur vordergründig ein „Paradox, daß [Christa Wolfs] Erzählen der Angst ebenso bedarf, wie es sie abwehren will" (Greiner, 1985, S. 133). Auch Kassandras Erzählen, ihr Erinnerungsmonolog, ist aus der Angst geboren und zugleich eine Befreiung aus dieser Angst. Angesichts ihres unausweichlichen Todes spürt Kassandra, wie sie panische Angst überfällt. Sie versucht diese Angst, so wie sie es „lebenslang geübt" (11) hat, „durch Denken [zu] besiegen" (ebd.).

Angst als Zeichen der Schwäche

Zunächst scheint diese Aussage Kassandras widersprüchlich zu sein, hatte sie doch gerade durch ihre lebenslang eingeübte Haltung die Angst unterdrückt, aber nicht besiegt. Hekabe hatte sie früh belehrt, dass es Angst für die Tochter des Priamos nicht geben dürfe, dass sie vielmehr durch ein eisernes Training unterdrückt werden muss. „Die Tochter des Königs hat keine Angst, denn Angst ist Schwäche und gegen Schwäche hilft ein eisernes Training. Die Wahnsinnige hat Angst, sie ist wahnsinnig vor Angst. Die Gefangene soll Angst haben" (43).
Jetzt aber angesichts ihres unausweichlichen Todes ist Kassandra bereit, sich dieser Angst zu stellen, weil sie

weiß, dass unkontrollierte Angst ihre schwierige und letztlich erfolgreiche Bemühung um Autonomie und Selbstbewusstsein vernichten würde. Dennoch befürchtet sie, dass „die Todesangst einfach wieder alle Positionen besetzen [wird], die ich in meiner Unwissenheit, meiner Bequemlichkeit, meinem Hochmut, meiner Feigheit, Faulheit, Scham abgerungen habe.“ (27) Doch Kassandra will sich zwingen, „die Bewußtheit nicht [zu] verlieren, bis zuletzt“ (ebd.) und erkennt, dass sie „nie […] lebendiger [war] als in der Stunde [ihres] Todes“ (ebd.).

Furcht vor unkontrollierter „Todesangst“

Erst Todesangst befähigt Kassandra überhaupt zu dem Erinnerungsmonolog und zur Reflexion über sich selbst, „kurz eh ich selbst geschlachtet werde und die Angst die Angst die Angst mich zwingt zu denken“ (86). Ihr wird bewusst, dass sie aus Angst in den Zwiespalt von wahrgenommener Realität und angeordneter staatstragender Wirklichkeit geraten ist. Wie eng die Widersprüche in ihrer Umgebung mit Kassandras Angst in Verbindung stehen, zeigt das erste Auftauchen eines Angstgefühls. Der Streit zwischen Hekabe und Priamos, ob die Schwester des Königs entführt worden sei oder freiwillig Telamon gefolgt sei, ruft in Kassandra ein unbekanntes neues Gefühl hervor: „Seine [Priamos’] zwiespältigen Gefühle übertrugen sich auf mich, verdichteten sich zu einer Empfindung, die ihren Sitz in der Magengrube zu haben schien, eine vibrierende Spannung, die ich durch Parthena die Amme ‚Angst‘ nennen lernte.“ (44)

Übernahme der Angstgefühle von Priamos

Auch später entsteht Angst aus innerem Zwiespalt, diese Angst überlagert die Erinnerung an einzelne Begebenheiten und Ereignisse so stark, dass Kassandra Aineas keine Geschehnisse mitteilen kann, hingegen hat sie ein „Angst-Gedächtnis. Ein Gefühls-Gedächtnis.“ (126) Es ist eine „Art von Angst“, die Aineas „nie gekannt“ (ebd.) hat. Sein stärker männlich dominiertes Denken ist darauf gerichtet, „[w]er wen auf welche Weise umgebracht, wer in der Hierarchie am Steigen oder Sinken war, wer sich in wen verliebt“ (ebd.) hat.

Kassandras weibliches Angst-Gedächtnis

Angst und die Erwartung des Todes ermöglichen es Kassandra schließlich, „das Bild von sich selbst [zu] ändern“ (26), frei zu werden – paradoxerweise erst in der Gefangenschaft. Indem sie ihre Weltsicht überdenkt, erkennt sie, dass ein zentraler Aspekt ihres bisherigen Lebens die Verdrängung ihrer Angst gewesen ist.

Träume

Wahnsinn, Angst und Träume bilden eine wichtige Grundlage der unbewussten und unterbewussten Schichten der Erzählung. Während jedoch Angst und Wahnsinn vor allem Kassandra zugeordnet sind, werden die zentralen Personen des Königshauses von Träumen heimgesucht, nur Paris bleibt ausgespart, allerdings bezieht sich der entscheidende Untergangstraum auf ihn. Die Träume sind zum Teil Vorausdeutungen auf Ereignisse und Schicksale, zum Teil verarbeiten sie Ängste, Wünsche oder unterbewusste Gefühle. Doch die Träume sind nicht nur als Spiegelbild unterdrückter Hoffnungen und vorausgeschauter Schrecken bedeutsam, sondern auch im Hinblick auf ihre unterschiedlichen Auslegungen, die auf gegensätzliche Weltsichten verweisen.

Traumdeutung als Manipulationsinstrument

So deutet Kalchas den Traum Hekabes vom brennenden Holzscheit und den daraus hervorkriechenden Schlangen aus männlich aggressiver Sicht als Vorausdeutung von Krieg und Untergang. Arisbe dagegen wertet das Symbol des brennenden Holzscheits aus dem weiblichen Denken heraus positiv und verbindet es mit dem wärmenden, lebenserhaltenden Herdfeuer. Zugleich sieht Arisbe in den Schlangen Verweise auf Schlangen als „Attribut der alten Muttergöttin Gaia" (VE 140).

Der Traum des Priamos vom Kampf der Drachen

Kurz vor der Rückkehr des DRITTEN SCHIFFS träumt Priamos, dass zwei Drachen miteinander kämpfen, der eine trägt einen „goldgehämmerten Brustpanzer, der andre führte eine scharf geschliffene Lanze. Der eine also unverletzlich und unbewaffnet, der andre bewaffnet und haßerfüllt, jedoch verletzlich. Sie kämpften ewig." (79) Kassandra deutet den Traum aus ihrer Empfindung heraus, dass sich ihr Vater unbewusst in einem Zwiespalt befinde: „Du liegst […] mit dir selbst im Widerstreit. Hältst dich selbst in Schach. Lähmst dich." (Ebd.)

Traumdeutung des Panthoos führt zur Steigerung der Waffenproduktion

Panthoos dagegen deutet den Traum so, wie er glaubt, dass Priamos ihn verstanden wissen will. Zynisch erklärt er, dass man sich der neuerdings herrschenden patriarchalen Einstellung nicht entgegenstellen müsse. Die Männerwelt sei „halb Bestie, halb Kinder" (80). Und so müsse man den Traum auch entsprechend den Vorstellungen von Priamos deuten: Der goldgepanzerte Drache sei natürlich der König, der sich bewaffnen müsse, um seinen

„tückischen und schwerbewaffneten Feind zu überwältigen." (Ebd.) Tatsächlich ordnet Priamos auf diese Deutung hin an, die Waffenproduktion zu steigern.

Kassandras Träume

Traum vom Abschied von Aineas

Ihren ersten Traum hat Kassandra in den Armen von Aineias. „[M]itten im Frieden, mitten im Glück" (23) träumt sie von einem Schiff, mit dem Aineias „über glattes blaues Meer" (ebd.) davonfährt, während ein ungeheures Feuer sich zwischen Schiff und Ufer ausbreitet. Dieser symbolhafte Traum nimmt den Untergang Trojas, die Trennung und den Abschied von Aineias voraus. Zugleich wird damit das Motiv der Schiffe eingeleitet, das später durch die Abfahrt und Ankunft der drei Schiffe, das Auftauchen der feindlichen Schiffe am Strand und das Schiff, das Kassandra nach Griechenland bringt, wieder aufgenommen wird.

Das „weiße Schiff" in Ch. Wolfs Erinnerungsroman *Kindheitsmuster*

Besonders interessant wird das Motiv des Schiffes, wenn man Ch. Wolfs autobiographisch geprägten Roman *Kindheitsmuster* hinzuzieht. Im 7. Kapitel, das überschrieben ist „Nachrichtensperre. Vorkrieg. Das weiße Schiff" wird die achtjährige Nelly 1937 zum ersten Mal mit weißen Ausflugsdampfern konfrontiert:

> „Nellys Assoziationen zu dem Stichwort ‚Vorkrieg' würde wohl lauten: Das weiße Schiff.
> Das muß erklärt werden.
> Wurde schon gesagt, daß das Erinnerungsvermögen dieses Kindes sich mit Vorliebe an unheimliche, beängstigende und demütigende Stoffe klammerte? Das weiße Schiff ist ein unheimliches und beängstigendes Motiv, zugleich ist es ein leuchtendes sommerliches Bild in deinem Phantasiegedächtnis. […]. Es fuhr unter wolkenlos blauem Himmel in einem leicht bewegten, ebenfalls blauen Wasser mit weiß schäumender Bugwelle, und es war sehr schön und bedeutete Krieg." (KM 189)

Zugleich bedeutet dieses „Reizwort ‚weißes Schiff' nicht nur Kriegsangst […], sondern auch noch Heimweh" (KM 190), denn die achtjährige Nelly ist zum ersten Mal längere Zeit von ihrer Mutter getrennt, träumt von dem Tod ihrer Mutter und erfährt, dass „rote spanische Flugzeuge […] ein deutsches Panzerschiff [bombardieren]" (KM 192).

Damit rückt Ch. Wolf den Traum in die Nähe ihres autobiographischen Motivs des weißen Schiffes.

Der Krötentraum

Kassandras Krötentraum (vgl. 53) hat in der Sekundärliteratur sehr unterschiedliche Deutungen erfahren, die kulturhistorisch und psychoanalytisch ausgerichtet sind. So wird darauf verwiesen, dass in der Antike und im Mittelalter die Kröte die Gebärmutter symbolisierte oder dass die Kröte gelegentlich psychoanalytisch im Zusammenhang mit weiblichem Masochismus gesehen werde.

Doch sollte man auch hier eher die Deutung einbeziehen, die die Autorin Merops, dem uralten Traumdeuter, in den Mund legt. Es ist eine zunächst widersinnige Auslegung, die Hekabe überfordert. Merops rät nämlich, „aus der Nähe dieser Tochter alle Männer zu entfernen, die Aisakos ähnlich sähen." (53) Wie er sich dies denn vorstelle, fragt Hekabe zornig. Offensichtlich lehnt sie intuitiv ab, dass Merops mit seiner Traumdeutung auf eine intensive, fast ödipale Zuneigung Kassandras zu ihrem Vater und ihren Brüdern hinweist. Und tatsächlich nehmen Aisakos, Paris, Helenos, Hektor in Kassandras inniger Zuneigung eine ebenso große Rolle ein wie Priamos.

Kassandras ödipale Sexualität

Der Ekel, den Kassandra empfindet, als sie die Kröte ausspeit, kann als Abwehrreaktion gesehen werden, die vergleichbar ist mit Angst. Ihre Liebe und Zuneigung zu ihrem Vater und ihren Brüdern wäre demnach gefühlsmäßig und unterbewusst angstbesetzt.

Kassandras Traum von Apoll

Im Traum von Apollon taucht das Motiv des Ekels und Speiens wieder auf. Sehnsüchtig erwartet Kassandra Apollon, um die Sehergabe zu erhalten. Sie weist aber Apollons sexuelles Begehren zurück, der sie bestraft, indem er ihr wütend in den Mund spuckt. Mit einem unsagbar widerwärtigen Geschmack auf der Zunge (vgl. 20) wacht Kassandra auf. In ihrem Traum hatte sich der strahlende jugendliche Gott in einen Wolf verwandelt. Dieses Traumerlebnis ist das Schlüsselerlebnis Kassandras und verweist überdeutlich auf die Ambivalenz ihrer Gefühle. Ihr Wunschtraum wandelt sich in einen Abwehrtraum, die Lichtgestalt verwandelt sich in ein erschreckendes Untier, das Verlangen nach der Sehergabe geht in Ekel und Schrecken unter.

Der Traum von Mond und Sonne

Kassandras Traum von Mond und Sonne (vgl. 105) findet einen Erklärungsansatz in Ch. Wolfs vierter Vorlesung: „Luna entspricht der griechischen Selene, der Mondgöttin, […] die in einem merkwürdig schillernden Identitätsverhältnis zur mythischen (nicht literarischen!) Kassandra gestanden haben soll: indem das Zwillingsgeschwisterpaar Helenos-Kassandra ursprünglich eins, nämlich die argivische Mondgöttin Selene, gewesen seien." (VE 167 f.) Das Sehertum Kassandras stand dabei „in enger Beziehung zur Mondgottheit und nicht im Dienst des Licht- und Sonnengotts Apoll, der weit jünger ist als Hekabe, Selene, Helena, Helenos, Kassandra und schon zu den mythologischen Reflexen jener patriarchalischen Umwertung der Werte gehörte, zu denen auch, eben im Bereich der Kunstgesetzgebung, die Poetik des Aristoteles zählt." (Ebd.)

Liebe und Sexualität

Die Darstellung der vielfältigen Spielarten der Liebe und Sexualität erweitern die Perspektive auf den Konflikts zwischen Männern und Frauen. Während Aineas und Kassandra, aber auch Arisbe und Anchises, einander in ihrer Liebe achten und verstehen, steht auf der anderen Seite die Sexualität ohne Liebe, die Macht, Gewalt und Unterwerfung hervorruft. Frauen werden dabei zu Opfern hemmungsloser Gier und brutaler Rohheit (Polyxena, Briseis, Marpessa, Kassandra).

Nicht nur Aineas und Kassandra stehen für die Idee einer harmonischen, tiefen Liebesbeziehung, sondern beispielsweise auch die Paare Briseis und Troilos, Hektor und Andromache sowie in der Vorkriegs-Zeit Hekabe und Priamos.

Auch die Zuneigung Kassandras zu Myrine gehört zu den Liebesbeziehungen, die aus tiefer innerer Übereinstimmung und Harmonie erwachsen sind. Die behutsame Liebesgeste auf der Mauer von Troja erinnert an die Abschiedsszene von Aineas. Damit wird eine unmittelbare Verbindung beider Beziehungen hergestellt. Zugleich erinnert die zärtliche Geste an die liebevolle Beziehung zu ihrem Vater, die sich ebenfalls in einer Geste ausdrückte: „Ich legte meine Hand in ihren Nacken, bis sie schwieg und wir beide, von der Mauer neben dem Skäischen Tor, die Sonne ins Meer tauchen sahn. So standen wir zum letzten Mal beisammen, wir wußten es." (8)

Myrine und Aineas – Kassandras Liebesgesten

Die Liebesbeziehungen der Frauenwelt am Skamander als Gegenteil der Entfremdung

Die Gegenwelt am Skamander wird vor allem von Frauen geprägt, die sich dem männlichen Handeln und Denken entzogen haben. Ihre Liebe und ihre Vertrautheit zeichnen sich durch den zärtlichen Umgang miteinander aus, in dem Berührungen und Gesten eine wesentliche Rolle spielen. Für Ch. Wolf ist Liebe in diesem Sinn Zeichen „einer erfüllten individuellen Existenz, des Zu-sich-selbst-Kommens des einzelnen Menschen, ist das Gegenteil von Entfremdung" (Hilzinger, 1984, S. 10). Hinter dieser Einschätzung wird auch ein politischer Akzent deutlich: „Liebe und Liebesfähigkeit in diesem Sinne findet [Ch. Wolf], neben anderen Merkmalen von Schwesterlichkeit [...], bei vielen Frauen in der DDR ausgeprägt, die begonnen haben, die Realität mit allen ihren Sinnen und mit rückhaltloser Subjektivität zu erfassen und dem männlichen Realitätsprinzip selbstbewußt ein anderes entgegenzusetzen." (Ebd., S. 10 f.)

„Schwesterlichkeit" in der DDR

Das Gegenbild harmonischer Liebe bildet die aggressive männliche Sexualität, die sich im „Objektmachen" (VE 144) von Frauen zeigt und die die „ Hauptquelle von Gewalt" (ebd.) ist. Es sind vor allem die Griechen, die Ch. Wolf als Bestien zeichnet, die Frauen vergewaltigen (Kassandra), sie als Sexsklaven (Brieseis) halten und wie Ware (Polyxena) behandeln. Schon das erste Auftreten von Achill zeigt seine bestialisch entartete Sexualität. Er schlachtet Troilos „mit Mörderlust und Liebeslust" (89) wie ein Opfertier vor dem Altar ab, nachdem er ihn gestreichelt und befingert hat (vgl. ebd.). Damit pervertiert er zugleich die Grundidee griechischer Knabenliebe.

Die sexuell enthemmten Bestien, die Griechen

Knabenliebe (Päderastie) war in der Antike eine akzeptierte sexuelle Beziehung von Männern zu Jungen

Achills Homosexualität war schon früher offensichtlich. So hielt er sich mit einem Lustknaben versteckt, um nicht in den Krieg ziehen zu müssen. Damit ist seine besondere Zuneigung zu Patroklos erklärlich. Doch auch diese Liebe endet in einem abartigen nekrophilen Ritual. Neben dem Scheiterhaufen „seines Liebsten" (135) werden „zwölf Gefangene, die edelsten, zwei Söhne Hekabes und Priamos' darunter" (ebd.) abgeschlachtet und verbrannt. Die „nackte gräßliche männliche Lust" (89) Achills zeigt sich auch, als er Polyxena auf der Stadtmauer erblickt und sie lüstern anstiert. „Beinah tropfte ihm der Speichel." (130)

Nekrophilie: sexueller Trieb, der auf Leichen ausgerichtet ist

Nachdem Achill Penthesilea im Zweikampf tödlich getroffen und ihre Leiche geschändet hat, weil er „unfähig [ist], die Lebendige zu lieben“ (143), spüren selbst die Griechen, dass Achill zu weit gegangen ist. Dennoch gelingt es ihm noch über seinen Tod hinaus Frauen zu Objekten seiner besitzergreifenden todbringenden Gier zu machen. So ordnet er sterbend an, dass man Polyxena an seinem Grab abschlachten solle.

Die sexuellen Gewaltakte Achills

Der Heerführer Agamemnon reiht sich in die Gruppe derjenigen ein, deren Machtgier und Besitzeranspruch mit Sexualiät einhergehen. Kassandra hat ihn durchschaut und äußert über sein Verhältnis zu Klytaimnestra zynisch: „Als er sie noch beherrschte, mag es der Schwächling, wie sie es alle tun, wüst genug mit ihr getrieben haben.“ (12) Nun aber muss er das Geheimnis seiner fehlenden sexuellen Potenz als Geheimnis unter Androhung schlimmster Todesstrafen verschweigen. Es ist also „bezeichnenderweise nicht unsagbar, einer Frau Gewalt angetan zu haben; es ist ein ‚unsagbares Geheimnis‘, dazu nicht die Kraft im Sinne sexueller Potenz zu besitzen.“ (Gerdzen/Wöhler, 1991, S. 97)

Agamemnons Impotenz als Grund seiner Gewalttätigkeit

Je weiter der Krieg fortschreitet, desto häufiger steigern sich die sexuellen Übergriffe. Und nun wird auch erkennbar, dass die Troer allmählich die Verhaltensmuster der Griechen übernommen haben. Schon früh hatte Eumelos geraten, dass die Troer werden sollten „wie der Feind, um ihn zu schlagen.“ (38) Tatsächlich müssen jetzt die Frauen in Troja feststellen, dass es kaum noch Unterschiede gibt zwischen den eigenen Männern und den Griechen. „Wie aber können den Troern fremde, nämlich griechische Normen aufgezwungen werden? Offenbar existiert eine vorgängige Norm-Identität unter den Männern, wobei nur ganz wenige männliche Figuren davon abweichen (Aineias, Anchises). Diese Identität wird daran erkennbar, dass Männer Frauen zu Objekten machen.“ (Gerdzen/Wöhler, 1991, S. 99) Entsprechend sieht Penthesilea ihren Kampf auch als einen Kampf „gegen alle Männer“ (139), denn sie sieht in allen Männern „Schlächter. So tun sie, was ihnen Spaß macht.“ (Ebd.)

Gleiche Verhaltensmuster der Troer und Griechen gegenüber Frauen

Penthesileas Einstellung gegenüber Männern

Ähnlich wie Penthesilea hat auch Polyxena erkannt, dass sie zu einem Objekt männlicher Lust geworden ist. Aber im Gegensatz zu Penthesilea empfindet sie Lust, wenn sie sich unterwirft. Damit instrumentalisiert sie die männliche Gier und reduziert beispielsweise Achill, indem sie sich ihm öffentlich auf der Mauer zeigt, zu einem lechzenden Tier. Doch ihre masochistische Überlegenheit bricht in dem Moment zusammen, als sie erkennen muss, dass es Achill selbst über seinen Tod hinaus gelingt, sie zu seinem Objekt zu machen, indem er ihren Tod befiehlt. Aber auch Kassandra zeigt Züge von masochistischer Sexualität, wenn sie Panthoos erwartet und sich seiner geschlechtlichen Zuneigung unterwirft. Dabei benutzt Kassandra Panthoos, um sich während des Geschlechtsverkehrs den geliebten Aineas vorzustellen.

8 Weibliches Sprechen und Schreiben

In den letzten Jahrzehnten ist der Aspekt des „weiblichen Schreibens" zu einem wichtigen, aber auch heftig umstrittenen Gebiet feministischer Literaturtheorie und der „gender studies" geworden. Die französische Philosophin Hélène Cixous, die sich früh intensiv diesem Thema widmete, geht davon aus, dass Frauen sich durch ein charakteristisches weibliches Schreiben besser in den Text, in die Welt und in die Geschichte einbringen können. Ch. Wolf übernimmt in ihren *Voraussetzungen einer Erzählung* Gedanken der Diskussion um weibliches Schreiben. Das folgende Kapitel geht nicht auf die Vielfalt der Darstellungen über „weibliches Schreiben" ein, sondern orientiert sich an Ch. Wolfs Aussagen zu diesem Bereich.

Unterschiede in der Wahrnehmung der Wirklichkeit zwischen Frauen und Männern

In den *Voraussetzungen einer Erzählung* fragt Ch. Wolf, ob es „wirklich ‚weibliches' Schreiben" (VE 144) gebe. Sie beantwortet diese Frage unmittelbar im nächsten Satz, indem sie darauf verweist, dass „Frauen aus historischen und biologischen Gründen eine andre Wirklichkeit erleben als Männer" (ebd.) und darüber hinaus auch „Wirklichkeit anders erleben als Männer" (ebd.). Zugleich aber warnt Ch. Wolf zu Beginn ihrer Vorlesung: „Eine Poetik kann ich Ihnen nicht bieten" (VE 9), somit auch keine Poetik des „weiblichen Schreibens".

Ausgehend von dieser grundsätzlichen Idee zeigt Ch. Wolf an Homers Schilderung der Ereignisse um den Trojanischen Krieg die Eigenart „männlichen" Schreibens. Sie ist der Ansicht, dass männlich beeinflusstes Schreiben immer deutlicher das lineare, „strikte einwegbesessene Vorgehn" bevorzuge, bei dem um das „Herauspräparieren eines ‚Stranges'" (VE 174) gehe. Damit sei das Geflecht, das Gewebe des Erzählens „beschädigt" (ebd.). Entsprechend habe das abendländische Denken zunehmend den Weg des analytischen Denkens bevorzugt, bei dem „auf Mannigfaltigkeit der Erscheinungen zugunsten des Dualismus" (ebd.) verzichtet worden sei. Einher sei damit der

„Verzichts auf Subjektivität zugunsten gesicherter ‚Objektivität'" (ebd.) gegangen.

Entwicklung eines linearen Handlungsstranges

Wichtige Kennzeichen „männlichen Schreibens" sind demnach die Linearität der Darstellung, bei der aus einem „Geflecht" von Ereignissen ein Handlungsstrang betont wird. Die Literatur entwickelt sich aus einem geschlossenen Weltbild, das die Vielfalt von Geschehnissen auf eine zentrale Idee, allenfalls auf ein dualistisches Prinzip reduziert. Eine nur scheinbare Objektivität männlichen Denkens unterschlägt die Wirklichkeit, die subjektiv etwa von Kassandra wahrgenommen wird. Kassandras frühes Bild von Troja entwickelt sich eben nicht aus einem klaren Weltbild, sondern nimmt das „ewig gleiche Gemurmel, Gewisper und Geschwätz der Geschwister, Erzieher, Ammen und Haussklaven" (35) auf.

Männliche „Objektivität" versus weibliche Subjektivität

In einem Vortrag im Rahmen der „Berliner Begegnung zur Friedensförderung" 1981 äußert Ch. Wolf sich einerseits zu Homers Perspektive auf die Ereignisse um Troja und macht zugleich deutlich, dass durch die Unterdrückung der Frauen im Kulturschaffen der Blickwinkel von Frauen, also der Hälfte der Bevölkerung, fehlt:

> „Man muß sich doch einmal vorstellen, wie es sich auswirken muß, wenn die Hälfte der Menschen, die in einer Kultur lebt, von Natur aus überhaupt keinen Anteil an ihren Hervorbringungen; und eben auch daran nicht – hindernd –, wenn diese Kultur ihren eignen Untergang plant. […] Dieses Wegdrängen des weiblichen Faktors in der Kultur hat genau in dem Zeitraum begonnen […] als die minoische Hochkultur durch die mykenischen Expansoren überlagert, vernichtet wurde. Homer hat diese Kämpfe hunderte Jahre später in seinem berühmten Epos verherrlicht: Kampfbeschreibungen sind die ersten Beschreibungen der abendländischen Literatur, Beschreibungen von Schlachtgeräten: der Schild des Achill. Daran, ist mir klar geworden, kann ich nicht anknüpfen. Dass kann meine Tradition nicht sein. Es ist kein Hymnus denkbar auf die Schönheit der Atomrakete. Auch unsere Ästhetik muß neu durchdacht werden."
> Dimension I, 441)

Erst angesichts des Todes, als Gefangene Agamemnons, einsam und herausgerissen aus allen Bindungen gelingt es Kassandra zu sich zu kommen. In einem langen Erinnerungsmonolog, in dem nur ihre innere Stimme zu vernehmen ist, findet sie allmählich zu sich selbst und zu ihrer eigenen Stimme und Sprache. Ihre Autonomie als Person drückt sich darin aus, dass ihr das Äußerste (vgl. 6) gelingt, nämlich mit ihrer eigenen, weiblichen Stimme zu sprechen. Es ist nicht mehr die Sprache der Palastwelt, sondern die Sprache der Gesellschaft am Skamander. Aber Kassandra weiß auch, dass das „Äußerste" mit ihr zugrunde gehen wird: „Hier spricht keiner meine Sprache, der nicht mit mir stirbt." (8)

Kassandras Besinnung auf die eigene weibliche Sprache

Es ist nicht die Sprache der Männer, die untergehen wird, sondern die weibliche Stimme. Kassandra kennt ihr Schicksal genau, es ist ihr klar, dass das, „was ich begreifen werde, bis es Abend wird, […] mit mir zugrund [geht]." (Ebd.) Dennoch zwingt sie sich dazu, den Prozess ihrer Entfremdung zu reflektieren und bis zur Erkenntnis des eigenen Versagens vorzudringen. Dieser Erkenntnisprozess ist vor allem darauf ausgerichtet, das zunächst unmerkliche Vordringen der männlichen Herrschaft und das eigene Unvermögen aufzudecken, sich der eigenen Vernunft zu bedienen. Dabei hilft ihr die eigene, die weibliche Stimme und Sprache. Auch wenn ihre „Zukunftssprache" nur die Erkenntnis formulieren kann: „Ich werde heute noch erschlagen werden." (18)

Dann jedoch erfleht Kassandra, wohl wissend, dass ihr Schicksal besiegelt ist: „Klytaimnestra, sperr mich ein. […] Aber ich fleh dich an: Schick mir einen Schreiber, oder, besser noch, eine junge Sklavin mit scharfem Gedächtnis und kraftvoller Stimme. Verfüge, daß sie, was sie von mir hört, ihrer Tochter weitersagen darf. Die wieder ihrer Tochter, und so fort. So daß neben dem Strom der Heldenlieder dies winzge Rinnsal, mühsam, jene fernen, vielleicht glücklicheren Menschen, die einst leben werden, auch erreichte." (97) Kassandra ist bewusst geworden, dass einzig sie es ist, die die andere, die weibliche Perspektive dieses Krieges vermitteln kann.

Kassandras spätes Verlangen nach einer Überlieferung ihrer Erlebnisse durch eine weibliche Stimme

Und so ist Kassandras Erinnerungsmonolog ein Gegenentwurf zu Homers Darstellung. Zwar erinnert Kassandra sich auch an Kämpfe und an grausame Ereignisse, doch wo Homer Kämpfe ausführlich beschreibt, geht Kassandra auf die Gefühle der Umstehenden, vor allem der Frauen ein. Hekabes Entsetzen, als die zwölf trojanischen Jünglinge geschlachtet werden, steht im Vorder-

Erinnerungsmonolog als Gegenentwurf zu Homers Heldenepen

grund ihrer Erinnerung. Vor allem die Schmerzen und das Schicksal der Frauen werden ins Zentrum des Erzählens gesetzt.

Der Erinnerungsmonolog als Rückbesinnung auf die eigene weibliche Stimme

Die Erzählung setzt ein mit den Gedanken eines auktorialen Erzählers. Vor dem Löwen-Tor der ehemaligen Festung Mykene versetzt er sich in die Situation der gefangenen Ich-Erzählerin Kassandra. „Da stand sie." (5) Die Reflexionen über den Ort geht über zu der Erinnerung an Kassandra, die in das „Schlachthaus", in den Tod geht, „allein" (ebd.).

Scheinbare Verschmelzung von Autorin und Erzähler

Der Satz im Übergang des auktorialen Erzählens zur Ich-Erzählung ist zunächst doppeldeutig. „Mit der Erzählung geh ich in den Tod." (Ebd.) An diesem Punkt scheinen die beiden Erzähler, Kassandra und der auktoriale Erzähler, miteinander zu verschmelzen, beide werden uns mit einem Abstand von über 3000 Jahren an demselben Platz vorgestellt, dem Löwentor von Mykene. Zugleich aber blitzt auch Ch. Wolfs eigne Todesangst in diesem Satz auf.

Resignative Stimmung des Anfangs

Die Resignation hinter diesem Satz gilt für beide Erzählerinnen, scheint doch das Erzählen eine hoffnungslose Tätigkeit zu sein, weil das Erzählte zusammen mit dem Erzähler zugrunde gehen wird. Die folgenden Zeilen, die nun schon eindeutig Kassandra zuzuordnen sind, vertiefen diese Trostlosigkeit. „Hier ende ich, ohnmächtig" (ebd.). Doch offensichtlich mobilisieren die Vorstellung des nahen Todes und das Erzählen selbst neue Kräfte. Nach einer Klage über die Macht der Götter und die Ohnmacht des Menschen, „vergeblich versuchen wir, uns ihren (das sind die Außerirdischen) Gewalttaten zu entziehn" (ebd.), gehen ihre Gedanken einen kurzen Schritt zurück. Sie erinnert sich in vier aufeinanderfolgenden temporalen Sätzen, die die Gleichzeitigkeit des Geschehens ausdrücken, an ein emotional spannungsgeladenes und dynamisches Ereignis, in dem sie das Geschehen selbst bestimmt hat: Sie hat im Sturm ihre Kinder gerettet, die Marpessa schon vom Mast losbinden wollte, um sie ertrinken zu lassen.

Diese aufwühlende Erinnerung setzt einen Prozess des Erinnerns in Gang, der – wie auch später – in Reflexionen einmündet, jedoch seine Dynamik immer wieder durch die erinnerten Geschehnisse erhält. Ihr Erinnerungsmonolog, ihr inneres Sprechen verfolgt nur noch ein einziges Ziel: „Mit meiner Stimme sprechen: das Äußerste. Mehr, andres hab ich nicht gewollt.“ (6) Damit ist das Grundmotiv des Erinnerns und des inneren Monologs akzentuiert: Kassandra will im Augenblick des nahenden Todes ihre wahre, weibliche Identität erkennen. Der Erinnerungsmonolog dient damit „zur Wiedergewinnung ihrer ursprünglichen Stimme und deckt darüber hinaus die Geschichte ihrer Verleugnung, Verdrängung und Ersetzung auf.“ (Quernheim, 1990, S. 290)

Ziel des Erinnerungsmonologs: Kassandras Besinnung auf die eigene weibliche Sprache und Stimme

Die eigene Stimme als Ausdruck der Eigenständigkeit und persönlichen Freiheit kann Kassandra sich nur bis zum Tod ihres Bruders Aisakos bewahren. Als sie bei seinem Tod als einzige nächtelang schreit, wehrt sie sich gegen die verlogene Deutung des Sehers Kalchas, Aisakos sei als „schwarzer Tauchvogel mit rotem Hals“ (52) wieder aufgetaucht. Noch kann Kassandra die offizielle Deutung des Palastes nicht akzeptieren, sie will ihren geliebten Bruder wiederhaben. Aber die Palastwelt akzeptiert Kassandra nicht und bezeichnet ihren Ausbruch als Wahnsinn. „Ja: Damals war es, als ich zum erstenmal hörte: Sie ist von Sinnen.“ (53) Damit erfolgt „Kassandras Eintritt in die patriarchale Welt [...] mit der falschen Deutung ihrer Stimme.“ (Quernheim, 1990, S. 291)
Kassandra durchläuft bis zu ihrem bevorstehenden Tod einen Reflexionsprozess über diesen Verlust ihrer Autonomie. Sie ist nicht diejenige, die wie ein gereifter allwissender Ich-Erzähler zurückblickt, sondern sie durchlebt noch einmal die Stationen ihres Lebens und ihres Versagens.

Der Erinnerungsmonolog zwischen Gegenwart und Vergangenheit

„Rasend schnell die Abfolge der Bilder in meinem müden Kopf, die Worte können sie nicht einholen“ (54), klagt Kassandra, doch sie versucht die Bilder, „Signale“ (ebd.) der Vergangenheit, festzuhalten. Immer wieder durchbrechen dabei Erinnerungen die Ebene der Vergangenheit und erreichen Kassandras Gegenwart: „Paris und das Unternehmen DRITTES SCHIFF; das mir in allen seinen Voraussetzungen und Folgen klar vor Augen

steht, während ich mich damals in undurchschaubarer Wirrnis beinah verlor." (Ebd.)
Die Erinnerung an den Abschied von Aineas gewinnt einen unmittelbaren Bezug zur Gegenwart durch das Temporaladverb „jetzt": „Als ich mit Aineas auf der Mauer stand, zum letztenmal das Licht betrachten, kam es zwischen uns zum Streit. Daran zu denken, habe ich bis jetzt vermieden." (162 f.) Auch in ihren letzten Minuten vermischen sich Gegenwart und Erinnerungen an Vergangenes. So redet Kassandra den abwesenden Aineas liebevoll an, um sich dann den Erinnerungen hinzugeben: „Aineas. Lieber. Du hast mich verstanden, lange eh du's zugabst." (163) „Lieber. Du hast nicht gesagt, das werde dir nicht passieren." (Ebd.) Es gelingt Kassandra sogar – entgegen ihrer Aussage, nur noch einen Satz der Zukunftssprache zu kennen (vgl. 18) –, sich die Zukunft ihres Geliebten auszumalen: „Bald, sehr bald wirst du ein Held sein müssen." (163) Sogar die Hoffnung auf eine gemeinsame Zukunft schimmert aus ihren letzten Worten. „Der Schmerz soll uns an uns erinnern. An ihm werden wir uns später, wenn wir uns wiedertreffen, falls es ein Später gibt, erkennen." (164) Doch dann wird die Gegenwart unausweichlich: „Sie kommen." (Ebd.)

Verwirklichung weiblichen Schreibens

Motivtechnik als Ersatz für Linearität

Kassandra beklagt, dass ihre Erzählung nicht schriftlich aufgezeichnet werden kann, aber „wir warn der Schrift nicht mächtig. Wir ritzten Tiere, Menschen, uns, in Felsenhöhlen, die wir, eh die Griechen kamen, fest verschlossen." (157) Dafür wird Ch. Wolf gewissermaßen Kassandras „Schreiberin", die die Erzählung in eine angemessene schriftliche Form überträgt. Dies kann nur eine Form des weiblichen Schreibens sein, die sich sowohl inhaltlich als auch sprachlich und formal von einer männlich geprägten Schreibweise unterscheidet.
Anstelle der Linearität, die nach Ch. Wolfs Ansicht ein wichtiges Merkmal männlichen Schreibens ist, entwickelt die Autorin eine anderes Prinzip, um den Mono-

log Kassandras zu strukturieren. Sie durchsetzt ihren Text mit Motiven und wiederkehrenden Personen (vgl. Schiffe, Träume, Sexualität, der Wagenlenker, Aineas, Polyxena usw.).
Im Geflecht des Erzählens nehmen Bäume eine besondere Funktion als Motiv und Symbol ein. Sie werden zu einem wichtigen „Strang" im Sinne von Ch. Wolf, der das Erzählte zusammenhält. Die Zypresse erinnert Kassandra an das beschämende Ereignis ihrer Tempelprostitution. Doch aus dieser bedrückenden Erinnerung flüchtet sich Kassandra an die Erinnerung vom „Geruch von Oliven und Tamarisken" (21). Als sich der Untergang von Troja abzeichnet, erwacht Kassandra unter einer Zypresse „mit dem Gedanken: Trostlos. Wie alles trostlos ist." (159) Auf ihrem „Todesmarsch" nach Mykene gibt ihr der Olivenbaum bei einer Rast mit Agamemnon neue Kraft. Die Weide und der Feigenbaum stehen als Leitmotiv für die freie und matriarchalisch bestimmte Welt am Ida-Berg und am Skamander. Bei ihrem ersten Besuch in dieser freien Gegenwelt durchquert sie ein „Feigenwäldchen" (24), um plötzlich auf Parthena, ihre Amme, zu stoßen, die „vor dem Eingang der Höhle unter der Weide hockte, deren Wurzeln wie das Schamhaar einer Frau in die Höhlenöffnung hineinfielen" (25). Später erinnert sich Kassandra daran, dass „unter dem wechselnden Lauf des mächtigen Feigenbaumes, […] unser ungezwungenes Leben angefangen" (112) hat. Der Feigenbaum wird zugleich gleichgesetzt mit der Stärke, die von Anchises ausgeht. (Vgl. ebd.)
Das Motiv der Weide erhält zum Schluss hin besondere Bedeutung. Sie wird in der Erinnerung zum Lebensbaum des Skamander. Zunächst scheint das Weidengeflecht, ein Korb, der Kassandras Gefängnis ist, das Gegenteil zu sein. In dem Weidengeflecht soll ihr Lebenswille zerstört werden. Doch Kassandra versucht unentwegt, einen Zweig aus diesem Geflecht zu lösen, als Zeichen eines glücklicheren Lebens, denn der Baum, von dem die Weidenrute abgeschnitten wurde, „wuchs am Skamander." (154) Auch auf ihrer Fahrt nach Mykene versucht Kassandra aus dem harten Geflecht, auf dem sie sitzt, eine Weide zu lösen. „Ich will sie freibekommen. Ich will sie mit mir nehmen, wenn ich hinunter muß. Jetzt schlachtet die Frau Agamemnon." (93) Angesichts des

In der Antike war die Zypresse u. a. der Göttin Kybele heilig, zudem steht sie für Tod und Trauer. Der Olive kommt sowohl in der griechischen Antike als auch im Christentum eine herausragende Bedeutung zu (Taube mit Olivenzweig als Symbol des Friedens). Die Feige war dem Gott Dionysos geweiht, dessen Bilder daher oft aus dem Holz des Feigenbaums geschnitzt wurden. Zugleich wurde die Feige mit dem weiblichen Geschlechtsorgan gleichgesetzt. Die Weide wird symbolisch verstanden als Baum der Fruchtbarkeit, des Wachstums und der Wiedergeburt. Sie steht damit als Zeichen für den Kreislauf des Lebens.

Todes möchte Kassandra das letzte Zeichen des Lebens, die Weidenrute vom Skamander, mit sich nehmen. Schließlich wird das von Anchises bearbeitete Holz zu einem „Wiedererkennungszeichen“ (ursprünglicher Sinn des Wortes Symbol) für die Gemeinschaft derer, die man „in jeder Angelegenheit, und sei sie noch so heikel, um Hilfe bitten“ (111) konnte.

Verfremdung und Schreiben als Weltentwurf

Suche nach einer neuen Gattung

In ihrem aufschlussreichen Essay „Lesen und Schreiben“ von 1968 verdeutlicht Ch. Wolf ein Grundkonzept ihres Schreibens, das auch für ihre Erzählung *Kassandra* gilt: „Der Vorschlag [Brechts], sich um eine ‚epische Prosa‘ zu bemühen, scheint dagegen ein Unsinn zu sein. Und doch hat man eine Ahnung, daß es sie geben müsste: eine Gattung, die den Mut hat, sich selbst als Instrument zu verstehen – scharf, genau, zupackend, veränderlich –, und die sich als Mittel nimmt, nicht als Selbstzweck. Als ein Mittel, Zukunft in die Vergangenheit hinein vorzuschieben“ (Dimension II, 34). Es geht Ch. Wolf also nicht mehr um einen Realismus, der die bestehende Wirklichkeit widerspiegelt, sondern um eine Darstellung, in der der Autor „schreibend, die Welt neu erfinden“ (ebd., 36) muss. Schreiben hat damit eine Art prophetischen Charakter, in dem der Autor – wie Kassandra – Vergangenheit und Zukunft verknüpft, und sei es nur mit Prophezeiungen, die nicht gehört werden. „Prosa kann die Grenzen unseres Wissens über uns selbst weiter hinausschieben. Sie hält die Erinnerungen an eine Zukunft in uns wach, von der wir uns bei Strafe unseres Untergangs nicht lossagen dürfen. Sie unterstützt das Subjektwerden des Menschen. Sie ist revolutionär und realistisch: sie verführt und ermutigt zum Unmöglichen.“ (Ebd., 47)

Verknüpfung von Vergangenheit und Zukunft als literarische Prophetie

Prosa als Erinnerungsmöglichkeit

Historisieren und Verfremdung

So wie Kassandra angesichts ihres Untergangs nicht resigniert, sondern sich über ihre Vergangenheit Rechnung ablegt und darüber nachdenkt, zu welchem Zeitpunkt eine Zukunft nicht mehr möglich war, verfolgt Ch. Wolf das Ziel, den Leser näher zu sich selbst zu führen. Dabei nutzt sie Brechts Methode des „Historisierens“: „Verfremdung heißt also Historisieren, heißt Vorgänge und Personen als historische, also als vergänglich darstellen" (Brecht, Bd. 16, S. 704).

Gleichzeitig verfremdet Ch. Wolf den bekannten klassischen Sagenstoff: Sie ersetzt den Götterhimmel durch eine patriarchalisch bestimmende Palastwelt, die den Glauben der einfachen Bevölkerung dazu nutzt, sie zu verführen. Sie entmystifiziert die handelnden Personen, indem sie deren psychische und sexuelle Defizite aufzeigt und ihre Handlungsweisen hierauf zurückführt. Sie entlarvt den Kriegsgrund, indem sie dessen wahren Hintergrund (Zugang zu den Dardanellen) aufzeigt. Sie zeigt, wie Kassandra manipuliert wird, indem sie die Sehergabe von der Palastwelt zugesprochen bekommt. Kassandras Sehergabe ist letztlich keine göttliche Gabe, sondern aus Erkenntnishunger geborenes Sehen.

Verfremdung und Entlarvung der Wirklichkeit

Schließlich lässt sich der Schluss der Erzählung *Kassandra* verstehen als unmittelbarer Anklang an das Gespräch aus Brechts Drama *Leben des Galilei* zwischen Galilei und seinem ehemaligen Schüler Andrea (13. Szene). Andrea sagt: „Unglücklich das Land, das keine Helden hat." Worauf Galilei antwortet: „Nein. Unglücklich das Land, das Helden nötig hat." (Brecht, 1963, S. 113 f.) Ch. Wolf variiert allerdings diese Absage an Helden. Während Brecht durchaus die Möglichkeit eines kollektiven Widerstands sah, lehnt Ch. Wolf dies ab, indem sie Kassandra sagen lässt: „Gegen eine Zeit, die Helden braucht, richten wir nichts aus, das wußtest du so gut wie ich." (163)

Entlarvung des Heldentums

Sprachlenkung als Instrument männlicher Herrschaft

Sprachliche Aufrüstung

Es ist vor allem Eumelos, der sich mit Hilfe des Mediums Sprache emporarbeitet. Es ist der einzige „Besitz", auf den er zurückgreifen kann. Folgerichtig gewinnt er dann auch seine Anhänger „unter Palastschreibern und Tempeldienern" (76) und beginnt umgehend mit sprachlicher Lenkung: Auch „geistig müßten wir gerüstet sein, wenn der Grieche uns angreife. Die geistige Rüstung bestand in der Schmähung des Feindes (von ‚Feind' war schon die Rede, eh noch ein einziger Grieche ein Schiff bestiegen hatte)" (76 f.).

Verwendung von Euphemismen

Siegesmeldungen als Betrug am Volk

Kurzerhand verfälschen die Palastschreiber auch vergangene Ereignisse, indem sie prahlerische Begriffe an die Stelle von Misserfolgen setzen. Sie machen „nachträglich aus dem halbwegs mißglückten Unternehmen großmäulig das ERSTE SCHIFF." (40) Der Fehlschlag der Entführung der Helena wird in tagelangen Sitzungen des Rates zu einer Erfolgsmeldung gemacht, die „hart, gehämmert, glatt wie eine Lanze" (78) das Volk belügt.
Je deutlicher die Niederlage sich abzeichnet, desto pompöser werden die Ehrentitel von Priamos, mit denen dem Volk Größe und Erfolg signalisiert werden sollen. „Unser mächtiger König" heißt es zunächst, dann kurze Zeit später: „Unser allermächtigster König" (ebd.). Hingegen wird der Gebrauch des Wortes „Gastfreund" für Menelaos ersetzt durch „Kundschafter oder Provokateur" (67).

Sprachmanipulationen als Verschleierung

Die Sprachmanipulation betrifft sogar die zentrale Gefahr, in der sich Troja befindet: „Krieg durfte er nicht heißen. Die Sprachregelung lautete, zutreffend: Überfall." (85) Dass diese Sprachregelung sogar von den Herrschenden als Beruhigung akzeptiert worden ist, zeigt sich in der völlig mangelhaften Vorbereitung auf den zu erwartenden Krieg.

Machtpolitik und Sprachmissbrauch um 1980

Ch. Wolf zeigt mit den zahlreichen Beispielen, in denen Sprache nicht mehr als Kommunikationsmittel dient, sondern als Machtinstrument missbraucht wird, die Gefahr männlicher Sprachmanipulation. Diese zu durchschauen und zu benennen, ist notwendig, um zu erkennen, wo und wann der „Vorkrieg" begonnen hat. Ch. Wolf entlarvt unter dieser Grundidee in ihren Vorlesungen die Verlogenheit der Macht-Politik: „Die Nachrichten beider Seiten bombardieren uns mit der Notwendigkeit von Kriegsvorbereitungen, die auf beiden Seiten Verteidigungsvorbereitungen heißen." (VE 122)

Die Sprache des Erinnerungsmonologs

Die Eindringlichkeit, mit der Kassandras sich zu erinnern sucht, ihre intensive Auseinandersetzung mit Personen und Vorgängen und ihre Emotionalität spiegeln sich deutlich in der Sprache der Erzählung wider. An einigen Beispielen soll dies im Folgenden verdeutlicht werden.

Satz- und Wortfiguren

1. Unverbundene Häufungen (asyndetische Akkumulation) finden sich dort, wo Kassandra versucht aus einer emotionalen Stimmung heraus Vorgänge und Beobachtungen intensiv zu gestalten. Ich bin „durchtränkt, geätzt, vergiftet von der Gleichgültigkeit der Außerirdischen“ (5). „Fähnchen, Winken, Jubel, blinkendes Wasser, blitzende Ruder“ (44); „Hekabe. Priamos. Panthoos“ (75); „Ich sah die Unmengen von Waffen, Lanzen, Wurfspeere, Schwerter, Schilde hinter dem Holzwall“ (97); „Ausweichen, ablenken, so wie immer, wenn ihr Name anstand: Polyxena.“ (114); „Ja. Ja. Ja. Jetzt werd ich mit mir selbst von Polyxena sprechen“ (113); „Mein Leben, meine Stimme, mein Körper gaben keine andre Antwort her.“ (155)
   Stellenweise treten Worthäufungen auch als Steigerung (Klimax) oder korrigierende Worthäufung (Correctio) auf: „Mir kommt der Gedanke, insgeheim verfolge ich die Geschichte meiner Angst. Oder, richtiger, die Geschichte ihrer Entzügelung, noch genauer: ihrer Befreiung.“ (43) Deutlich wird hier, dass der Leser einem allmählich fortschreitenden Gedankengang folgt.

Akkumulation und Asyndeton

2. Emotional verstärkend wirken auch die Wiederholungen und Verdoppelung von Wörtern und Satzteilen. „Immer leuchten diese Gestalten auf, wie Signale. Priamos, Aisakos, Aineas, Paris. Ja Paris. Paris und das Unternehmen DRITTES SCHIFF“ (54); „Es sind doch alles Bestien, Kassandra. Halb Bestien, halb Kinder“ (70); „Wehe schrie sie. Wehe, wehe“ (72); „Wir sind verloren. Weh, wir sind verloren.“ (83)
   Hierzu gehört auch die Anapher, die im folgenden Fall sogar im Stil zweier aufeinanderfolgender Verse gestaltet ist. „Jetzt schlachtet die Frau Agamemnon. / Jetzt, gleich geht es mich an.“ (93)

Verdopplung und Wiederholungen

Wortwiederholung am Satzanfang: Anapher

3. Häufig werden Erinnerungen an Personen mit einer Anrede verknüpft, die die Beziehung in einem intensiveren Licht erscheinen lässt. „Ja, mein Pferdchen“ (10). „Helenos. Ach Helenos, andersgearteter Gleichausse-

Anreden

hender“ (35); „Hör zu Aineas. Ach begreif mich doch“ (123); „Aineas. Lieber. Du hast mich verstanden“ (163); „Polyxena […]“ (31).

Pathetische Ausrufe und Götteranrufung (Evocatio)

4. Pathetische Ausrufe (Exclamatio) drücken darüber hinaus Erschütterung und starke Gefühle aus, gelegentlich werden sie antikisierend als Götteranruf formuliert: „O daß sie nicht zu leben verstehn“ (14); „O, wenn doch diese die Liebe nicht kennten“ (31); „Schwach, Bruder, schwach. Ein Schwächling“ (151); „Kybele hilf. / Marpessa schläft. Die Kinder schlafen. / Kybele hilf.“ (86 f.)

Fragen und rhetorische Fragen

5. Fragen und rhetorische Fragen sind innerhalb des Monologs zunächst Fragen, die Kassandra an sich selbst richtet. Dann aber binden sie zugleich den Leser in die Erzählung unmittelbar ein und machen ihn auf zentrale Gedanken aufmerksam. Zum Teil handelt es sich um grundlegende Fragen der Erzählung. Rhetorische Fragen werden nicht selten mit einem Punkt beendet, so dass ihr Status zwischen Frage und mitgedachter Antwort deutlich wird. „Warum wollte ich die Sehergabe unbedingt?“ (12) „Mein Haß kam mir abhanden, wann?“ (13) „Was ich begreifen werde, bis es Abend wird, das geht mit mir zugrund. Geht es zugrund? Lebt der Gedanke, einmal in der Welt, in einem andern fort? In unserm wackern Wagenlenker, dem wir lästig sind?“ (8) „Unsre Tode wären die gleichen gewesen. Ist das ein Trost? Hast du Trost gebraucht? Brauch ich ihn?“ (31) „Wer war Kybele?“ (24)

Anapher

Rhetorische Fragen

Eine Reihung von rhetorischen Fragen entlarvt die zentrale Frage, ob sich Paris mit seinem Wunsch nach Helena tatsächlich auf das Versprechen einer Göttin beziehen könne: „Aber habe schon jemals ein Mensch gehört, daß Aphrodite, unsre liebe Liebesgöttin, einem Manne eine Frau zutreibt, die er gar nicht liebt? Nicht einmal kennt? Nur besitzen will, weil sie angeblich die schönste aller Frauen sei? Weil er durch ihren Besitz der erste aller Männer werde?“ (70) „Sprach in Troia irgendein Mensch von Krieg? Nein.“ (77)
Ähnlich zentral sind auch die folgenden rhetorischen Fragen. „Wann Krieg beginnt, das kann man wissen, aber wann beginnt der Vorkrieg.“ (80) „Das Böse als Mangel? Als Krankheit? Heilbar also?“ (109)

Kürze, Reduktion und Ellipsen

6. Kürze und sprachliche Reduktion, zum Teil auch in Form von Auslassungen (Ellipsen), bestimmen gerade

in entscheidenden Augenblicken den Stil der Erzählung. Schon die ersten Sätze des auktorialen Erzählers zeugen von dieser knappen und kurzen Ausdrucksweise, die auf schmückende Elemente verzichtet. „Hier war es. Da stand sie." (5) „Ins Finstere. Ins Schlachthaus. Und allein." (Ebd.) In gleicher Weise beendet Kassandra ihren Monolog: „Das Licht erlosch. Erlischt. Sie kommen." (164) Ellipsen konzentrieren den Satzinhalt auf das Wesentliche und steigern dabei die Eindringlichkeit des Gesagten. „Und in Achills Gesicht die Lust. Die nackte gräßliche männliche Lust." (89) „Er weinte, aber nicht, wie man aus Trauer weint, aus Angst und Schwäche." (64)

Verknappung und Ellipsen

Nicht selten finden sich rhetorische Fragesätzen in elliptischer Form. „Wer – man? Die Götter? Die Verhältnisse? Der König?" (36)

7. Der antikisierend vorangestellte Genitiv, Inversionen sowie nachgestellte Adjektive sind sprachliche Merkmale, die den Lesefluss immer wieder verlangsamen, als sollte ein zu rasches Dahinströmen des Gedankenflusses verhindert werden.

Verlangsamung des Leseflusses durch Inversionen

Der vorangestellte Genitiv verändert die Stillage des Textes und erhöht ihn zu einer Art klassischen Sprechens. Dabei steht er im Gegensatz zu dem umgangssprachlichen Stil (siehe S. 150). „Des Anchises langer Kopf." (39) „[D]es Königs Schwester Hesione" (43). Diese Überhöhung wird sofort durch den folgenden Satz wieder zurückgenommen. „Hesione, sagte mein Vater Priamos im Rat und gab seiner Stimme einen weinerlichen – pathetischen Klang: Hesione, die Schwester des Königs" (ebd.).

Veränderung der Stillage

Inversionen heben die Bedeutung jener Wörter und Satzteile hervor, die von der gewohnten Satzstellung abweichen. „Vergessen will ich den zerrütteten, verwahrlosten Vater nicht." (17) „Dem Priamos hätte kein Priester ein solches Opfer abverlangen dürfen." (65)

Stellenweise weicht auch die Anordnung von Satzgliedern und Satzteilen durch Einschübe deutlich vom Gewohnten ab, so dass man gezwungen ist, die Sätze erneut zu lesen. „Den [Dolch] sie mir vorhin, als wir die Frau, die Königin gesehen hatten, nur mit den Augen angeboten hat." (8) „Im Kampf ein Unhold, damit jeder sah, daß er nicht feige war, wußte er nichts mit sich anzufangen nach der Schlacht." (99) „Die Männer, schwach, zu Siegern hochgeputscht, brauchen, um sich überhaupt noch zu empfinden, uns als Opfer." (143)

Rhythmisierung der Sprache

Prosa und jambischer Rhythmus

Im Gegensatz zu diesem gestauten Rhythmus finden sich Textstellen, die einen deutlich fließenden jambischen Rhythmus aufweisen. Es sind vor allem emotional aufgeladene Passagen, wie etwa die Beschreibung des Lebens am Skamander: „Wir wáren dánkbar, dáß geráde wír das hőchste Vórrecht, dás es gíbt, geníeßen dúrften, ín die fínstere Gégenwárt, die álle Zéit besétzt hält, eínen schmálen Stréifen [...]" (159).
Unterstützt wird diese Rhythmisierung an vielen Stellen durch den Wegfall des Buchstaben „e" (Elision) vor allem bei Verben (gehn, hab ich, wars). Die Elision ist ein typisches Stilmittel der Lyrik und des Dramas, um durch das Auslassen eines unbetonten Vokals das Versmaß aufrechtzuerhalten.

Tendenzen zur Umgangsprache

Die Elision geht an manchen Stellen einher mit umgangssprachlichen Formulierungen, so dass auf diese Weise auch ein Anklang an unmittelbar Gesprochenes erzeugt wird. Kassandras Entsetzen über Polyxena drückt sich auch im Verlust der Stilebene aus: „So liebst du dieses Vieh? Kriegst du auch das noch fertig!" (130) Priamos charakterisiert seine Tochter verärgert: „Immer die Nase hoch? Und mit dem Mundwerk vorneweg?" (150)
Besonders Anchises verwendet – sozusagen als Ausdruck seiner Unabhängigkeit von allem Höfischen – gehäuft Umgangssprache: „Also, Mädchen, nun paß doch mal auf. Der Eumelos braucht den Achill wie ein alter Schuh den andern." (125)

9 Rezeption der Erzählung

Verkaufserfolg in der Bundesrepublik

Schon innerhalb des ersten Jahres nach dem Erscheinen in der Bundesrepublik im Frühjahr 1983 soll allein der Verlag Luchterhand 150 000 Exemplare der Erzählung, weitere 90 000 Exemplare der *Voraussetzungen einer Erzählung* verkauft haben (vgl. Magenau, 2002, S. 338). Und auch die folgenden Jahre hielt der Verkaufserfolg im Westen an, so dass die beiden Bücher Ch. Wolfs größter Erfolg wurden.

Zensurmaßnahmen in der DDR

Auch die Ausgabe in der DDR im Aufbau-Verlag, die wegen der Zensurstreitigkeiten erst im Winter 1983/84 erschien, wurde nach anfänglichen Unstimmigkeiten ein durchschlagender Erfolg. Die DDR-Ausgabe enthielt neben den vier Vorlesungen die Erzählung und Fotos aus Griechenland und von frühzeitlichen Funden. Die 3. Vorlesung war von der Zensur beanstandet und schließlich um 60 Zeilen gekürzt worden. Allerdings war schon ein Vorabdruck der vierten Vorlesung in der angesehenen DDR Literaturzeitschrift *Sinn und Form* erschienen, so dass der Literaturkritiker W. Girnus sich schon vor dem Erscheinen der Erzählung kritisch äußern konnte.

Verzögerte Drucklegung in der DDR

Für die westdeutsche Presse war die verzögerte Publikation der Erzählung und der vier Vorlesungen eine hervorragende Möglichkeit, um die Zensurmaßnahmen der DDR am konkreten Beispiel zu kritisieren. In der *Frankfurter Allgemeinen Zeitung* vom 25. Februar 1984 nimmt Uwe Wittstock in seinem Artikel „Die gekürzte Kassandra. Christa Wolfs Anschauungen sind in der DDR unwillkommen“ als einer der Ersten deutlich Stellung zu den Zensurmaßnahmen. Wenige Tage später geht Sibylle Wirsing gleichfalls in der *Frankfurter Allgemeinen Zeitung* vom 15. März 1984 mit ihrem Artikel „Angst vor Kassandra. Widersprüche auf der Leipziger Buchmesse“ auf den erstaunlichen Vorgang bei der Leipziger Buchmesse ein, dass die Ausgabe der *Kassandra* „das bedeutendste Literaturereignis der Leipziger Buchmesse [war], obwohl weder das Buch noch die Autorin auf dem Schauplatz zur Verfügung standen“ (zit. nach: Schmidjell, 2003, S. 85). Nach kurzer Zeit war nämlich das einzige Verlagsexemplar vom Stand des Aufbau-Verlags verschwunden und

Überraschung auf der Leipziger Buchmesse

weitere Exemplare waren weder auf der Buchmesse noch in Buchläden zu erhalten.
Eine der schärfsten Kritiker im Vorfeld war Wilhelm Girnus, der sich schon vor Erscheinen der Erzählung in der Literaturzeitschrift *Sinn und Form* äußerte. Die Rezension soll hier etwas ausführlicher zitiert werden, da sie überaus aufschlussreich ist im Hinblick auf Ch. Wolfs Schreiben in der DDR und auf die Idee sozialistischer Literatur:

> „Dadurch aber, daß Christa Wolf untergründig das Problem der unterdrückten Frau überdies auf mir unverständliche Weise mit dem ‚mörderischen Wer – Wen' verknüpft, wird dem Leser – möglicherweise ungewollt – der Eindruck suggeriert, die Geschichte sei nicht in ihrem tiefsten Grunde der Kampf zwischen Ausbeutern und Ausgebeuteten, sondern zwischen Männern und Frauen, ja noch grotesker, zwischen ‚männlichem' und ‚weiblichem' Denken, sozusagen zwischen kausalem und akausalem, rationalem und emotionalem. Daß so ein blühender Unsinn in einem sozialistischen Land das Licht der Welt erblickt, das kann doch nicht wahr sein. Daß zwischen Mann und Frau gewisse Unterschiede bestehen und immer bestehen werden – Gott seis gedankt –, auch in der Hinwendung zu ihr, können nur Schwachsinnige bestreiten, daraus aber die grundlegende Dialektik des Geschichtsprozesses herleiten zu wollen, […] hat mit der Wirklichkeit so viel zu tun wie Kaffeesatz mit dem Satz des Pythagoras. Klagen über die geschichtliche Existenz der Sklaven, der Leibeigenschaft und der Lohnsklaven kann sich jeder kapitalistische Schweinehund, jeder versoffene Großagrarier, jeder schleimige Priester gratis und franko als moralisches Alibi leisten. Ich bin kein Anhänger der Bergpredigt. Ich finde militanten Zorn und gerechten Haß wesentlich menschlicher und produktiver für die Rechte und Freiheiten der Menschen als Wehleidigkeit und Klage. Ich halte allein *die* Losung für moralisch und ehrlich: Friede den Hütten und Krieg den Palästen. Das aber heißt in der Frauenfrage: Die *werktätige*, die *produzierende* Frau hat bisher Geschichte gemacht (zusammen mit ihren männlichen Geschlechtsgenossen). *Sie* hat dafür gesorgt (um in der Sprache derer zu reden, unter und mit denen ich groß geworden bin), daß die feinen ‚gebüldeten' Dämchen da oben und ihre Freier einen warmen Arsch hatten und sich sattfressen konnten. *So* steht es um die geschichtliche Dialektik. Die geschriebene Geschichte aber erzählt uns die ‚Heldentaten' der ausbeutenden

> Klassen, nicht die Leistung der werktätigen Frau. Christa Wolf will ein ehrenhaftes und notwendiges Anliegen […] vertreten, aber sie vergißt dabei die Hauptakteure der Geschichte. Die ausbeutenden Klassen bildeten stets nur die Schaumkronen auf dem Meer, das Meer selbst waren die produzierenden Klassen." (Girnus, 1983, S. 439 f.)

Nach dem Erscheinen des Buches in der DDR wird die Kritik allmählich differenzierter, sie wendet sich stärker der Frage zu, wie literarische Werke dem Leser Wirklichkeit mitteilen und wie Schriftsteller literarische Stoffe verarbeiten. Letztlich wird auch in der DDR Ch. Wolfs tatsächliches Anliegen gesehen und diskutiert.

Positive und negative Rezensionen in der Bundesrepublik

Die Rezeption im Westen zeigte sowohl Begeisterung als auch Ablehnung. Fritz Raddatz rezensiert die Erzählung sowie die Vorlesungen in der Literatur-Beilage der Wochenzeitschrift *Die Zeit* vom 25. März 1983 mit großer Bewunderung. Er lobt Ch. Wolfs Prosa als „makellos" und bezeichnet die beiden Bände als „[k]leine Wunder", die man nicht „auslesen" könne. *Kassandra* sei „keine Erzählung. Vielmehr ein großer historisch-moralischer Essay, das, was man im Französischen *pensées* oder *réflexions* nennen würde." Schließlich sieht er in Christa Wolf das Spiegelbild Kassandras. Sie ist „niemandes Königs Tochter, für wahnsinnig noch nicht erklärt und, europäische Schriftstellerin von Rang, noch in keinem Verlies verschwunden".

Sibylle Cramer setzt in der *Frankfurter Rundschau* vom 22. Mai 1983 einen deutlich anderen Akzent. Sie beurteilt Ch. Wolfs Rezeption der Antike aus der Perspektive der Frauenbewegung und legt den Schwerpunkt auf Ch. Wolfs Darstellung der Objektrolle der Frauen, ihre Kritik an der patriarchalischen Machtentfaltung und der männlichen destruktiven Aggressivität. Ch. Wolf hat Cramers Meinung nach „die Ästhetik weiblichen Widerstands" geschrieben.

Negativ ist dagegen die Kritik von Reinhart Baumgart im *Spiegel* vom 4. April 1983. Kassandra ist für ihn „todessüchtig" und „zelebriert" ihr Schicksal. Baumgart stößt das „Märtyrertum" ab. Zugleich erkennt er in Kassandras Aussagen über den griechischen Feind und über Achill, das Vieh, keineswegs ihre „pazifistischen", sondern ihre „mörderischen Reden". Als Resümee schreibt er: „Schön lesen sich die Absichten, mühsam liest sich das Werk."

Personenregister

Achill angeblich Sohn der Göttin Thetis; rächt den Tod seines Geliebten Patroklos, indem er zwölf gefangene Troer abschlachten lässt; tötet Troilos, Hektor und Penthesilea; begehrt Polyxena; wird schließlich von Paris getötet; Verkörperung von Brutalität und sexueller Perversion.

Agamemnon Anführer der Griechen; hat seine Tochter Iphigenie geopfert; führt Kassandra als Gefangene nach Mykene; wird von seiner Ehefrau Klytaimnestra nach seiner Heimkehr getötet.

Aineas Sohn des Anchises und der Göttin Aphrodite; die „Seele Trojas", Geliebter Kassandras; rettet sich und seinen Vater aus dem brennenden Troja; gilt als mythologischer Gründer Roms.

Aisakos Sohn von Priamos und Arisbe, Lieblingsbruder Kassandras; begeht nach dem Tod seiner Frau aus Trauer Selbstmord.

Anchises Vater des Aineas; zentrale Figur der Gegenwelt am Skamander; enger Vertrauter Kassandras; begleitet das zweite und dritte Schiff.

Andromache Hektors Frau, treu, häuslich, eher unscheinbar.

Andron Offizier des Eumelos und Geliebter Polyxenas; verrät diese an Achill; wird von Klein Aias erstochen.

Arisbe auch „Große Mutter" genannt; Ehefrau von Anchises, zuvor Nebenfrau des Priamos, Mutter von Aisakos; weiht Kassandra in die Ideen der Göttinnenwelt ein.

Asterope Frau des Aisakos; stirbt im Kindbett.

Brieseis Tochter des Kalchas; verheiratet mit Troilos.

Eumelos steigt vom einfachen Offizier zum Anführer der Palastwache und des Sicherheitsdienstes auf.

Hekabe Gemahlin von Priamos und Königin von Troja, Kassandras Mutter; verliert zunehmend an Einfluss auf die Geschehnisse in Troja.

Hektor Kassandras älterer Bruder; wird zum Helden aufgebaut, tötet den Geliebten von Achill, Patroklos, und wird von Achill ermordet.

Helenos Zwillingsbruder Kassandras; übt das Amt des Augurs aus.

Herophile alte Priesterin.

Hesione Schwester des Priamos; angeblich entführt von Telamon, dem König von Sparta.

Kassandra trojanische Königstochter, Priesterin; wird als Gefangene Agamemnons nach Mykene gebracht.

Kalchas Priester in Troja, der nach der gescheiterten Mission des zweiten Schiffs aus Angst vor Bestrafung wegen seiner falschen (erzwungenen) Prophezeiung nicht nach Troja zurückkehrt.
Klein Aias tötet Andron und vergewaltigt Kassandra.
Klytaimnestra Ehefrau von Agamemnon; tötet diesen ebenso wie später Kassandra (als Rache für den Tod von Iphigenie).

Lampos Vetter des Königs Priamos; führt das erste Schiff und verliebt sich in den griechischen Apollpriester Panthoos.

Marpessa Dienerin und enge Vertraute Kassandras; wird mit dieser zusammen nach Mykene gebracht.
Menelaos König von Sparta; seine Ehefrau Helena wird angeblich von Paris geraubt.
Myrine Amazone, Vertraute von Penthesilea; von Kassandra geliebt; stirbt beim Angriff auf das Trojanische Pferd.

Oinone heilkundige Geliebte von Paris, die dieser aus den Bergen mitbringt.

Panthoos griechischer Priester; ist Lampos freiwillig nach Troja gefolgt; untersagt dort als Priester des Apoll das Knabenopfer.
Paris Bruder von Kassandra, als Säugling ausgesetzt; kehrt mit Oinone nach Troja zurück, „entführt“ Helena, tötet Achill, stirbt an Wundbrand.
Penthesilea Heerführerin der Amazonen; wird von Achill im Kampf getötet.
Parthena Marpessas Mutter, Amme von Kassandra.
Priamos König von Troja, Ehemann von Hekabe, Kassandras Vater.
Polyxena Schwester von Kassandra; hat ein Verhältnis mit Andron; lockt Achill in eine Falle, verfällt dem Wahnsinn und wird am Grab Achills von den Griechen ermordet.

Troilos Bruder von Kassandra, von Achill ermordet.

Literaturhinweise

Ausgaben

Wolf, Christa: Voraussetzungen einer Erzählung: Kassandra. Frankfurter Poetik-Vorlesungen. München: Luchterhand Literaturverlag, 2004. (Sammlung Luchterhand 2072.) [Zit. als: VE.]
– Die Dimension des Autors. Essays und Aufsätze, Reden und Gespräche 1959–1985. 2 Bde. Berlin/Weimar: Aufbau-Verlag, 1986. [Zit. als: Dimension I / Dimension II.]
– Kindheitsmuster. Berlin/Weimar: Aufbau-Verlag, 1984. [Zit. als: KM.]
– Im Dialog. München: Sammlung Luchterhand im Deutschen Taschenbuch Verlag, 1994.
– Von Kassandra zu Medea. In: Ch. Wolf: Hierzulande Andernorts. München: Luchterhand Literaturverlag, 1999. S. 158–168.
– Ein Tag im Jahr. 1960–2000. München: Luchterhand Literaturverlag, 2003.

Aischylos: Die Orestie. Deutsch von Emil Staiger. Stuttgart: Reclam, 1967.
Brecht, Bertolt: Leben des Galilei. Frankfurt a.M.: Suhrkamp, 1963.
– Kleines Organon für das Theater. In: B. B.: Gesammelte Werke in 20 Bänden. Bd. 16. Frankfurt a.M.: Suhrkamp, 1967.
Homers *Ilias*. Übers. und erklärt von Wilhelm Jordan. 2. Aufl. Frankfurt/Oder: Jordan's Selbstverlag, 1882.

Sekundärliteratur

Baumgart, Reinhart: Ein Marmorengel ohne Scherzen. In: Der Spiegel. 4. April 1983.
Bramwell, Anna: „Blut und Boden". In: Étienne François / Hagen Schulze (Hrsg.): Deutsche Erinnerungsorte. Bd. 3. 2., durchgesehene Aufl. München: C. H. Beck, 2002. S. 380–391.
Cramer, Sibylle: Eine unendliche Geschichte des Widerstands. In: Christa Wolfs Materialienbuch. Hrsg. von Klaus Sauer. Darmstadt/Neuwied: Luchterhand, 1983. S. 124ff.
– Kassandra, eine weibliche Widerstandfigur. Christa Wolfs episches Antikenprojekt. In: Frankfurter Rundschau. 22. Mai 1983.
Distler, Sonja: Mütter, Amazonen und dreifältige Göttinnen. Eine psychologische Analyse des Matriarchatsmythos. Wien: Picus Verlag, 1989.
Drescher, Angela (Hrsg.): Christ Wolf – Ein Arbeitsbuch. Studien – Dokumente – Bibliographie. Berlin/Weimar: Aufbau-Verlag, 1989.
– (Hrsg.): Dokumentation zu Christa Wolf, *Nachdenken über Christa T.* Hamburg/Zürich: Luchterhand Literaturverlag, 1991.
Emmerich, Wolfgang: Kleine Literaturgeschichte der DDR. Darmstadt/Neuwied: Luchterhand, 1981.
Epple, Thomas: Der Aufstieg der Untergangsseherin Kassandra. Zum Wandel ihrer Interpretation vom 18. Jahrhundert bis zur Gegenwart. Würzburg: Königshausen und Neumann,1993.

Falke, Matthias (Hrsg.): Mythos Kassandra. Texte von Aischylos bis Christa Wolf. Leipzig: Reclam, 2006.

Gerdzen, Rainer / Wöhler, Klaus: Matriarchat und Patriarchat in Christa Wolfs „Kassandra". Würzburg: Königshausen und Neumann, 1991.

Girnus, Wilhelm: Wer baute das siebentorige Theben? In: Sinn und Form 35 (1983) Heft 2. S. 439–447.

Göttner-Abendroth, Heide: Für die Musen. Frankfurt a. M.: Zweitausendeins Verlag, 1989.

Greiner, Bernhard: „Mit der Erzählung geh ich in den Tod": Kontinuität und Wandel des Erzählens im Schaffen von Christa Wolf. In: Wolfram Mauser (Hrsg.): Erinnerte Zukunft. 11 Studien zum Werk Christa Wolfs. Würzburg: Königshausen und Neumann, 1985. S. 107–140.

Hilzinger, Sonja: Kassandra. Über Christa Wolf. 2., neu bearb. und erw. Aufl. Frankfurt a. M.: Haag und Herchen Verlag, 1984.

Magenau, Jörg: Christa Wolf. Eine Biographie. Berlin: Kindler Verlag, 2002.

Maisch, Christine: Ein schmaler Streifen Zukunft. Christa Wolfs Erzählung „Kassandra". 2., verb. Aufl. Würzburg: Königshausen und Neumann, 1990.

Mauser, Helmtraud: Zwischen Träumen und Wurfspeeren. Kassandra und die Suche nach einem neuen Selbstbild. In: Wolfram Mauser (Hrsg.): Erinnerte Zukunft. 11 Studien zum Werk Christa Wolfs. Würzburg: Königshausen und Neumann, 1985. S. 291–315.

Mohr, Heinrich: Die zeitgemäße Autorin – Christa Wolf in der DDR. In: Wolfram Mauser (Hrsg.): Erinnerte Zukunft. 11 Studien zum Werk Christa Wolfs. Würzburg: Königshausen und Neumann, 1985. S. 17-???.

Nicolai, Rosemarie: Christa Wolf, *Kassandra*. 3., korr. und ergänzte Aufl. München: Oldenbourg, 1997.

Nickel-Bacon, Imgard: Schmerz und Subjektwerdung. Tübingen: Stauffenburg Verlag, 2001.

Quernheim, Mechthild: Das moralische Ich: Kritische Studien zur Subjektwerdung in der Erzählprosa Christa Wolfs. Würzburg: Königshausen und Neumann, 1990.

Raddatz, Fritz: Das Gedächtnis – eine andere Form des Sehens. Christa Wolfs Erzählung *Kassandra* und ein Band mit Überlegungen zur Poetik. In: Die Zeit. 25. März 1983. Literaturbeilage S. 1 f.

Ranke-Graves, Robert von: Griechische Mythologie. Quellen und Deutung. Hamburg: Rowohlt, 1984.

Renner, Rolf Günter: Mythische Psychologie und psychologischer Mythos. Zu Christa Wolfs *Kassandra*. In: Wolfram Mauser (Hrsg.): Erinnerte Zukunft. 11 Studien zum Werk Christa Wolfs. Würzburg: Königshausen und Neumann, 1985. S. 265–290.

Schmidjell, Christine: Christa Wolf, *Kassandra*. Erläuterungen und Dokumente. Stuttgart: Reclam, 2003. (Universal-Bibliothek Nr. 16030.)

Siebler, Michael: Troia. Mythos und Wirklichkeit. Stuttgart: Reclam, 2001. (Universal-Bibliothek Nr. 18130.)

Stephan, Alexander: Christa Wolf. 4., erw. Aufl. München: C. H. Beck, 1991.

Prüfungsaufgaben und Lösungen

I Vergleichende Analyse von literarischen Texten

II Analyse eines literarischen Textes mit weiterführendem Schreibauftrag

III Analyse eines Sachtextes mit weiterführendem Schreibauftrag

IV Literarische Erörterung

V Analyse eines Sachtextes mit weiterführendem Schreibauftrag

VI Analyse eines literarischen Textes mit weiterführendem Schreibauftrag

VII Argumentative Entfaltung eines Problems im Anschluss an eine Textvorlage

VIII Analyse eines Sachtextes mit weiterführendem Schreibauftrag

I Vergleichende Analyse von literarischen Texten

Aufgabenstellung:

1. Analysieren Sie den Anfang des Romans *Irrungen, Wirrungen* von Theodor Fontane.
2. Vergleichen Sie ihn mit dem Anfang von Ch. Wolfs Erzählung *Kassandra* (S. 5 f. bis „und lebte weiter, um zu sehn“).

Theodor Fontane: *Irrungen, Wirrungen*[1] (1888 veröffentlicht)

An dem Schnittpunkt von Kurfürstendamm und Kurfürstenstraße, schräg gegenüber dem „Zoologischen“[2], befand sich in der Mitte der siebziger Jahre noch eine große, feldeinwärts sich erstreckende Gärtnerei, deren kleines, dreifenstriges, in einem Vorgärtchen um etwa hundert Meter zurückgelegenes Wohnhaus, trotz aller Kleinheit und Zurückgezogenheit, von der vorübergehenden Straße her sehr wohl erkannt werden konnte. Was aber sonst noch zu dem Gesamtgewese der Gärtnerei gehörte, ja die recht eigentliche Hauptsache derselben ausmachte, war durch eben dies kleine Wohnhaus wie durch eine Kulisse versteckt, und nur ein rot und grün gestrichenes Holztürmchen mit einem halb weggebrochenen Zifferblatt unter der Turmspitze (von der Uhr selbst keine Rede) ließ vermuten, dass hinter dieser Kulisse noch etwas anderes verborgen sein müsse, welche Vermutung denn auch in einer von Zeit zu Zeit aufsteigenden, das Türmchen umschwärmenden Taubenschar und mehr noch in einem gelegentlichen Hundegeblaff ihre Bestätigung fand. Wo dieser Hund eigentlich steckte, das entzog sich freilich der Wahrnehmung, trotzdem die hart an der linken Ecke gelegene, von früh bis spät aufstehende Haustür einen Blick auf ein Stückchen Hofraum gestattete. Überhaupt schien sich nichts mit Absicht verbergen zu wollen, und doch musste jeder, der zu Beginn unserer Erzählung des Weges kam, sich an dem Anblick des dreifenstrigen Häuschens und einiger im Vorgarten stehenden Obstbäume genügen lassen.

Es war die Woche nach Pfingsten, die Zeit der langen Tage, deren blendendes Licht mitunter kein Ende nehmen wollte. Heut aber stand die Sonne schon hinter dem Wilmersdorfer Kirchturm, und statt der Strahlen, die sie den ganzen Tag über herabgeschickt hatte, lagen bereits abendliche Schatten in dem Vorgarten, dessen halb märchenhafte Stille nur noch von der Stille des von der alten Frau Nimptsch und ihrer Pflegetochter Lene mietweise bewohnten Häuschens übertroffen wurde. Frau Nimptsch selbst aber saß wie gewöhnlich an dem großen, kaum fußhohen Herd ihres die ganze Hausfront einnehmenden Vorderzimmers und sah, hockend und vorgebeugt, auf einen rußigen alten Teekessel, dessen Deckel trotzdem der Wrasen auch vorn aus der Tülle quoll, beständig hin und her klapperte. Dabei hielt die Alte beide Hände gegen die Glut und war so versunken in ihre Betrachtungen und Träumereien, dass sie nicht hörte, wie die nach dem Flur hinausführende Tür aufging und eine robuste Frauensperson ziemlich geräuschvolleintrat. Erst als diese letztre sich geräuspert und ihre Freundin und Nachbarin, eben unsre Frau

1 Thema des Romans ist die unstandesgemäße Verbindung von Lene und dem adligen Baron Botho von Rienäcker.

2 Zoologischer Garten in Berlin

Nimptsch, mit einer gewissen Herzlichkeit bei Namen genannt hatte, wandte sich diese nach rückwärts und sagte nun auch ihrerseits freundlich und mit einem Anfluge von Schelmerei: „Na, das ist recht, liebe Frau Dörr, dass Sie mal wieder rüberkommen. Und noch dazu vons ‚*Schloss*'. Denn ein Schloss is es und bleibt es. Hat ja 'nen Turm."
(Theodor Fontane, *Irrungen, Wirrungen*, Leipzig/Stuttgart/Düsseldorf: Ernst Klett Schulbuchverlag, 2005, S. 3f.)

Zu 1

Inhalt: Detaillierte Beschreibung des Handlungsortes mit topographischem Bezug zu Berlin (*Kurfürstendamm, Zoo*); dabei fällt auf, dass einige Details besonders hervorgehoben werden (*rot-grünes Holztürmchen, weggebrochenes Zifferblatt, keine Uhr*), während andere Details durch die Art der Darstellung Aufmerksamkeit erregen (*Kulisse, nichts mit Absicht verborgen, märchenhafte Stille*) und einen subjektiven Eindruck wiedergeben.
Genaue Festlegung der Zeit (*Mitte der siebziger Jahre, eine Woche nach Pfingsten*).
Zunächst filmhafte „Totale" auf den Handlungsort, danach allmähliche fokusartige Einengung der Perspektive auf Details im Haus selbst (*rußiger, alter Teekessel*).
Ärmlichkeit als scheinbarer Gegensatz zum „Schloss".
Einführung einer Hauptperson, Frau Nimptsch.
Handlung: Zunächst keine unmittelbare Handlung, sondern vor allem Wiedergabe von Sinneseindrücken, Aufbau einer behaglichen Atmosphäre, gelenkt durch den Sprachgebrauch (*Türmchen, Häuschen*), dann erkennbare Tendenz zur linear fortschreitenden Handlung.
Erzählperspektive: Auktorialer Erzähler schildert mit wohlwollender Perspektive den Schauplatz, lenkt deutlich unsere Aufmerksamkeit und unseren Blickwinkel, weckt Erwartungen, bezieht den Leser ein (*unsere Erzählung*), blickt zurück (*befand sich in der Mitte der siebziger Jahre*).
Wörtliche Wiedergabe eines Gesprächs, Dialekt und Umgangssprache, unterstreicht die Milieu-Studien. Erneute Anspielung auf das Schloss.
Funktion des Raumes: Zunächst Festlegung des Handlungsraumes (Festlegung des sozialen Milieus: ärmlich, aber nicht ungemütlich), Raum gewinnt darüber hinaus symbolische Bedeutung durch die Betonung des Scheinhaften (*Schloss ist ein ärmliches Miethaus; Turmspitze mit weggebrochenem Ziffernblatt, ohne Uhr* – möglicher Hinweis auf Anachronismen oder Zeitlosigkeit).
Funktion der Zeit: Handlungszeit Pfingsten als Grundlage der Romanchronologie; hochstehende Sonne, die blendet (möglicherweise symbolhaft – Sonne, die durch ihre Helligkeit alles aufdeckt?)
Personen: Frau Nimptsch, Pflegemutter von Lene. Umgebung und Haltung von Frau Nimptsch unterstreichen das ärmliche Milieu, in das ein Adliger nicht hineinpasst. Die Gedanken und Träumereien von Frau Nimptsch gehen möglicherweise zu ihrer Pflegetochter Lene und deren Verhältnis zu dem Baron. Berliner Dialekt mit Humor (*Und noch dazu vons ‚Schloss'.*).
Sprache: Detailgenauigkeit als Zeichen für die Widerspiegelung der Realität (*An dem Schnittpunkt, schräg gegenüber, etwa hundert Meter zurückgelegenes Wohnhaus, linke Ecke*). In diesem Sinne wird am Anfang des Romans ein hypotaktischer Satz-

bau verwendet, um die Situation komplex und detailliert darzustellen, indem immer weitere Informationen hinzugefügt werden. Hinzu kommt eine Vielzahl von Attributen, mit denen Substantive und Satzglieder differenzierter bestimmt werden (*deren kleines, dreifenstriges […]* [Adjektiv-Attribut]; *mit einem halb weggebrochenen Zifferblatt* [präpositionales Attribut]).
Verwendung des Konjunktivs (*verborgen sein müsse*), um Vermutungen zu formulieren. Umgangssprache und Dialekt, um das Lokalkolorit zu erfassen.

Zu 2

Inhalt und Handlung: Im Gegensatz zu Fontane beginnt *Kassandra* mit einem zweifachen Vorspann, in dem das Thema und die Verbindung von Gegenwart und Vergangenheit reflektiert wird. Zwei Verse der Dichterin Sappho werden der Erzählung als Motto vorangestellt, die das wichtige Motiv von Liebe und Sexualität anklingen lassen.
Es folgen die Reflexionen eines auktorialen Erzählers, der sich angesichts des Löwentors und der Zyklopenmauer von Mykene die Situation von Kassandra vor mehr als 3000 Jahren zu vergegenwärtigen und mit der Gegenwart zu verbinden sucht (*Unverändert der Himmel, ein tiefblauer Block, hoch, weit*).
Kassandra weiß, dass sich ihr Schicksal am Tor von Mykene entscheiden wird. Es ist eben jenes Tor, das den auktorialen Erzähler an ihr Verhängnis erinnert hat (*Hier stand sie; Hier ende ich*).
Die eigentliche Erzählung, der Erinnerungsmonolog, beginnt mit großer Dynamik. Kassandra schildert die stürmische Überfahrt als Gefangene Agamemnons von Troja nach Griechenland. Ihre Vertraute Marpessa sucht das Chaos des Sturms auszunutzen, um Kassandras Kinder vom Mast abzubinden und sie ertrinken zu lassen. Dies kann Kassandra verhindern, obgleich sie gleichzeitig weiß, dass sie ihre Kinder „wahnwitzigen Menschen“ (6) überantwortet.
Erzählperspektive: Ein auktorialer Erzähler blickt auf die Trümmer jener Festung, vor der Kassandra mehr als 3000 Jahre zuvor auf ihren Tod gewartet hat. (Dieser Erzähler ähnelt in seiner Perspektive der Autorin.)
Mit einem Satz („Mit der Erzählung geh ich in den Tod“), der sowohl vom Erzähler selbst als auch von Kassandra stammen könnte, beginnt die Erzählung. Fast übergangslos begegnen wir der Ich-Erzählerin Kassandra, die innerlich aufgewühlt vor der Burg von Mykene auf ihren Tod wartet. Nachdem sie ihre tiefe Verachtung gegenüber den „Außerirdischen“ geäußert hat, schildert sie die Ereignisse während des Sturms. Sie versucht sich dabei klar zu werden, was sie an das Leben bindet.
Funktion des Raumes: Der Leser wird anfangs mit dem historischen Ort Mykene, der Zyklopenmauer und dem Tor bekannt gemacht, dabei gewinnt der Ort durch den ersten Hinweise auf Kassandra auch einen mythologischen Akzent („Diese Festung […] war das letzte, was sie sah“, 5).
Während der Roman von Fontane zunächst vor allem eine Milieustudie ist, die den Leser in die beschauliche Abgeschiedenheit einer Gärtnerei am Rande Berlins führt, wird Mykene zum Symbolraum für Rache, Mord und Hass. Kassandras Sicht auf Mykene ist die Sicht der Gefangenen, die den Tod innerhalb der Mauern

erwartet, die aber weiß, dass auch Agamemnon der Rache seiner Frau zum Opfer fallen wird.

Funktion der Zeit: Die Tages- und Jahreszeit spielt bei Fontane eine wichtige Rolle als Unterstützung der Raumatmosphäre, zugleich aber auch als Metapher (Schatten, Abenddämmerung lassen Geheimnisse zu).

Ch. Wolfs Erzählung bleibt zeitlos und unbestimmt („neulich nachts", 5). Für Kassandra selbst ist die Handlungs-Zeit einen Tag lang stehen geblieben, während sich in ihren Erinnerungen die – erlebte – Zeit rückwärts und vorwärts bewegt.

Personen: Kassandra, Marpessa und Agamemnon, Kassandras Kinder.

Konstellation: Außer Marpessa wird keiner diesen Tag überleben, aber Kassandra wählt überraschenderweise ihre enge Vertraute Marpessa nicht als Zuhörerin für ihre Erzählung, obgleich sie bedauert, dass keiner ihre Geschichte weitererzählen wird. Agamemnon vertritt die Gruppe der verhassten griechischen Männer, er ist nur noch ein „wimmernde[r], speiende[r]" Mensch, der nicht weiß, dass ihn der Tod erwartet. Auch Kassandras Kinder erwartet der Tod. Und Kassandra selbst fragt, welche Stricke alle „ans Leben binden" (6).

Sprache: Dem gleichmäßig ruhigen Fluss der Beschreibung Fontanes, der durch eine Vielzahl von Attributen immer neue Details hinzufügt, steht Ch. Wolfs ruheloser und atemloser Stil gegenüber. Kurze Sätze, Ellipsen und Wiederholungen zeugen von Sprunghaftigkeit und Spannung. („Hier ende ich. Ohnmächtig, und nichts, nichts was ich hätte", 5).

Durch asyndetische Aufzählungen wird diese Unruhe verstärkt („[…] bin ich durchtränkt, geätzt, vergiftet", ebd.), dabei wird die Intensität der Aussage durch Klimax noch gesteigert.

Der Anfang des Romans von Fontane enthält die typischen Merkmale des traditionellen Erzählens im 19. Jahrhundert und des „Realismus": äußere Realitätstreue, lineare Erzählstruktur, Einzelteile des Romans ordnen sich dem Ganzen zu; die Sprache unterstützt die Konstruktion von Wirklichkeit, die Figuren werden vom Erzähler charakterisiert und charakterisieren sich durch ihre Sprache.

Dagegen kann Ch. Wolfs Erzählung als Beispiel einer modernen Erzähltechnik gesehen werden: Die Wirklichkeit wird nicht erzählt, sondern spiegelt sich im Bewusstsein der Personen, dabei kommt es zu Verfremdungen und Verzerrungen der Realität. Es wird keine abgeschlossene Geschichte vorgelegt, sondern Episoden, einzelne Reflexionen fordern den Leser auf, sich selbst ein Bild der Seelenlage der Personen zu machen. Unterschiedliche Darstellungsmittel und Stilmittel zeugen von einer gebrochenen Welt.

Fontanes Romananfang führt den Leser allmählich in eine kleinbürgerliche Welt, die noch von der Ordnung (der Anordnung) der Dinge bestimmt ist.

Ch. Wolfs Welt dagegen spiegelt sich in den Gedanken und Erinnerungen wider, diese Welt ist aus den Fugen geraten, in ihr scheinen der Tod und der Verlust von Menschlichkeit vorzuherrschen.

II Analyse eines literarischen Textes mit weiterführendem Schreibauftrag

Aufgabenstellung:

1. Analysieren Sie den Textauszug aus *Kassandra* (von S. 124 ab „Wieder diese Angst“ bis S. 126 „Und im Zwiespalt saß die Angst“).
2. Stellen Sie, ausgehend von dieser Textstelle, Bezüge her zu Ch. Wolfs Poetik-Vorlesungen (beispielsweise S. 108–114).

Zu 1

Handlungszusammenhang: Eumelos hat, nachdem Achill den Bruder Kassandras gefangen genommen und verkauft hat, die Sicherheitsmaßnahmen ausgeweitet. Es gibt Ausgehverbote, strenge Kontrollen und „Sonderbefugnisse für die Kontrollorgane“ (122). Eumelos nähert sich allmählich „dem Gipfel seiner Machtvollkommenheit“ (ebd.)
Kassandra gerät in eine Auseinandersetzung mit Eumelos über den Sinn dieser Sicherheitsmaßnahmen. Eisig fertigt Eumelos Kassandra ab, und voller Angst weist diese darauf hin, dass sie „doch das gleiche“ (ebd.) wolle wie er und sein Sicherheitsdienst. Fassungslos über ihre Angst und ihr Nachgeben bricht Kassandra kurze Zeit später zusammen und wird von Oinone und Marpessa gepflegt.
Auf dem Herbstmarkt, der von der Geheimpolizei des Eumelos überwacht wird, trifft Kassandra auf Agamemnon. Dieser schenkt ihr, weil sie seiner toten Tochter ähnle, einen „sehr teuren, schönen Halsschmuck“ (123). Panthoos klärt daraufhin Kassandra über den Opfertod von Iphigenie auf.
Inhalt und Struktur: In dem Textausschnitt werden Gedanken über die allmähliche Verwahrlosung der Moral in Troja, die Bedeutung des Feindbildes für den Krieg und die Voraussetzung einer Verhinderung des Krieges in unterschiedlicher Darstellungsweise entwickelt. Einer Situationsanalyse der Verhältnisse in Troja folgt die knappe Skizze der Situation am Skamander. Zentrale Bedeutung erhält der Monolog von Anchises, dem sich eine kurze Reflexion Kassandras über die Möglichkeiten einer Verhinderung des Krieges anschließt. Den Rahmen des Textauszugs bildet der Begriff „Angst“. Damit wird Kassandras Lebensgefühl wiedergegeben, mit dem sie auf die Brutalität des Feindes und die Bedrohung durch den Krieg reagiert. Zugleich wird das Motiv „Angst“, das auch im Zusammenhang mit Eumelos anklang, erneut aufgenommen.
Kassandra nimmt wahr, dass mit dem Verlauf des Krieges und der Rekrutierung fremder Truppen, die in Troja stationiert sind, die Situation innerhalb der Zitadelle für die Frauen immer unerträglicher geworden ist. Es scheint ihr, als hätten sich „die Männer beider Seiten verbündet gegen unsre Frauen.“ (124)
Während auf den Straßen die Soldateska überall an Lagerfeuern hockt, ziehen sich die Frauen in ihre Wohnhöhlen zurück und suchen Trost in Gebeten. Apoll wird zum „Ersatz […] für gestohlenes Leben.“ (Ebd.) Diese Flucht zu einem Gott, den sie schon längst leugnet, hält Kassandra nicht mehr aus.

Sie flüchtet sich zu Anchises in die Gegenwelt am Skamander und trifft ihn bei der Anfertigung von Körben. Noch kann keiner sich erklären, warum er dies tut, doch rückblickend erkennt Kassandra, dass Anchises die Flucht vorbereitet. Zudem wird das Motiv der Weide aufgenommen, das an entscheidenden Passagen wiederkehrt.
In ländlicher Idylle, bei Wein und Gerstenbrot, schildert Kassandra ihr Gespräch mit Eumelos. Schallend lachend nimmt Anchises Kassandras Darstellung zur Kenntnis und belehrt sie in einem Monolog über die Rolle von Eumelos in Troja. Er weist Kassandra darauf hin, dass jemand wie Eumelos darauf angewiesen ist, ein Feindbild zu entwickeln und aufrechtzuerhalten. Dies funktioniert dann erfolgreich, wenn dem Feind das Schlimmste zugetraut wird: Krieg. Ist dies erreicht, dann muss im einem weiteren Schritt auf das Ziel, den „Sieg", zugesteuert werden.
An diesem Punkt angelangt, gilt es, die Angst vor dem Gegner so zu schüren, dass ein Gedanke an Frieden gar nicht erst aufkommen kann. Damit aber kommt „Achill dem Eumelos zupaß" (125), weil man sich „keinen bessern Gegner als den Unhold wünschen kann!" (Ebd.) Angeregt durch diese Argumentation überdenkt Kassandra, zu welchem Zeitpunkt man das „Übel" hätte abwehren können, „als es noch nicht ‚Krieg' hieß." (125) Und ihr wird klar, dass man Eumelos hätte nicht aufkommen lassen dürfen, dass ihr Vater Schuld am Erstarken von Eumelos hat. Erneut gerät sie in einen Zwiespalt zwischen der Zuwendung zu ihrem Vater und der kritischen Haltung gegenüber dem König Priamos. Und dieser „Zwiespalt" ruft, wie schon so oft, ihre Angst hervor.
Raum und Zeit: Die fehlende menschliche Wärme korrespondiert mit dem Einbruch des Winters. In den Häusern glimmen die Herdfeuer nur noch, während die Truppen aus vielen Nationalitäten auf den Straßen Lagerfeuer unterhalten. Das Glimmen der Herde kennzeichnet den fortschreitenden Verlust von Freiheit und Souveränität der Frauen. Sie flüchten sich in den Tempel als Heimatersatz. Die zunehmende Fremdheit der Zitadelle lässt Kassandra zu Anchises flüchten, den sie am Skamander trifft. Befreit von der Angst, die sie in der Palast-Welt gefangen hält, kann sie hier aufatmen und sich zeitweise von dieser Angst befreien. Doch die Angst verlässt sie nur kurze Zeit und sie wird von ihrem „Angst-Gedächtnis" (126) überwältigt.
Figurenkonstellation: Dem inneren Zwiespalt Kassandras entspricht der Kontrast von Zitadelle und Skamander. Beide Orte werden durch Personen symbolisiert. Während in der Zitadelle die fremden Truppen, die Geheimpolizei um Eumelos und Priamos Kassandras Angst schüren und sie immer wieder an den Krieg erinnern, taucht sie am Skamander in die Welt des Anchises ein. Symbol dieser Welt ist die Weide, die für Zukunft und Leben steht. Aineas und Anchises werden mit Körben aus Weide flüchten und ihre Vorräte transportieren. Kennzeichnend für diese Welt sind die Lebenslust von Anchises, sein Charisma und seine Heiterkeit.

Sprache: Der Textauszug beginnt mit einer Ellipse, die das zentrale Motiv der Angst anklingen lässt. Vier Hauptsätze folgen, die die Entwicklung in Troja widerspiegeln. Die Folge dieser Entwicklung wird in einem Konditionalsatz formuliert, der allerdings einmal durch den Abtönungspartikel „recht" und durch den einschränkenden Satz „nur traute niemand sich, es so zu sehn" (124) abgeschwächt wird, so als traue sich Kassandra – selbst in der Erinnerung – nicht, die Verhältnisse so krass zu sehen.
Das Gespräch mit Anchises wird reduziert auf den Hinweis, dass Kassandra ihm das Gespräch mit Eumelos schildert, danach wird die Antwort von Anchises in wörtlicher Rede – allerdings ohne jegliche Anführungszeichen – wiedergegeben. Die väterliche Anrede „Mädchen" erinnert an die frühere enge Verbindung Kassandras zu ihrem Vater. Anchises ist die neue Lichtgestalt, so wie es früher ihr Vater war.

Zu 2

Übergang zu den *Voraussetzungen einer Erzählung*
Mögliche Bezüge sind:

1. Thema „Angst" und Bedrohung – diese Thematik steht vor allem in der dritten Vorlesung im Vordergrund (z. B. VE 110 und 123).
2. Entrechtung der Frau und Feindseligkeit der Männer (VE 141 und 169).
3. Selbstzensur und Unterdrückung von Kritik (VE 138 und 143).
4. Idylle und Bedrohung (VE 116f., 133, 138).
5. Kriegsvorbereitung (VE 110).
6. Bedeutung von Freundschaft (VE 133–136).
7. Ein neuer Menschentyp (VE 141).
8. Schreiben und Sprechen als „Versuch gegen die Kälte" (VE 138).

Deutlich verschränken sich in den *Voraussetzungen einer Erzählung* und in der Erzählung selbst Themenbereiche, die sich zugleich gegenseitig erhellen.

- Die ländliche Idylle von Meteln und die Gespräche mit Freunden über die drohende Kriegsgefahr korrespondieren mit den Gesprächen mit Anchises in der ländlichen Idylle am Skamander. Hier wie dort sind die Gespräche eingerahmt in eine gastfreundliche Atmosphäre (Wein, Gerstenfladen, Kuchen).
- Die Bedrohung durch Krieg ist hier wie dort gleich, nur scheint die Entwicklung in Troja aussichtslos, weil der Mut zum Widerstand fehlt. Die Diskussion mit Freunden in Meteln lässt zumindest Hoffnung auf einen „neuen Menschentyp" zu, den wir uns wie Anchises vorzustellen haben.
- Die Bedrohung durch eine männliche Welt wird in beiden Texten zum zentralen Thema. Ch. Wolfs Beobachtungen und Erfahrungen auf ihrer Reise unterstützen die negative Sicht auf patriarchalische Strukturen.
- Ein grundlegendes Motiv, das beide Bücher durchzieht, ist der Komplex der Angst, die die Kehle zuschnürt und die nur durch den Versuch der Selbstbefreiung bewältigt werden kann. Diese Angst macht „unmündig" und verstellt den Blick auf Wesentliches. In diesem Sinne deutet Anchises die Funktion des Feindbildes.

III Analyse eines Sachtextes mit weiterführendem Schreibauftrag

Aufgabenstellung:

1. Analysieren Sie den Textauszug aus Wilhelm Girnus, „Wer baute das siebentorige Theben?“, in: *Sinn und Form* 35 (1983), Heft 2, S. 439 f. (S. 152 f. der vorliegenden Lektürehilfe). Girnus bezieht sich auf den Abdruck von Ch. Wolfs vierter Vorlesung „Ein Brief“ in der Literaturzeitschrift *Sinn und Form* 35 (1983), Heft 1 – die zentrale Literaturzeitschrift der DDR, die eine gewisse Unabhängigkeit wahren und keineswegs als „Organ der SED“ gesehen werden konnte. Wilhelm Girnus war lange Zeit (bis 1981) Chefredakteur dieser Zeitschrift. Er war bis 1945 im KZ Sachsenhausen inhaftiert gewesen und galt als vehementer Vertreter des Kommunismus.
2. Nehmen Sie anschließend kritisch Stellung zu den Aussagen, indem Sie Ch. Wolfs Absichten, die W. Girnus kritisiert, aus der Kenntnis der Erzählung herausarbeiten.

Zu 1

Texterfassung und Textbeschreibung

Einleitung: W. Girnus kritisiert die politische Position Ch. Wolfs. Er wirft ihr eine verfälschende Perspektive auf Ausbeutung und Unterdrückung vor, weil sie die Betonung auf die Unterdrückung von Frauen durch Männer legt und nicht auf die Unterdrückung und Ausbeutung durch den Kapitalismus.

Textsorte: Polemische Rezension des Essays von Ch. Wolf; emotional propagandistisch gefärbt – Hinweis auf die Literaturzeitschrift und darauf, dass es sich um einen Auszug handelt.

Absicht: Kritik an den Gedanken von Ch. Wolf und Hinweis auf mangelnde sozialistische Einstellung der Autorin.

Besonderheiten: Unmittelbare Rezension und Antwort auf Ch. Wolfs Darstellung im vorhergehenden Heft.

Autor: Siehe Informationen oben.

Gedanklicher Bezug des Textes: Literatur und Zensur in der DDR.

Inhaltliche Aspekte und Struktur

- Einleitungssatz mit Zusammenfassung des Anliegens von Ch. Wolf und der radikalen Ablehnung des Konflikts zwischen Männern und Frauen;
- Ablehnung des Gedankens, es gebe ein „weibliches“ und ein „männliches“ Denken;
- ebenso Ablehnung der Unterscheidung von kausalem und rationalem Denken von Männern im Gegensatz zu akausalem und emotionalem von Frauen;
- Hinweis darauf, dass es lächerlich sei, einen derartigen Gedanken in einem sozialistischen Staat zu äußern, weil damit die wirklichen Machtverhältnisse und Unterdrückungsmechanismen des Kapitalismus verschleiert würden;

- Hinweis auf die Literatur im Sozialismus und ironischer Verweis auf die natürlichen Unterschiede von Männern und Frauen;
- Polemik gegen Heucheleien im Kapitalismus, wenn es um historische Unterdrückung gehe; Entlarvung eines angeblich geheuchelten Mitleids von Kapitalisten, Großgrundbesitzern und Priestern mit Unterdrückten zu früheren Zeiten (Sklaven, Leibeigenschaften usw.);
- diese „Klagen" bildeten nur ein moralisches „Alibi";
- Appell, kapitalistische Unterdrückung mit radikalen Mitteln zu bekämpfen;
- Ablehnung der Gedanken der Bergpredigt zugunsten des Mottos von Büchner in seiner Flugschrift „Friede den Hütten und Krieg den Palästen";
- Verwendung des Zitats, um die historische Tradition zu belegen;
- militanter Hass wird gegen „Wehleidigkeit und Klage" gesetzt;
- die Frauenfrage stellt sich anders: Sie stellt die „werktätige produzierende Frau" in das Zentrum der Beurteilung;
- Geschichtsschreibung muss die Leistungen der „werktätigen Frau", nicht aber die „Heldentaten" der ausbeutenden Klassen darstellen;
- letztlich seien die Ausbeuter eine verschwindend geringe Schicht im Gegensatz zu den „produzierenden Klassen".

Sprachliche Mittel
- Vulgäre Sprache („Dämchen", „warmen Arsch", „sattfressen") signalisiert die enge Verbindung zur Arbeiterklasse („mit denen ich groß geworden bin"), eigentlich stilistisch unpassend in einer Literaturzeitschrift;
- beleidigende, hämische Adjektivattribute („versoffen", „schleimig");
- scharfe Charakterisierung des Feindbildes („kapitalistischer Schweinehund");
- Umgangssprache als Ausdruck von Volksnähe;
- Aufwertung und Abwertung durch sprachliche Kontrastierungen (werktätige Frau – Dämchen);
- überraschende Vergleiche (Kaffeesatz – Pythagoras);
- Zitat als Ausdruck von Bildung;
- geschickte Metapher für Ausbeutung und Ausgebeutete als Verweis auf eigene literarische Begabung (Schaumkronen – Meer).

Zielsetzung: Der scharfe Angriff von W. Girnus gilt offensichtlich – trotz gegenteiliger Beteuerung („Ch. Wolf will ein ehrenhaftes und notwendiges Anliegen vertreten") – der Autorin, der er vorwirft, dass sie eine im Sozialismus absolut lächerliche Idee vertrete. Nicht auszuschließen ist allerdings, dass Girnus, da er ein zentraler Vertreter des literarischen Lebens in der DDR war, die Erzählung *Kassandra* zumindest in Auszügen kannte und seine Kritik in Wirklichkeit der Erzählung galt. Es bleibt allerdings fraglich, ob Girnus sein Ziel tatsächlich erreicht und nicht vielmehr ein besonderes Interesse der Leser weckt, Ch. Wolfs Text und ihre Erzählung zu lesen.

Überleitung: W. Girnus argumentiert offensichtlich aus tiefer politischer Verärgerung über eine Autorin, die in dieser Erzählung keineswegs die Idee eines sozialistischen Realismus mit einen positiven Helden vertrat. Offensichtlich ist für Girnus Literatur ausgerichtet auf die Darstellung von kampfbetonten Themen gegen Kapitalismus und für Sozialismus und Kommunismus.
Stellungnahme: Girnus versteht den Ansatz der Erzählung von Ch. Wolf nicht, seine Argumentation kann sogar als Hinweis auf eine bornierte männliche Position gesehen werden. Er verkennt die grundlegende Kritik, die sowohl für den Westen als auch für den Osten gedacht war. Er verkürzt seine Argumentation auf eine einseitige politisch ausgerichtete Ideologie.
Ch. Wolfs Ziele in Bezug auf *Kassandra*:

- das Ende der Gleichberechtigung von Frauen und Männern durch Vorherrschaft patrirarchalischer Werte;
- die Vorherrschaft männlichen Denkens und Handelns führt allmählich zu Konflikten bis hin zum Ausbruch des Krieges;
- Frauen werden zunehmend jeglicher Mitbestimmung – sogar über sich selbst – beraubt;
- Frauen werden zu Objekten männlicher Handlungen und Pläne;
- sie müssen sich aus dem politischen Geschehen zurückziehen;
- diese Entwicklung zeichnet sich auch 1980 im politischen Geschehen ab;
- Politik ist im Westen und im Osten weitgehend von Männern dominiert;
- Kriegsvorbereitungen zeigen dieselben Mechanismen wie die in Troja geschilderten;
- männliches Handeln ist bestimmt von Scheinlogik (Theorie des Erstschlags), Machtstreben und Vergeltungsbereitschaft;
- wirtschaftliche Gründe für Kriege werden durch vorgeschobene Gründe verschleiert;
- Propaganda und Sprachregelung täuschen die Bevölkerung;
- das Feindbild wird brutalisiert.

IV Literarische Erörterung

Aufgabenstellung:

1. Erarbeiten Sie die Beziehung zwischen Kassandra und Polyxena und das Verhalten beider.
2. Gehen Sie anschließend der Frage nach, ob Kassandra im Sinne der Aufklärung als aufgeklärte weibliche Figur gesehen werden kann.

Zu 1

Kassandra

- beneidet Polyxena wegen ihrer Schönheit, ihrer Beliebtheit und ihrer vielen Liebhaber;
- unterstellt Polyxena, dass sie kein Interesse am Priesteramt hat;
- vermutet, dass Polyxena aufgrund ihrer Haarfarbe einen anderen Vater hat, und nutzt ihre Vorzugsstellung beim Vater aus, denn sie weiß, dass dieser Polyxena eher ablehnt;
- misstraut ihrer Schwester und verdächtigt sie, mit Aineas kurzen sexuellen Kontakt gehabt zu haben;
- empfindet Polyxenas sexuelles Verhalten als empörend und schämt sich für sie;
- fühlt sich von Polyxena provoziert durch deren sexuelle Phantasie;
- ist unfähig und nicht willens ihrer Schwester zu helfen;
- erkennt jedoch später, dass Polyxenas perverse Phantasien auch ein Spiegel ihrer eigenen Sexualität sind;
- verachtet ihre Schwester wegen ihres Verhaltens;
- spürt, dass Polyxena unter dem ungerechten Verhalten der Familie leidet, und erkennt, dass ihre aufreizende Haltung gegenüber Achill ein stummer Protest gegen die Familie ist;
- empört sich über die Entmündigung von Polyxena bei den Verhandlungen mit Achill;
- kümmert sich nach Polyxenas Zusammenbruch um ihre Schwester;
- empfindet Schuld und Reue;
- stellt schließlich fest, dass unabhängig von ihrem Lebensverlauf ihr Schicksal, von den Griechen abgeschlachtet zu werden, gleich ist, dass sie – trotz scheinbarer Widersprüche – etwas Gemeinsames verkörpern.

Polyxena

- ist elegant und attraktiv;
- hat sich auf das Priesteramt vorbereitet;
- scheint ihre Schwester um das Priesteramt zu beneiden;
- glaubt ihre Schwester durch ihr Schweigen nach deren Wahl zur Priesterin strafen zu können;
- sucht dann die Unterstützung und Hilfe ihrer Schwester;

- provoziert ihre Schwester durch die Erzählung ihrer sexuellen Phantasien und liefert sich zugleich durch die Preisgabe ihrer Träume aus;
- fordert ihre Familie durch ihr provozierendes sexuelles Verhalten heraus;
- bejaht ihre Unterwerfung und ihren Objektstatus;
- steigert sich in ihre Opferrolle hinein, die ihr letztlich zum Verhängnis wird.

Kassandra und Polyxena verbindet mehr, als Kassandra zunächst wahr haben will. Kassandra erkennt, obgleich sie dies ins Unterbewusstsein verdrängt, die eigene Gespaltenheit in ihrer Schwester wieder, sie sucht die Erinnerung an Polyxenas Schicksal, an dem sie sich schuldig fühlt, zurückzudrängen.
Kassandras Beziehung zu Polyxena ist gekennzeichnet durch Bewunderung, scheinbare Verachtung und Eifersucht; Neid und Reue, Angst vor Selbsterkenntnis, Mitleid und Scham.

Zu 2

Merkmale der Aufklärung (nicht nur der Epoche):
- Kritisches Hinterfragen und Zweifeln
- Ausrichtung auf das Diesseits (Religionskritik)
- Menschlicher Verstand als wichtigste Quelle von Erkenntnis
- Wachsende Bedeutung der Beurteilung der Welt durch Sinneswahrnehmung
- Ablehnung von Intoleranz und Aberglaube
- Gleichheit statt Hierarchie
- Gleichheit der Geschlechter
- Entwicklung des Selbstbewusstseins
- Befreiung von Bevormundung

Diese Kennzeichen der Aufklärung lassen sich in der Entwicklung Kassandras erkennen; zunächst ist die Königstochter Teil der Hierarchie Trojas, genießt ihre Privilegien, nutzt ihre Sonderstellung aus und stellt sich auf die Seite der Machthaber.
Die Träume als Vorstufe der Selbsterkenntnis und Autonomie (mit der eignen weiblichen Stimme sprechen) hören im Verlaufe dieses Prozesses auf.
Der Konflikt mit dem Vater, die wachsende männliche Gewalt und die Gespräche mit Anchises öffnen Kassandra die Augen; allmählich wird sie zu einer selbstbewussten und kritisch-autonomen Person, die durch genaue Beobachtung der Verhältnisse die politische Entwicklung durchschaut und Ereignisse voraussieht. Selbst die Naturerfahrung am Skamander (die zunächst eher als eine romantische Dimension gesehen werden kann) unterstützt diese Entwicklung, vor allem durch die Gespräche mit Anchises.
Die Todeserfahrung schließlich beendet den Prozess der Entwicklung: Kassandra macht sich von allen Zwängen – auch von dem Zwang der Partnerschaft mit Aineas – frei. Sie geht bewusst in den Tod, dem sie nicht durch Selbstmord zuvorkommen will, um den Erkenntnisprozess bis zum Schluss voranzutreiben.

V Analyse eines Sachtextes mit weiterführendem Schreibauftrag

Aufgabenstellung:

1. Analysieren Sie den Tagebucheintrag vom 2. Juni 1980 in Ch. Wolfs *Voraussetzungen einer Erzählung* (S. 108 f.).
2. Erörtern Sie die darin geäußerte Frage „Wieso also nicht ‚Laokoon-Ruf'?" auf der Grundlage der Erzählung *Kassandra*.

Zu 1

A) Texterfassung (Zeit, Autor, Thema, inhaltliche Wiedergabe)
Die dritte Vorlesung, die Ch. Wolf im Rahmen einer Poetik-Vorlesung in Frankfurt gehalten hat, stellt in Form eines Arbeitstagebuchs ihre persönliche und literarische Auseinandersetzung mit der Seherin Kassandra dar. Zugleich verknüpft Ch. Wolf in den Tagebucheintragungen ihre Beobachtungen und ihre Ängste angesichts der atomaren Bedrohung in den 80er-Jahren mit dem mythologischen Stoff.
Die Tagebucheintragung vom 2. Juni verdeutlicht dem Leser, dass nicht das tragische Ende Kassandras für Ch. Wolf von zentraler Bedeutung ist, sondern die Frage, wie Kassandra „an die Sehergabe gekommen" ist.
Ein Auszug aus *Dr. Vollmers Wörterbuch der Mythologie* von 1874 informiert knapp über Kassandra und ihr Schicksal, es ist die bekannte Überlieferung: Apoll habe Kassandra umworben, diese habe ihm ihre Liebe versprochen, wenn er ihr die Gabe verleihe, in die Zukunft zu sehen. Nachdem Kassandra von Apoll diese Gabe erhalten hat, verweigert sie sich dem Gott. Apoll straft sie mit dem Fluch, dass kein Mensch ihren Prophezeiungen Glauben schenken werde.
Ch. Wolf ergänzt die Informationen durch weitere Einzelheiten, deren Fehlen sie bemängelt. So sei Kassandra bei der Eroberung Trojas vor der Statue der Athene von Klein Aias vergewaltigt worden, ihr Vater Priamos habe sie gegen ihren Willen zur Ehe mit einem Mann gezwungen, dessen Truppen er benötigte, und schließlich seien aus dieser Ehe Zwillinge „entsprossen", die in Mykene nach dem Tod ihrer Mutter abgeschlachtet wurden.
In Kassandra glaubt Ch. Wolf „eine der ersten Frauengestalten" zu erkennen, deren tragisches Schicksal das beispielhaft vorwegnimmt, was Frauen dreitausend Jahre lang zu erdulden haben würden: „zum Objekt gemacht" zu werden.
Die Tagebucheintragung schließt mit mehreren Fragen: warum der junge männliche Gott Apoll überhaupt einer Frau die Sehergabe verliehen habe, warum er oder die „Überlieferer" diese dann so rasch wieder zurückgezogen hätten; warum gerade Kassandra als Verkünderin des Unheils gesehen werde, wo doch der Apoll-Priester Laokoon ebenso wie Kassandra vor dem Trojanischen Pferd gewarnt habe und warum ausgerechnet Schlangen Laokoon und seine Söhne töten.

B) Textbeschreibung (Textart, Struktur und Argumentationsgang, Sprache, Funktion im Kontext) und Textuntersuchung

Der Text erweckt zunächst durch die Ortsangabe, das Datum und einige stilistische Auffälligkeiten den Eindruck eines unmittelbaren Tagebuch-Eintrags. Die Ortsangabe weist darauf hin, dass Ch. Wolf ihren Wohnsitz Berlin mit der ländlichen Idylle eines kleinen Dorfes in Mecklenburg getauscht hat, wie sie dies wohl jeden Sommer tat. Die Idylle dieses Sommerdomizils jedoch steht für Ch. Wolf im Kontrast zu der bedrohlichen Lage in Europa, die hier in Freundeskreisen immer wieder diskutiert wird. Dabei bleibt dieser Widerspruch so unaufgelöst wie der Kontrast in Troja zwischen der Zitadelle und der Idylle am Skamander. Ch. Wolfs Gedanken zur Hauptfigur ihrer Erzählung kreisen entsprechend in der vorangehenden und der folgenden Eintragung um die Aufrüstung der NATO und des Warschauer Pakts. In diesem Kontext müssen die Fragen zu Kassandras Schicksal und ihren Warnungen verstanden werden.

Die Tagebuchform wirkt auf den Leser sehr persönlich, fast intim; er glaubt unmittelbar an den Überlegungen, am Forschungsprozess und an den Erlebnissen sowie Stimmungen Ch. Wolfs teilzuhaben. Ihre Fragen berühren den Tagebuchleser direkter, denn zunächst stellt das Tagebuch ja eine private Form der Mitteilung dar, die nicht für jeden Leser gedacht ist.

Die Eintragung vom 2. Juni zeigt allerdings eine sehr klare Struktur und eine Vielzahl rhetorischer Mittel, die deutlich machen, dass dem Zuhörer und Leser ein Einblick in einen gedanklichen Prozess gewährt wird, der keineswegs privaten Charakter hat. Das Spiel mit dem subjektiv Privaten und Intimen des Tagebuchs lässt auf der einen Seite eine stärkere Emotionalität der Verfasserin zu, auf der anderen Seite wird der Leser unmittelbarer angesprochen.

Der Eintrag beginnt mit einer These, die durch ein adversatives „aber“ eingeleitet wird. Dabei steht der Konjunktion „aber“ erst im folgenden Satz eine Gegensätzlichkeit entgegen, damit weckt dieser Anfang sofort das Interesse des Lesers durch seine Erwartungshaltung auf den Gegensatz. Die beiden Sätze, die durch die Wiederholung des Wortes „interessiert“ am Ende des ersten Satzes und am Anfang des zweiten eng miteinander verbunden sind, stellen eine Kernthese der gesamten Erzählung dar. Sie wird von Kassandra selbst wiederholt: „Warum wollte ich die Sehergabe?“

Der folgende Textauszug ist geschickt gewählt, da Ch. Wolf durch dieses Zitat ihre Gegenposition, die sich in ihren Fragen verbirgt, entwickeln kann. Einerseits unterschlägt das *Wörterbuch der Mythologie* Ereignisse, die den Verrat an Kassandra und ihre Demütigung kennzeichnen, andererseits wird der Leser auf diese Weise mit dem ursprünglichen Mythos konfrontiert, den Ch. Wolf variiert. Drei Ereignisse, die das Bild von Kassandras Schicksal ergänzen, führt Ch. Wolf an, um von hier aus eine Hypothese zu formulieren, die sie durch das Wort „Annahme“ kennzeichnet: Kassandras Schicksal nimmt das Schicksal aller Frauen in den folgenden dreitausend Jahren voraus: Sie werden zum Objekt gemacht. Zwar ist die Annahme nicht begründet, doch Ch. Wolfs gesamte Erzählung *Kassandra* ist der Versuch, nachzuweisen, dass diese Hypothese zutreffend ist.

Von hier aus entwickelt Ch. Wolf mehrere Fragen, die genau betrachtet eher rhetorischen Charakter haben, weil sie sich mithilfe von an anderer Stelle formulierten Überlegungen zu diesen Themen beantworten lassen.
Die zu Beginn gestellte Frage, wie Kassandra an die Sehergabe gekommen sei, wird nicht beantwortet. Sie wird vielmehr in mehrere Fragen übergeleitet, die den Schluss dieser Eintragung darstellen und den Gedanken nach der Besonderheit von Kassandras Sehergabe herausstellen, die eher eine Unglücksprophezeiung („Kassandra-Ruf“) ist.
Die klare Struktur des Tagebucheintrags wird sprachlich noch durch Einschübe unterstrichen: Die Ellipse „Dazu“ sowie das überschriftähnliche Wort „Annahme“ und die weitere Ellipse „Fragen zu der Lexikon-Notiz“, denen jeweils ein Doppelpunkt folgt, dienen als Gliederungssignale. Den Schluss bilden Fragen, die sich dem Leser durch rhythmische Wiederholungen (Anaphern: „warum“, „wieso“) einprägen.
Hypotaktischem Satzbau stehen häufig elliptische Sätze gegenüber, die den Eindruck des Tagebucheintrags unterstreichen sollen.

Textdeutung: Der Tagebucheintrag entwickelt zwei zentrale Gedanken, die auch für die Erzählung von hoher Bedeutung sind: Für Ch. Wolf spiegelt sich in der Figur der Kassandra das Schicksal aller Frauen der vergangenen dreitausend Jahre wider, dass sie zu Opfern, zu „Objekten“ der Männer geworden sind. Mit Blick auf Kassandra belegt sie dies durch deren entwürdigende Erlebnisse; zugleich stellt sich für Ch. Wolf die Frage, wie die Königstochter Kassandra „an die Sehergabe gekommen“ ist. Die Fragen am Schluss kreisen indirekt um diese Frage. Mehrere Aspekte werden dabei betrachtet: Der Umstand, dass ein männlicher Gott einer jungen Frau diese Gabe verleiht, sie jedoch sofort wieder zurücknimmt, scheint Ch. Wolf „fragwürdig“; dabei fällt auf, dass sie in einer sprachlichen Correctio „die Überlieferer“ in diese Frage einbezieht. Ch. Wolf deutet damit an, dass eine inhaltliche „Correctio“ durch die „Überlieferer“, also die Schriftsteller, vorliegt. Männer haben demnach Kassandra zu einer „Unglücks-Prophetin“ gemacht.
Mit diesem Gedankengang stimmt die Frage überein, warum Laokoon, der ebenso wie Kassandra vor dem Trojanischen Pferd gewarnt hat, nicht ebenfalls zu einem missliebigen Mahner geworden ist. Aber den „Laokoon-Ruf“ gibt es nicht. Letztlich sieht Ch. Wolf den Verrat an Frauen auch in der mythologischen Darstellung, dass Schlangen Laokoon und seine Söhne getötet haben. Schlangen werden mit matriarchalischen Kulten in Zusammenhang gebracht, zugleich aber auch im Sinne patriarchalischer Kulturen diffamiert. Entsprechend sieht Ch. Wolf hinter diesen mythologischen Überlieferungen eindeutige Verweise auf ein frauenfeindliches Gesellschaftsbild.

Zu 2

Einleitung: Kassandra-Ruf und der tägliche Sprachgebrauch – Mahnungen, die kein Gehör finden

- Frage: Warum werden diese Mahnungen mit der Seherin Kassandra in Verbindung gebracht?
- These – mythologisch:
  - Kassandra wird zwar ausdrücklich die Fähigkeit zur Prophetie verliehen, doch Apoll straft sie damit, dass keiner ihren Prophezeiungen Glauben schenkt. Diese Tragik kennzeichnet Kassandra.
  - Von Laokoon ist keine derartige Strafe bekannt, so dass seine ungehörte Warnung vor dem Trojanischen Pferd keine tragische Dimension hat.
- These – gesellschaftlich: Überlegene Stellung der männlichen Priester am Beispiel von Panthoos und Helenos
  - Panthoos als Oberpriester verleiht Kassandra die Priesterwürde, weiht sie in das Priesteramt ein;
  - nimmt sich das Recht heraus, Kassandra zu entjungfern;
  - beendet das Knabenopfer.
  - Helenos ist Orakelsprecher und damit Kassandra übergeordnet.
- These – entwicklungsgeschichtlich: Ch. Wolf sieht in Kassandras Schicksal den Verlust matriarchalischer Macht (vgl. auch Hekabes Schicksal).
  - Kassandra wird durch Priamos und Hekabe zur Priesterin, sie verliert damit zunächst unwissentlich ihre Autonomie;
  - sie ist als Priesterin staatstragend, Kritik ist untersagt und wird unterbunden;
  - ihre Warnungen werden abgelehnt, weil sie den politischen Ideen der von Männern dominierten Gesellschaft widersprechen,
  - und werden als Wahnsinn abgetan.

Zusammenfassung: Kassandras Warnungen stören die politische Entwicklung Trojas, daher muss ihre Warnung vor einem Krieg unglaubwürdig gemacht werden, indem man die Seherin für wahnsinnig erklärt.

VI Analyse eines literarischen Textes mit weiterführendem Schreibauftrag

Aufgabenstellung:

1. Analysieren Sie den Schluss von *Kassandra* ab S. 162 („Ja. So war es.“)
2. Erarbeiten Sie das „Bild des Helden“ in der Erzählung.

Zu 1

Einleitung: Der Schluss von *Kassandra* schildert den Abschied Kassandras von Aineas, der die eroberte Stadt verlässt. Zugleich kehrt die Erzählung zu ihrem Anfangspunkt, dem Löwentor von Mykene, zurück.

Hauptteil
Kontext: Kassandras Warnung vor dem Trojanischen Pferd, Missachtung der Mahnung, Siegestaumel der Troer, letzte Begegnung mit Eumelos, Eroberung der Stadt, Polyxenas Schicksal, Vergewaltigung Kassandras, Hekabes letztes Aufbäumen.
Inhalt und Struktur:

a) Ende des vorangegangenen Berichts vom Massaker in Troja („Ja. So war es.“);
b) Lichtmetapher („Und jetzt kommt das Licht.“);
c) Erinnerung an das letzte Gespräch mit Aineas (zunächst indirekte Rede, dann in wörtliche Rede Kassandras übergehend, unmittelbare Anrede an den abwesenden Aineas):
   - Appell von Aineas an Kassandra, die eroberte Stadt mit ihm zu verlassen;
   - Hinweis auf die Vorbereitung zum Ausbruch aus der Stadt;
   - Idee der Neugründung Trojas;
   - Kassandras Weigerung und Begründung der Ablehnung;
   - Kassandras Vision der Zukunft von Aineas als Held;
   - wortloser Abschied von Aineas;
   - Vernichtung des Schlangenrings;
   - Schmerz als Zeichen der Erinnerung.
d) Aufnahme der Lichtmetapher („Das Licht erlosch.“)
e) Rückkehr zum 1. Kapitel der Erzählung: der auktoriale Ich- Erzähler vor dem Tor von Mykene, Rückkehr in die Gegenwart („Hier ist es.“)

Figurenkonstellation: Das Verhältnis von Aineas und Kassandra bei ihrem letzten Treffen hat sich verändert.

- Aineas versucht Kassandra zum ersten Mal zu bestimmen, will ihr befehlen;
- erinnert sie an ihre Kinder und ihre Mutterpflicht;
- hatte bislang Aineas sich vorbehalten, zu kommen und zu gehen, wann er wollte, so bestimmt dieses Mal Kassandra;
- sie erkennt, dass sich Aineas dadurch, dass er die Führung eines Trupps von Troern übernimmt, verändern wird;

- auch Aineas begreift die Notwendigkeit der Wandlung in einer feindlichen Welt;
- er nimmt endgültig Abschied von Kassandra, indem er das Zeichen der Gemeinsamkeit, „den Schlangenring“, ins Meer wirft;
- Kassandras Sehen, das ein genaues Beobachten und keine Gabe eines Gottes ist, ermöglicht ihr, die Zukunft von Aineas als Führer und „Held“ zu erkennen;
- schon die Vorbereitungen zum Ausbruch aus Troja lassen seine Führungsqualität erkennen, der Hinweis auf das neue „Troja“ veranschaulicht den politischen Willen zur Herrschaft;
- Kassandra liebt den Menschen Aineas innig, den männlichen Herrscher Aineas lehnt sie ab;
- Aineas trennt sich gleichfalls endgültig von der Idee eines weiblich bestimmten Miteinanders, wie er es am Skamander gelebt und erlebt hat, indem er den Schlangenring fortwirft.

Der innere Abschied von Aineas wird überschattet von der Wirklichkeit; mit dem Erlöschen des Lichts kommen die „Henker“.

Sprache:

- Wechsel der Zeiten (Präteritum – Präsens), scheinbares Ende des Erinnerungsmonologs und Rückkehr in die Wirklichkeit vor den Toren von Mykene;
- durch den Leitbegriff „Licht“ wird die letzte Erinnerung an Aineas ausgelöst;
- zwei Inversionen („Daran zu denken“ und „Aineas, der“) verstärken die Bedeutung dieser Erinnerung;
- asyndetische Reihung von vier Relativsätzen verleiht der Erinnerung etwas Hastiges, unterstreicht die innere Spannung und Aufgewühltheit von Kassandra;
- Wiedergabe der wörtlichen Rede von Aineas in der indirekten Rede (widerspricht dem inneren Monolog – gilt eher als schriftsprachlich);
- Übergang in die wörtliche Rede Kassandras ohne Satzzeichen;
- zärtliche Anrede als Ausdruck seelischer Verbundenheit („Aineas. Lieber“);
- elliptische Sätze unterstreichen den leidenschaftlichen und fordernden Appell von Aineas („Mit Vorräten versehen und bewaffnet“);
- dem letzten Satz („Du würdest“) fehlt die Zielorientierung, es bleibt unklar, was erreicht werden soll;
- die eher konjunktivische Form („würdest“) beinhaltet zugleich eine futurische Dimension (sogenanntes Schicksalsfutur);
- schließlich mündet die Erinnerung in einen Hoffnungsschimmer in einer fernen Zukunft („werden […] erkennen“);
- die letzten drei Sätze des Erinnerungsmonologs spielen noch einmal mit Vergangenheit und Gegenwart;
- den Schluss der Erzählung bildet die Veränderung der Erzählperspektive, auch hier ein Wechsel zwischen Gegenwart (des betrachtenden auktorialen Erzählers) und seiner Vergangenheitsvision.

Ort und Zeit:

- Der Hinweis darauf, dass das Licht erlischt, ist sowohl metaphorisch als auch zeitlich gemeint (vgl. Hinweis S. 8: „bis es Abend wird“);
- die tragische Erinnerung Kassandras vollzieht sich unter der hellen Sonne des Mittags bis zur Abenddämmerung, damit bekommt die Tageszeit zugleich eine metaphorische Bedeutung;
- hierher gehört auch die Erinnerung an die letzte Auseinandersetzung mit Aineas im „Licht“ der Sonne;
- der erinnerte Ort des Abschieds, die Mauer von Troja oberhalb des skäischen Tores, korrespondiert mit der Mauer und dem Tor von Mykene;
- auch hier gewinnt die Mauer symbolhafte Bedeutung, Trojas Mauer mit dem skäischen Tor ist Kassandras Erinnerungsort, die Mauer von Mykene steht für die Unumkehrbarkeit des Schicksals, das sich hinter diesen Mauern ereignen wird.

Erzählperspektive:

- Kassandra als sich erinnernde Ich-Erzählerin, die sich entschließt, nun auch das Schmerzhafteste in die Erinnerung zurückzurufen: die endgültige Trennung von Aineas im „Streit“. Noch einmal versucht sie die Richtigkeit ihren Entschlusses, der auch das Leben ihrer Kinder kosten wird, zu reflektieren, indem sie sich das Gespräch mit Aineas in die Erinnerung zurückruft.
- Der Erzähler, der sich am Anfang der Erzählung, vor dem mykenischen Löwentor, die Gestalt Kassandras zu vergegenwärtigen sucht, beschließt auch die Erzählung. Der Hinweis auf den „Wechsel des Lichts“ verknüpft diesen Erzählstrang mit dem Erinnerungsmonolog von Kassandra.

Textdeutung:

- Kassandras unwiderruflicher Entschluss zurückzubleiben verursacht ihr tiefe Schmerzen (Verknüpfung mit dem Anfang: „Ich mache die Schmerzprobe“, 8);
- kurz flüchtet sie sich in die Illusion eines Wiedersehens, der jedoch sofort die Wirklichkeit entgegengesetzt wird;
- Kassandra hat sich schon vor ihrem Erinnerungsmonolog durchgerungen, in den Tod zu gehen, indem sie sich weigerte, Aineas zu folgen;
- zunächst scheint ihr Argument wirklichkeitsfremd, zumal sie ihre Kinder gefährdet, doch ihre Ablehnung des zukünftigen „Heldentums“ von Aineas ist aus dem Erzählkontext verständlich;
- einerseits würden die Eroberer Trojas allen „ihr Gesetz diktieren“, andererseits müsste diesem Feind heldenhaft entgegengetreten werden, wolle man überleben;
- damit hat Aineas als Anführer der Fliehenden die Verantwortung für den „Trupp von Troern“ übernommen, er ist somit auf dem Weg zu einer Führungsfigur;
- Kassandra jedoch lehnt aufgrund ihrer Erfahrungen jede Art von männlicher Dominanz ab, sie wählt also den Tod, um einer erneuten Enttäuschung durch männliche Macht und Gewalt zu entgehen;

- in dem Verhalten von Aineas, der ihr nichts verspricht und sie um nichts bittet, erkennt sie schon die zukünftigen Wesenszüge des Befehlshabers;
- der Schlangenring verkörpert die Idee einer weiblichen Balance im Zusammenleben, wie Aineas es am Skamander kennengelernt hat. Aineas' Handeln unterstreicht damit sein neues Denken.

Zu 2

Ausgehend von diesem Gedanken kann zunächst auf die Überlieferung in Homers *Ilias* eingegangen werden (möglicher Bezug zu deutschen Heldenepen):
- der klassische Held;
- die Pervertierung des Heldentums in der Erzählung *Kassandra* am Beispiel von Agamemnon und Achill (Brutalität, Feigheit, gestörte Sexualität, Missachtung von Frauen);
- die weibliche Entartung des Heldentums am Beispiel von Penthesilea;
- der Tod des jugendlichen Helden Troilos;
- die Entwicklung Hektors zum Helden wider Willen;
- das positive Gegenbild Aineas und
- Kassandras Vision des Helden Aineas unter dem Druck der Verhältnisse (möglicher Vergleich zu Hektor).

VII Argumentative Entfaltung eines Problems im Anschluss an eine Textanalyse

Aufgabenstellung:

1. Analysieren Sie den Textauszug *Kassandra* S. 79 ab „Der abwesende Paris […]" bis S. 81, Z. 2.
2. Erarbeiten Sie die machtpolitische Bedeutung von Eumelos.

Zu 1

Kontext:
Rückkehr des DRITTEN SCHIFFS ohne Paris und Helena, Eumelos sorgt für die Abschottung der Heimkehrenden – unter ihnen auch Anchises, öffentliche Verlautbarung des Erfolgs, Paris habe Helena entführt und komme mit ihr nach Troja, erstmals Kassandras Frage, „wie der Krieg entstand", Panthoos und Aineas bemerken eine Veränderung an Kassandra.

Inhalt:
- Traum des Priamos von den miteinander kämpfenden Drachen;
- zweifache Deutung durch Panthoos und Kassandra;
- Kassandra stellt Panthoos wegen seiner Deutung zur Rede;
- resignierender Hinweis von Panthoos, dass man nur von „Bestien" umgeben sei, man müsse sich daher selbst schützen;
- Rückkehr von Paris auf einem ägyptischen Schiff im Gefolge einer verschleierten Frau;
- Begeisterung in Troja bei der Vorstellung, dies sei Helena;
- die Veränderung von Paris.

Handlung und Geschehen:
- Häufiger Wechsel zwischen innerer Handlung – Gedanken und Gefühle (z.B. Angstgefühl) und
- äußerer Handlung (im Gegensatz dazu die „Gesänge" auf Paris).

Erzähltechnik:
- Hauptsächlich chronologisch zeitraffende Erzähltechnik („nach Monaten");
- neutrale Wiedergabe des Traums;
- eingeschobene Reflexion und
- Dialoge in wörtlicher Rede (ohne Zeichen);
- Vorgriff auf die Zukunft („Später, je […]").

Erzählperspektive:
- Erinnerungsmonolog in der Ich-Form;
- eingeschobene neutral gehaltene Überlegungen zu den Vorstufen von Kriegen;
- weitgehend neutrale Darstellung der Rückkehr von Paris;
- Gesprächswiedergabe der Unterhaltung mit Panthoos.

Figurenkonstellation:
- Panthoos deutet den Traum im Sinne von Priamos und intensiviert damit dessen Kriegsvorbereitung;
- Priamos weist Kassandras Deutung zurück und steigert aufgrund von der Traumdeutung von Panthoos die Waffenproduktion;
- Paris kehrt zurück und gibt vor, Helena mitgebracht zu haben;
- Eumelos nimmt an Bedeutung als Sicherheitschef zu;
- Helenas vorgebliche Anwesenheit emotionalisiert das Volk;
- das Volk als manipulierbare Masse.

Sprache:
- Zwei parallel gebaute Sätze am Anfang; Passiv („Paris […] wurde gefeiert") – Aktiv für die Personifikation der „Angst" Kassandras („lag […] auf der Lauer");
- verkürzte, elliptische Wiedergabe des Traumes;
- antithetische Darstellung der Drachen („der eine […] der andere");
- elliptische Sätze bei der Auseinandersetzung Kassandras mit Panthoos („Und? sagte der");
- Correctio („alles Bestien", „Halb Bestien, halb Kinder");
- rhetorische Fragesätze mit umgangsprachlichen Elementen („stelln", „niedertrampeln");
- asyndetische Ellipsen („In Ton, in Stein eingraben, überliefern");
- Inversion („Paris, als […]") und parallel gebaute Sätze („Das Volk, wie […]");
- gleichförmig gebaute parataktische Sätze mit Anapher („Helena zeigte sich nicht. Sie kam […]. Sie war […]") zur Intensivierung der Aussage;
- Wiederholungen („er redete und redete").

Motive:
- Angst
- Träume und divergierende Traumdeutung
- Rückkehr von Schiffen
- Helena als Symbolfigur (traditionell für Schönheit und Kriegsanlass, bei Ch. Wolf für Betrug des Volkes und vorgeschobenen Kriegsgrund)
- Krieg und Vorkrieg
- Eumelos als Aufsteiger

Deutung:
Zentrale Textstelle, die die Frage nach den Ursachen, dem „Vorkrieg", entschieden beantwortet: „Laßt euch nicht von den Eigenen täuschen." Täuschung findet statt
- durch Verschleierung (im Sinne des Wortes Helena als „tiefverschleierte Frau") und Sprachregelung (Aufbau des Feindbildes durch Eumelos),
- durch Eigennutz und Angst (Panthoos),
- durch Lüge (Helenas Ankunft),
- durch Aufschneidereien (Erzählungen von Paris),
- durch unreflektierte Treue zum König,
- durch Propaganda („Unser mächtiger König"),
- durch Manipulation von Traumdeutungen,
- durch Selbstverliebtheit (Priamos als „gold-gepanzerte[r] Drache").

Kassandra erkennt vor ihrem Tod, dass sie aus Liebe zu ihrem Vater, aus Treue zu Troja, aus Angst vor Eumelos die Wahrheit nicht akzeptieren wollte und auch später aus unausgesprochener Übereinstimmung mit dem Königshaus im Kampf gegen die Griechen, deren Verkörperung Achill ist, die Wahrheit über Helena verschwiegen hat.

Zu 2

Eumelos

- ist zunächst bedeutungslos für Kassandra;
- sorgt für die „Abriegelung aller Ausgänge“ (55) beim ersten Auftritt von Paris;
- wird schon wenig später vom Vater als überaus fähig bezeichnet;
- übernimmt die Palastwache, dennoch will Kassandra ihn nicht wahrnehmen;
- baut die Palastwache, die bis dahin nur an hohen Feiertagen Repräsentationsaufgaben übernahm, zum Sicherheitsdienst aus;
- baut zugleich ein Netzwerk von Anhängern unter Schreibern und jungen Männern auf;
- beginnt mit Bespitzelungen, auch von Kassandra;
- entmachtet Hekabe im Rat und
- demütigt sie, indem er ihren Sohn Hektor zum „Helden“ aufbaut;
- befreundet sich mit Paris und instrumentalisiert ihn (z. B. gegen Menelaos);
- entwickelt ein totalitäres System durch Überwachung, Anklage und
- erzeugt – auch bei Kassandra – Angst;
- erteilt Sonderbefugnisse für seine Palastwache;
- erweitert seinen Einfluss durch Sprachregelung;
- instrumentalisiert den Feind, um die eigene Macht zu verstärken (er braucht Achill, um Furcht und Schrecken zu erzeugen).

In der Figur des Eumelos zeigt Ch. Wolf, wie durch Manipulation, Aufbau eines Feindbildes, Ankündigung einer drohenden Kriegsgefahr, Verdächtigung, Denunziation, Sprachmanipulation allmählich ein Machtapparat aufgebaut wird. Achill, das Vieh, wird zum abschreckenden Feindbild, das mit allen Mitteln bekämpft werden muss.
Priamos festigt durch die Aktivitäten von Eumelos – scheinbar – seine Stellung, er kann die alte matrilineare Ausrichtung von Troja beseitigen, seine Frau „entmachten“, Kassandra überwachen lassen. Hätte er Eumelos keinerlei Machtbefugnis zugestanden, wäre der Kriegsausbruch zu verhindern gewesen.
Erst Eumelos kann durch Paris die entscheidende Intrige in die Wege leiten: den Raub der Helena, indem er Menelaos diffamiert, Paris aufstachelt und Priamos an seine königliche Ehre „erinnert“.
Bezug zur Gegenwart:
Ch. Wolf will mit dieser Figur zeigen, dass im Westen ebenso wie im Osten durch den Aufbau eines Feind-Bildes, durch Sprachmanipulation und durch Erzeugung von Angst Kriegsvorbereitungen als Notwendigkeit der Verteidigung getarnt und verschleiert werden.

VIII Analyse eines Sachtextes mit weiterführendem Schreibauftrag

Aufgabenstellung:

1. Erarbeiten Sie knapp die wesentlichen Aussagen des folgenden Textauszugs aus Ch. Wolfs *Voraussetzungen einer Erzählung*, S. 13–15.
2. Vergleichen Sie den Textauszug mit der Erzählung *Kassandra*, gehen Sie dabei auf Ch. Wolfs Umsetzung des Stoffes ein.

Am nächsten Vormittag, in der leeren Wohnung, in die kein Anruf, kein Brief sich mehr verirrte, begann ich die „Orestie" des Aischylos zu lesen. Ich konnte mir noch zusehen, wie panisches Entzücken sich in mir ausbreitete, wie es anstieg und seinen Höhepunkt erreichte, als eine Stimme einsetzte:

Oh! Oh! Ach!
Apollon! Apollon!

Kassandra. Ich sah sie gleich. Sie, die Gefangene, nahm mich gefangen, sie, selbst Objekt fremder Zwecke, besetzt mich. Später würde ich danach fragen, wann, wo und von wem die nötigen Übereinkünfte getroffen waren: Der Zauber wirkte sofort. Ihr glaubte ich jedes Wort, das gab es noch, bedingungsloses Vertrauen. Dreitausend Jahre – weggeschmolzen. So bewährte sich die Sehergabe, die ihr der Gott verlieh, nur schwand sein Richtspruch, daß ihr niemand glauben werde. Glaubwürdig war sie mir in einem andern Sinn: Mir schien, daß sie als einzige in diesem Stück sich selber kannte.

Undistanziert, nach dem Grund von Ergriffenheit nicht fragend, fragte ich auch nicht, was die Absicht des Aischylos mit dieser Figur gewesen sein mochte, gewesen sein konnte. Ehe Kassandra den Mund auftut, haben wir erfahren: Der Krieg gegen Troia ist aus. Der König, der die Achäer anführte und vor dessen Burg Mykenae wir stehen, Agamemnon, wird von seiner Frau Klytaimnestra und von den Greisen, die zu Hause bleiben mußten, nach zehnjähriger Abwesenheit zurückerwartet. Er kommt, auf dem Siegeswagen neben ihm sitzt Kassandra, die Troerin, Tochter des Troerkönigs Priamos, der tot ist, wie ihre Brüder und die meisten ihrer Schwestern tot sind. Troia ist zerstört, und sie hat dies alles vorausgesagt, doch ihre Landsleute haben ihr nicht geglaubt. Jetzt erlaubt sie sich, den Fremden, die sie umstehn, vorauszusagen, ihr eigner König, der gerade von seiner Frau Klytaimnestra genötigt wurde, auf dem Purpurteppich des Siegers in seine Burg zu gehn, werde von eben dieser Frau ermordet werden. Den Fluch, der auf dem Hause der Atriden liegt, hat sie sofort gerochen. Der Chor der […] Greise wundert sich: Sie folgt nicht der noblen Einladung der Klytaimnestra, am Opfer teilzunehmen, das drinnen vorbereitet wird. Man weiß nicht: Versteht sie überhaupt das Griechische?

CHOR: Komm, Kassandra! Geh hinein
Steig ab von deinem Wagen, füge dich dem Joch!

KASSANDRA: Apoll! Apollon!
Wegführer! Du!
Den andern allen
Gibst du Schutz!
Und mich vernichtest du,
Apoll,
Zum zweiten Mal!

Der Chor wundert sich wiederum: Spricht Gott durch einen Sklavenmund? Wie kann diese Sklavin gegen Anstand, Regel und Sitte ausgerechnet dem Apoll mit Klagen nahn? – Flüchtig taucht mir die Frage auf: Ist es ein anderer Apoll, den die Troerin von Kleinasien anruft, als der, den die Griechen auf dem Festland verehren?

Zu 1

Der Text ist ein Auszug aus dem Anfang des Reiseberichts, in dem Ch. Wolf ihre Reise durch Griechenland und ihre Gedanken zur griechischen Mythologie niederschreibt.
Durch einen Zufall, ein Versehen der Fluggesellschaft nämlich, kann Ch. Wolf erst verspätet die Reise nach Griechenland antreten, und sie beschäftigt sich zur Überbrückung der Zeit und zur Vorbereitung auf ihre Reise mit der *Orestie* von Aischylos. Sofort fühlt sie sich von Kassandras Schicksal gefesselt, nimmt die literarische und mythologische Figur ernst und glaubt ihren Worten. Dabei wird Ch. Wolf klar, dass sie die Erste in der Geschichte von dreitausend Jahren ist, die Kassandras Worten Glauben schenkt. Gleichzeitig erkennt sie, dass Kassandra in dem Drama die Einzige ist, die sich selbst kennt, die um sich selbst, ihr Schicksal und ihre Zukunft weiß. Ch. Wolf ist ergriffen von Kassandra und bemerkt, wie diese Figur sie innerlich „besetzt". Die tiefe seelische Verletzung, die sich in ihrem Aufschrei nach Apoll zeigt, versetzt die Autorin in ein völlig widersprüchliches Gefühl, in ein „panisches Entzücken".
Ch. Wolf vergegenwärtigt sich die Ankunft Kassandras und Agamemnons vor der Burg von Mykene, so wie Aischylos sie in seinem Drama schildert. Sie stellt sich vor, wie Kassandra den Greisen, die während des Krieges in Mykene geblieben sind, das Schicksal ihres Königs vorhersagt. Doch diese Greise glauben ihr ebenso wenig wie die Troer. Die Alten wundern sich nur, dass Kassandra der großzügigen Einladung Klytaimnestras nicht folgt und dass sie sich als Sklavin herausnimmt, den Gott Apoll, ihren Gott, anzurufen.
Diese Empörung der Greise sowie Kassandras innige Bitte an Apoll, sie zu schützen, lässt in Ch. Wolf den flüchtigen Gedanken aufkommen, es handle sich vielleicht um zwei verschiedene Götter.

Zu 2

Vergleichsmöglichkeiten und Parallelen:

- Anfang der Erzählung vor dem Tor von Mykene (Kassandra und Erzähler);
- die klagende Stimme Kassandras (Visionen und Anfälle);
- Ankunft von Agamemnon und Kassandra vor Mykene;
- Klytaimnestras Einladung an Kassandra, in die Burg zu kommen, und Kassandras Zögern;
- das Warten vor der Burg;
- Kassandras Vision von der Ermordung Agamemnons;
- der Wagenlenker und das Volk von Mykene (als Ersatz für den Chor);
- Apolls Strafe (keiner glaubt Kassandra);
- der zweifache Apoll.